이 황량한
날의
글쓰기

시인동네 평론선 **005**

이 황량한 날의 글쓰기

오민석 평론집

시인동네

머리말

이 황홀한 순간의 네 가지 메모

가난한 어깨에 비듬이 쌓이듯 궁핍한 정신에도 글이 계속 쌓인다. 블랑쇼M. Blanchot는 '문학은 어디로 가는가'라는 질문에 대해 (문학은) "사라짐이라는 본질"로 향한다고 답하였다. 어쩌면 사라짐에 대한 무의식적 공포 때문에 계속 글을 써대는 것일 수도 있다. 먼저 쓴 글들은 어느 정신의 해변에서 연기처럼 지워졌는가. 글은 소멸을 향해 있고, 문학은 소멸하면서 진화한다. 말하자면, 문학은 '사라짐이라는 본질'들의 무덤 위에서 다시 태어난다. 사라지는 것들은 다시 나타나는 것들의 원인이 된다. 소멸이 없으면 탄생도 없으므로, 소멸은 그 자체 탄생의 유의어이다.

배가 고파 사과를 따려고 하면 가지가 자꾸 위로 올라가고, 물을 마시기 위해 몸을 굽히면 수면이 자꾸 낮아지는 탄탈로스의 지옥처럼, 문학이 늘 허기와 갈증의 원인인 시절도 있었다. 그러나 이제 나는 문학이라는 사과와 물속으로 이미 들어가 버렸다. 나는 이미 사과이고, 물이다. 나는 사과 안에서 배고프고, 물속에서 목마르다. 괜찮다.

앞에 나온 평론집 『몸-주체와 상처받음의 윤리』에서도 밝혔지만, 나는 여전히 주체란 모름지기 몸-주체라고 믿는다. 몸은 아주 작은 통증만으로도 정신의 전면적인 활동을 마비시킬 수 있다. 숭고한 영혼도 몸-그릇에 담겨 있다. 그리고 문학은 상처를 자처하는 '타자 지향의 윤리학'이다. 문학의 리비도는 늘 자기를 떠나 타자에게로 이동 중이다.

19세기의 리얼리즘과 20세기의 모더니즘을 거치면서 문학은 사회·역사와 맞짱 떴고 욕망의 심연을 궁구했다. 최근의 팬데믹 사태는 이제 모든 골방의 작가들을 광장으로 부르고 있다. 이제 더 이상 안전한 밀실은 없으므로, 이제 더 이상 분리된 공간은 없으므로, 인류는 다시 공통적인 것the common의 사유 안으로 들어오게 되었다. 그러나 집단성이 광기와 폭력이 되지 않으려면, 그리고 밀실이 무책임한 도피가 되지 않으려면, '유쾌한 상대성'이 보장되는 새로운 공통체commonwealth를 건설해야 한다. 안토니오 네그리A. Negri는 이것을 "자본과 국가 너머의 세상"이라고 부른다. 문학은 그 먼 옛날부터 이런 세상을 꿈꾸었다.

그리고 무엇보다, 문학의 힘은 유토피아 정신에서 온다. 문학의 눈으로 볼 때, 모든 것은 결핍이고, 수준 이하이며, 아직 멀었고, 형편없는 것들이다. 문학은 최상의 순간에 그것에서 빠져나와 더 나은 것을 꿈꾼다. 정신의 이 무정부주의야말로 문학을 영원한 전위부대로 만든다. 그러므로 현상에 안주하며 클리셰의 노예가 되겠다는 모든 정신은 문학의 적이다. 더 나은 것 위에는 항상 그것보다 더 나은 것이 있다. 문학은 아직 오지 않은 미래를 향하여 돌진한다. 그 미래는 인류가 오래전부터 꿈꾸어온 것이므로 말 그대로 '오래된 미래'이다. 먼 고대의 음유 시인들이 꿈꾸었던 미래는 아직도 오지 않았다. 왜냐하면 그들은 불가능을 꿈꾸었기 때문이다.

또 한 권의 책을 무슨 노아의 방주처럼 끌고 세상으로 나간다. 적어도 이 순간만은 황홀하다. 글들이여, 거기 지옥에서 오래오래 소멸하라. 나는 이미 다른 글을 쓰고 있다.

2022년 11월 먹실골 우거에서
오민석

차 례

머리말

제1부

글쓰기의 어려움 · 13

기후 위기, 화석 자본주의, 그리고 문학 · 16

미래의 불안, 그리고 유토피아의 언어 · 26

이제, 문학은 어디로 가는가? · 39

시의 난해성 혹은 소통의 문제 · 52

욕망의 사회학을 향하여 · 64

포이에시스로서의 문학 · 72

비평, 관계 혹은 타자성의 수사학 · 77

이 황량한 날의 글쓰기 · 84

제2부

거대 서사의 뒤안길
— 기후 위기 시대에 읽는 박경리의 시 · 89

장르 너머의 장르
— 밥 딜런 · 101

몸의 언어, 상처의 언어
— 이재무論 · 120

파열의 언어
— 포루그 파로흐자드 · 132

상징계에서 살아남는 법
— 권혁웅論 · 137

복수적 주체의 서정시
— 루이즈 글릭 · 144

타자 지향의 윤리학
— 전인論 · 158

자연, 일상, 그리고 그 너머
— 토마스 트란스트뢰메르 · 166

부유하는 주체들을 궁구하기
　―정병근論・178

허공을 치는 바람의 은유
　―신용목論・188

기린처럼 멀리
　―정한용論・197

제3부

본다는 것의 의미
　―권덕하 시집, 『맑은 밤』・211

저 살아있는 감각의 축제
　―김옥종 시집, 『잡채』・223

길 위의 시간, 시간 위의 길
　―오세영 시집, 『황금 모피를 찾아서-실크로드 시편』・235

직관의 황홀한 힘
　―문효치 시집, 『어이할까』・246

자본을 건너는 사랑의 헤테로피아
　　―홍대욱 시집, 『세상에 없는 노래를 위한 가사집』• 255

서정시와 서사시의 문법
　　―최동호 시집, 『황금 가랑잎』과 공광규 서사시집, 『동해』• 267

저 아픈 순례자의 길
　　―김윤환 시집, 『내가 누군가를 지우는 동안』• 277

먼 데서 오는, 고통이라는 이름의 열차
　　―김정수 시집, 『홀연, 선잠』• 288

대립각을 해체하는 행간의 시학
　　―안차애 시집, 『초록을 엄마라고 부를 때』• 297

제1부

글쓰기의 어려움

모리스 블랑쇼M. Blanchot의 말대로라면 글쓰기란 언어를 '매혹' 아래 두는 것이다. 언어가 매혹의 주술을 잃을 때 권태가 몰려온다. 껍데기들의 연속체, 반복, 낭비된 시간, 거짓말, 가식의 웃음 혹은 눈물. 글쓰기는 이런 것들로부터 계속 도망치는 것이다. 좋은 글은 함부로 소진되지 않는다. 그것은 퍼내도 자꾸 고이는 샘물처럼, 읽을 때마다 새로운 길을 드러낸다. 휴지처럼 버려질 운명, 모래 무덤의 문턱에 글자들이 다가갈 때, 글쓰기는 중단된다. 글쓰기는 정신의 소비이다. 계속 글을 써도 영혼의 잔고가 많이 남아 있으려면, 쓰는 만큼 혹은 그 이상 영혼의 금고에 많은 것을 쌓아놓아야 한다. 그래서 비단 글을 쓸 때만이 아니라, 글, 즉 매혹의 글을 읽을 때 그는 이미 매혹의 글을 쓰고 있는 것이다. 그러니 글쓰기의 소비를 잘 계측해야 한다. 영혼의 이자가 채 붙기도 전에 (글쓰기의) 소비를 할 때, 정신은 위기를 겪는다. 그때, 남아 있는 영혼의 잔고는 그것이 채 없어지기도 전에 매혹의 색채를 잃는다.

글쓰기의 매혹은 두 가지 방향으로 온다. 하나는 글쓰기가 진실을 건드릴 때이다. 개 같은 고통을 감수하며 글이 배리(背理)의 세계를 건드릴 때, 글은 만 가지 뿌리줄기(리좀)를 가지며 그것을 읽는 정신의 세계로 스며들어 간다. 글은 이렇게 혼란의 이름으로 영혼을 깨운다. 왜냐하면 세계는 그 자체 배리이며 모순이기 때문이다. 그러므로 외날을 가진 글은 먼 구석기의 그림에 불과하다. 글은 만 개의 날을 가지고 만 개의 세계를 쑤신다. 글이 세계를 찌를 때, 세계는 만화경처럼 색깔을 바꾸며 자신을 드러낸다. 그것은 혼란이며 화려한 폭발이고, 대답 없는 진실이며, 대답을 기대하지도 요구하지도 않는 두 세계의 만남이다. 보라, 단순성의 세계가 하루아침에 무너지는 것을. 마르크스와 엥겔스의 말대로 "모든 견고한 것들은 공중에 산산이 녹아내린다." 견고한 것들, 단순한 것들, 뻔한 것들, 권태로운 것들은 모두 거짓이다. 글쓰기는 단순성이 만들어내는 거짓과 권태와 싸운다.

매혹의 글쓰기는 두 번째 길을 가지고 있다. 글쓰기는 모든 사물에 오래도록 붙여진 이름들을 조롱한다. 세계는 낡아빠진, 녹이 슨, 먼지가 가득한, 혹은 빤질빤질한 관습으로 가득 차 있다. 글쓰기는 썩은 간판들, 지겹도록 봐서 눈에 들어오지도 않는 이름들을 지우고, 바꾸고, 갈아치운다. 견딜 수 없는 권태란 없다. 모든 권태는 파괴되기 위해 존재하며, 글쓰기는 먼 아담의 시대에 신이 하사한 주권으로 권태의 집을 때려 부순다. 매혹의 글은 이 파괴의 먼지와 소음과 혼란과 번개의 빛으로 소란하다. 모든 이름은 그 자체 껍데기에 불과하다고 말하는 자는, 오직 낡은 집의 완고한 소유자들뿐이다. 글쓰기의 외로운 전사들은 수많은 이름들의 창고 안에서 파괴를 꿈꾼다. "모든 견고한 것들"은 낡은 이름의 소유자들이며, 그것들은 오로지 혐오와 파괴에 의해서만 "공중에 산산이 녹아내린다". 보라, 우리는 이름을 바꿔친 빛나는 텍스트들의 집을 본다. 그것의 광채는 매혹 그 자체이며, 세계의 재구성이다.

그러므로 배리의 심장을 건드리지 않을 때, 그리고 낡은 이름들을 파괴하지 않을 때, 글쓰기는 중단된다. 매혹을 잃은 게임은 무료함의 공수표空手票들이다. 그것들은 아무리 쌓여봐야 영혼의 금고를 풍요롭게 만들지 못한다. 개나 소나, 아무나 가져다 써도 하나도 아깝지 않은 종잇조각들을 우리는 책이라 부르지 않는다. 그것들은 좀먹은 영혼이며, 읽는 이들을 좀먹게 하는 정신이다. 글쓰기는 책방에 넘치도록 쌓여 있다가 흔적도 없이 사라지는 정신들을 혐오한다. 누가 글을 쓰는가. 매혹의 개 같은 고통을 견디는 자들이 글을 쓴다. 블랑쇼의 책 제목대로 글쓰기는 오로지 "도래할 책"을 쓴다. 저기 책이 오고 있다. 옛것이 무너지는 소리가 들린다.

기후 위기, 화석 자본주의, 그리고 문학

1.

아리스토텔레스는 『기상론氣象論』에서 지구를 하나의 거대한 폐에 비유했다. 그에 의하면 지구는 커다란 폐로 끊임없이 들숨과 날숨을 내쉰다. 그리하여 그의 기상론에서 가장 중요한 개념은 바로 '숨αναθυμίαση; exhalation'이다. 숨은 바람의 형태로 지구 위에서 움직인다. 북쪽에서 불어오는 찬바람(숨)과 남쪽에서 불어오는 따뜻한 바람이 만나 이슬, 서리, 비, 눈, 우박을 만들고, 그 흐름의 다양한 양태에 따라 지구의 기후가 변한다. 현대과학의 수준에서 보면 아리스토텔레스의 기상론은 오류투성이지만, 18세기 이후 자연과학이 본격적으로 발전하기 전까지 근 이천 년 동안 유럽 기상학의 근간을 이루었다. 그 모든 허점에도 불구하고 그의 기상론이 여전히 유효한 것은, 지구가 '한 덩어리'라는 인식이다.

지구는 하나인데, 자본의 개발 경쟁은 지구를 경쟁 단위의 수만큼 쪼개놓았다. 무수한 개발의 골방에서 인류는 '한 덩어리' 지구를 잊고 오로지 이윤만을 궁리하며 이산화탄소를 무한 방출하였다. 아리스토텔레스의 허파는 이제 더 이상 숨쉬기가 어려운 지경에 도달했고, 위기 담론을 넘어 종말 담론을 내놓고 있다. '이미 늦었다'는 것처럼 비극적인 진단은 없다. 2015년에 맺은 파리기후협약은 이 위기 혹은 종말에 대한 전 지구적 인식의 표현이지만, 탄소 중립의 길은 여전히 성취 불가능하거나 비현실적인 미래로 다가온다. 지난 수십 년간 수많은 국제 협약들이 있었지만, 지구의 온실가스 배출 규모는 해마다 증가해왔다. '그린 뉴딜'과 같은 정책들은 환경과 시장(개발)의 공존을 꿈꾸고 있지만, 엄밀히 말해 환경과 개발은 양립할 수 없다. 그것은 지금까지 모든 환경 파괴의 주된 원인이 개발이라는 사실에서도 드러난다. 그래서 대부분의 생태 사회주의자들은 자본주의의 존속과 환경 보존의 양립 모델들을 형용모순으로 간주한다. 기후 위기를 비롯한 환경 파괴를 막는 유일한 길은 자본주의라는 기차를 정지시키는 것밖에 없다는 생태 사회주의자들의 주장은 원론적으로 옳다. 그러나 그들의 이론적 곤궁은 자본의 열차를 세울 방법이 '현실적'으로 거의 부재하다는 데에 있다. 일부 생태 사회주의자들은 여전히 전통적인 계급투쟁이나 혁명에 의한 자본주의 체제의 전복을 이야기하지만, 그것이 말처럼 간단한 일이 아니므로 그들의 주장은 더 절망적인 파토스로 다가오기도 한다.

그러나 종말의 계시 같은 현 단계 기후 위기의 주범이 화석연료를 주로 사용하는 자본주의 체제라는 사실에는 변함이 없다. 『인류세에 직면하여: 화석 자본주의와 지구 시스템의 위기 Facing the Anthropocene: Fossil Capitalism and the Crisis of the Earth System』(2016)의 저자인 이안 앵거스Ian Angus는 이 책과 다른 인터뷰 등을 통하며 반복해서 이야기한다. "화석연료는 자본주의 체제를 온전하게 놔두고 벗겨낼 수 있는 껍데기가 아니다. 그것들은 자본주의 체제의 모든 곳, 모든 산업에 단단히 박혀 있다." 축적과 '더 빠른' 성장을 위해 자본이 화석연료를 본격적으로 사용하기 시작한 것은 18~19세기이지만, 지구의 탄소 대사carbon metabolism에 균열이 가속화된 것은 2차대전 이후이다. 산업혁명이 석탄과 증기 중심으로 진행되었다면, 19세기 말에 이르러 석유가 널리 사용되고, 1912년 영국의 군함들이 석탄에서 석유로 연료를 바꾸기 시작한 이래, 석유와 가스는 산업의 가장 지배적인 연료로 자리 잡았다. "화석 자본주의"라는 용어는 산업혁명 이래 자본주의가 화석연료의 가속적인 활용과 분리 불가능한 체제임을 보여준다. 화석연료는 정확히 자본주의라는 괴물의 연료이며, 이것은 달릴수록 비대해지며 더 많은 먹이를 필요로 한다. 이 거대한 괴물이 내뿜는 탄소 바람은 이제 지구의 숨결을 위협하는 수준까지 왔다.

2.

무뇌아를 낳고 보니 산모는
몸 안에 공장지대가 들어선 느낌이다.
젖을 짜면 흘러내리는 허연 폐수와
아이 배꼽에 매달린 비닐끈들.
저 굴뚝들과 나는 간통한 게 분명해!
자궁 속에 고무인형 키워온 듯
무뇌아를 낳고 산모는
머릿속에 뇌가 있는지 의심스러워
정수리 털들을 하루종일 뽑아댄다.
— 최승호,「공장지대」전문

산업혁명을 낳은 것은 18세기 이후 가속화된 근대적 이성이다. 합리주의와 계몽주의는 지구에서 신화를 몰아냈으며, 이성은 자연을 분석과 전유의 대상으로 삼았다. 자연은 인간과 분리되어 조금씩 "공장지대"로 변해갔다. 근대적 이성은 자연과 세계를 지배할 수 있는 이데올로기와 기술을 생산하였으며, 자연 속에 은닉했던 요정들은 서서히 숲에서 쫓겨나 "고무인형"으로 변해나갔다. 근대적 이성 앞에 자연은 "비닐끈들"로 구획되었으며, 인간들은 공장의 "굴뚝들"과 간통하며 "무뇌아" 같은 자본-아이들을 축적했다. 자본의 머릿속에 "젖"과 "털"을 가진 생명은 존재하지 않는다. 그것은 컨베이어 벨트 위에서 오로지 축적과 성장의 무성생식을 통해 무뇌아-이윤을 낳는 거대한 기계이다.

근대적 이성은 인류에게서 근원적인 것, 자연적인 것, 절대적인 것을 빼앗아 갔다. 이성의 불빛 아래서 모든 신념은 맹목이 되었고, 깨어야 할 꿈이 되었으며, 윤리는 인간이 아니라 시장을 지배하는 규칙으로 바뀌었다. 모든 사물은 낱낱이 쪼개져 숭고한 전체성을 상실했다. 나뭇잎에는 인수 분해된 이슬이 맺혔고, 무지개는 물 분자와 빛 입자의 충돌 이상의 의미를 갖지 못했다.

> 하늘의 무지개를 보면
> 내 가슴은 뛴다:
> 내 삶이 시작될 때도 그랬고;
> 어른이 된 지금도 그러하니;
> 늙어도 그렇게 되기를,
> 그렇지 않으면 차라리 죽으리!
> 어린이는 어른의 아버지:
> 그리고 바라건대 나의 날들이
> 매일 서로 자연의 경건함으로 이어지기를.
> ―W. 워즈워스, 「내 가슴은 뛴다」 전문(오민석 역)

산업혁명이 본격적으로 진행 중이던 19세기 초반(1802년) 영국에서 시인은 이런 시를 썼다. 기계가 자연을 누더기처럼 절단하고, 시장이 인간을 지배하며, 직종은 역사상 유례없이 다양하게 쪼개지고, 농촌 공동체는 분해되는, 공장 굴뚝에 검은 연기가 사라지지 않던 시대에, 시인은 이런 시를 썼다. 이렇듯 근대적 이성이 죽인 자연과 대문자 존재Being의 빈자리를 채우는 것은 문학(예술)이다. 문학은 절대적 중심이 사라진 빈자리를 견디지 못한다. 하이데거M. Heidegger의 존재사건Ereignis이 존재 망각의 상태에서 존재가 "환히 밝히며 우리 가까이에 머묾", "감춰져 있음으로부터 밝게 드러남", "탈은폐"의 사건이라면, 문학은 이성에 의해 망각된, 은폐된 대문자 존재를 탈은폐하며 우리 가까이 불러내는 작업이라는 점에서 일종의 존재사건이다. 문학은 사라진 무지개를 불러내어 우리 가까이에 머물게 하며, 그로 인해 가슴이 뛰게 한다. 그것은 유년-현재-노년(미래)의 시간성 속에 (망각된 혹은 은폐된) 존재를 끌어내는 작업이다. 위 시에서 "어린이"란 아직 미분화된 존재자이며, 이성의 분리 작업이 가해지지 않은 온전한 주체이다. 이런 점에서 근대적 이성이 가져온 진화는 발전이 아니라 퇴행이다. 그것은 자연을 전유함으로써 (자연의) 존재를 은폐하고, 세계를 분해함으로써 '하나의 덩어리'로서의 세계를 지운다. 그것은 무수히 작은 칸막이 안에 갇혀 그것을 세계의 전부로 인식한다. 그것은 모든 대상을 만만히 여김으로써 대상에 대한 경외심을 촌스러운 종교로 만든다. 문학은 이런 과정을 통하여 사라졌거나 배제당했거나 망각된 '존재'들을 불러내는 작업이다. 그러므로 문학은 본질적으로 반反계몽적이고, 반反이성적이며, 반反자본주의적이다. 가령, 보들레르C. Baudelaire가 피워낸 "악의 꽃"은 이성과 관습과 제도와 윤리가 지워버린 세계에 대한 악마적 복원이다. 빛의 철학은 존재의 반쪽을 절단해 '비정상'으로 치부한다. 합리성의 담론은 존재의 복합성을 횡단하며 '통치'에 불편한 것들을 걷어낸다. 화석 자본주의는 이윤과 축적과 성장만을 선으로 가정하며, 그것에 방해되는 '존재'들을 지운다. 자연과 생태는 화석 자본주의가 지워버린 가장 큰 '존재'이다. 문학은 존재 망각에 저항하며 사라지거나 은폐된 존재를 찾아 불러내는 언어이다. 그러므로 문학은 화석 자본주의에 대하여 적대적일 수밖에 없다. 문학의 탈은폐 전략은 대상을 가리지 않는다. 그것은 작은 권력일 수도 있고, 정치적 체제일 수도 있으며, 사회적 통념일 수도 있다. 문학은 권력과 체제와 통념의 프리즘이 은폐하고 있는 것을 까발린다.

> ─하늘이 이 세상을 내일 적에 그가 가장 귀해 하고 사랑하는 것들은 모두
> 가난하고 외롭고 높고 쓸쓸하니 그리고 언제나 넘치는 사랑과 슬픔 속에 살도록 만드신 것이다
> 초생달과 바구지꽃과 짝새와 당나귀가 그러하듯이
> 그리고 또 '프랑시쓰 쨈'과 도연명陶淵明과 '라이넬 마리아 릴케'가 그러하듯이
>
> ─백석, 「흰 바람벽이 있어」 부분

이 작품은 (자신도 모르게?) 근대 이성이 죽인 것들의 목록을 열거하고 있고, 그렇게 망각된 것들을 너무나도 자연스럽게 소환하고 있다. 근대가 죽인 신("하늘")은 가장 "귀해 하고 사랑하는 것들"을 "가난하고 외롭고 높고 쓸쓸"하게 만들었다. 자본이 늘 수치로 취급하는 결핍 덕택에 그것들은 오히려 "넘치는 사랑과 슬픔 속에" 산다. 이런 이치는 그대로 자연에게로 이어져서 "초생달과 바구지꽃과 짝새와 당나귀"도 "그러하"다. 서양이나 동양의 시인들 역시 국적을 가리지 않고 그런 반열에 올라 있다. 시인은 시를 쓰는 순간 이렇게, 이미, 존재사건 속에 들어

가 있다. 이런 점에서 시인의 수행performance은 기후 위기를 초래한 자본주의와 출발부터 대척점에 서 있다.

3.
　인류의 긴 역사를 돌이켜보면 기후 위기는 결국 제동력을 상실한 근대 이성의 재앙이다. 테크놀로지의 발전을 통해 무한 비대해진 생산력에도 불구하고 다수 인류는 여전히 가난과 불평등에 시달리고 있다. "마르크스주의 경제학자 마이클 키드런은 1970년대 미국 생산물의 60퍼센트는 무기, 광고, 사치품 등 쓸모없는 것이라고 했다. 오늘날 세계에서 생산되는 식량의 3분의 1은 단지 팔리지 않는다는 이유로 버려진다. 전 세계 인구의 8억 이상이 절대 빈곤에 시달리고 있는데도 말이다."(정선영,「기후 위기, 자본주의, 그린뉴딜」,《마르크스 21》2020년, 34호, 80쪽) 이 정도면 자연에 대한 자본의 행위는 개발이 아니라 약탈이다. 문제는 이런 속성이 자본의 생존 법칙이라는 데에 있다. 자본은 자본의 축적과 성장에 방해되는 모든 것들을 파괴하고 죽이고 지운다. 그것에게는 신도, 자연도, 인간도 더 이상 경외의 대상이 아니다. 그 무자비한 폭력이 결국은 제 살 파먹기에 불과하다는 엄중한 경고를 기후 위기가 보여준다. 따지고 보면 자본은 자신보다 훨씬 전능한 '존재'를 잘못 건드려온 것이다.
　문학은 먼 고대부터 현재에 이르기까지 "외롭고 높고 쓸쓸한" 자리를 자원해왔다. 문학은 자신을 결핍의 자리에 놓음으로써, "넘치는 사랑과 슬픔" 속으로 존재를 불러들인다. 결핍의 정신만이, 대문자 존재가 망각된 세계의 결핍을 안다. 그러나 그것을 호출해내는 문학의 존재사건은 분석과 설명의 방식을 거부한다. 문학은 무엇이 버려졌으며 그것이 왜 소중한 것인지를 잘 안다. 결핍의 안테나는 마찬가지로 "외롭고 높고 쓸쓸한" 운명에 처한 것을 가장 민감하게 포착하기 때문이다. 니체는『비극의 탄생』에서 아폴론과 디오니소스를 대비시킨다. 아폴론은 빛의 신이므로 "적절한 한계 설정, 광폭한 격정으로부터의 자유, 조형의 신의 지혜로운 평정"을 가져야 한다. 이에 반해 디오니소스는 술의 신답게 "자연으로부터 솟구쳐 나오는 환희에 찬 황홀"에 빠져 있다. 아폴론은 "개별화의 원리"의 신격화로 나타나는데, "자신의 신도들에게 절도를 요구"한다. 이에 반해 디오니소스의 "황홀"은 "실존의 일상적 제한과 한계를 파괴"한다. 디오니소스의 추종자인 사티로스는 "신이 가까이 있는 것에 황홀해하는 감격한 열광자, 그 안에서 신의 고통이 반복되기 때문에 함께 괴로워하는 동지, 자연의 가장 깊은 가슴에서 나오는 진리의 예고자, 그리스인이 흔히 외경적인 놀라움으로 바라보곤 했던 자연의 생식적 전능의 상징"이었다. 사티로스 앞에서 "문화인은 허위의 풍자화로 위축"되었다. 1960년대 말 이후로 수많은 포스트-구조주의자들이 근대적 이성을 비판해왔지만, 문학은 먼 고대로부터 이미 분석과 단절과 분리의 언어를 거부해왔다. 문학은 근대 이성이 지워버린 절대적이고 근본적인 존재들과 단 한 번도 헤어진 적이 없다. 이런 점에서 디오니소스와 사티로스는 문학의 조상신이다. 문학은 존재 망각의 근/현대에서 모두가 잊은 존재의 진리를 불러내고 그것과 환희의 춤을 춘다. 문학은 그런 점에서 경계와 절도를 거부하는 언어이다. 문학은 존재와의 황홀한 감격을 방해하는 모든 것과 싸운다. 디오니소스는 자연과 관계를 맺는 것이 아니라, 이미 자연 그 자체이다. 자연의 생식과 사티로스의 생식은 하나이다. 그들은 "생식적 전능" 안에서 통일되어 있다.

기후 위기와 관련하여 문학에게 (즉각적) '해결책'을 묻는다면 그것은 실례이다. 문학은 해결의 언어가 아니라 질문의 언어이기 때문이다. 게다가 문학은 정치적 행위도 오로지 문학의 언어로 한다. 랑시에르 Lancière는 정치 행위를 '감성의 분할 a partition of the sensible'이라는 개념으로 설명하는데, 그것은 "보이지 않았던 것을 보이게 하며, 킁킁대는 동물로 취급되었던 사람을 말하는 존재로 만든다." 랑시에르는 이런 점에서 '문학의 정치'가 "시간들과 공간들, 말과 소음, 가시적인 것과 비가시적인 것 등의 구획 안에 문학으로서 개입하는 것을 의미한다."고 본다. 디오니소스적 혹은 사티로스적 문학은 근대적 이성이 보이지 않게 만든 것을 더욱 강력히 끌어내고, 비본질적인 것으로 치부되어온 모든 것들의 입을 열게 한다.

> 봉황성 이른 아침
> 묘족苗族 나 어린 계집아이가 객잔 앞에서
> 국수를 먹는다
> 조그마한 왼손이 국수 그릇을 바치고 있다
> 그릇에 입을 대고 국수를 떠 넣을 때
> 왼손에 가늘고 파아란 힘줄이 돋아났다
> 밥그릇을 쥔 저 어린 손이
> 세상에서 가장 아름다운 여자를 만든다
> ─우대식, 「묘족 마을에서」 전문

위 작품은 소수민족의 가난한 소녀가 빈약한 손으로 국수를 먹는 장면을 보여준다. 자본의 관점에서 보면 이것은 초라하기 짝이 없고 사소한 모습에 불과하다. 그러나 자본에 정신이 팔려 아무도 쳐다보지 않을 이 풍경을, 시인은 주목한다. 이것이야말로 자본에 의해 비가시적이 된 것을 가시적으로, 비본질화된 것을 본질로 되돌리는 행위이다. 문학적 감성의 분할은 이런 식으로 사소한 것의 사소하지 않음을 보여주고, 들리지 않는 목소리를 들리게 해준다.

기후 위기에 대한 문학적 대응이란 결국 그것의 배후에 있는 근대적

이성의 폭력성을 문학의 방식으로 까발리는 것이다. 문학은 사실 먼 고대로부터 이런 작업을 해왔다. 문학은 (사회의) 지배적 가치들이 억압하는 목소리에 주목한다. 근대 이성이 초래한 기후 위기의 시대에 문학은 그것이 삭제한 '존재'들을 끊임없이 불러대는 주술의 언어이다. 문학은 존재사건을 통하여 진리와 문학을 통합한다. 그 디오니소스적 황홀은 절단된 것을 이어주고, 분리된 것을 합쳐주며, 버려진 것들을 다시 데려온다. 기후 위기로 대표되는 근대성의 폭력은 얼마나 많은 본질적인 것들을 잘라내고, 찢어내고, 버렸는가.

미래의 불안, 그리고 유토피아의 언어

1.

문학의 안테나는 존재의 결핍, 균열, 공허, 무의미, 불안을 향해 있다. 그것은 (겉으로 보기에) 온전한 외피가 감추고 있는 가난, 파멸, 울음, 절규, 한숨을 민감하게 잡아낸다. 그러므로 문학은 '완전성'에 대한 의심이고 질문이다. 문학은 도취적 행복euphoria의 탁자 아래에서 고통스레 떨고 있는 개에 주목한다. 불안과 결핍, 비루먹은 존재는 문학의 오랜 원료이다. 그렇다고 해서 문학을 삐딱한 트러블 메이커로 볼 필요는 없다. 대문자 신God을 제외하고 온전한 존재는 없으므로, 블랑쇼M. Blanchot의 말대로 "존재는 존재가 아니라 존재의 결여"이므로, 문학이 존재에 대하여 던지는 이런 질문들은 정당하다. 문학은 가짜 행복과 거짓 만족과 대문자 진리를 조롱하며, 불안해하지 않는 사람들에게 불안을 선물한다. 문학이 조장하는 불안은 재난의 미래에 대한 예고이고 경고이다.

불행했던 행운에 대하여 나는 너무나 할 말이 많다

나는 너무나 할 말이 많다
나는 너무나 할 말이 많다
나는 너무나 할 말이 많다

그래
너 잘난 세계의 개진아
대지의 은폐야

나는 운다

엉엉엉……

거짓말이 하기 싫어서 나는 운단 말이다, 이 식민지의 것들
아!

—박남철, 「하이데거의 「릴케論」아!」 부분

문학은 "잘난 세계"가 "은폐"하고 있는 "불행"에 대하여 말한다. 문학은 그것에 대하여 "너무나 할 말이 많다". 문학은 잘난 세계가 감추고 있는 악과 재앙과 스올Sheol의 미래를 까발린다. 잘난 세계의 파사드facade에 열광하는 자들이야말로 "식민지의 것들"이다. 그러므로 문학의 언어는 아무리 위악처럼 보일지라도 "거짓말"이 아니다. 문학은 "거짓말이 하기 싫어서" 우는 언어이다.

루카치G. Lukács는 「모더니즘의 이데올로기」에서 "불안에 짓눌린angst-ridden 세계관"으로 "객관적 현실"을 대체했다고 카프카F. Kafka를 비판했

다. 그러나 압도적 다수의 존재가 불안에 시달린다면, 그것도 '객관적 현실'이다. 인간은 거의 본능적으로 '문제없음'의 하늘을 스치는 '문제 있음'의 바람을 느낀다. 그 느낌을 '불안'이라고 하자. 불안은 심리의 다양한 층위에서 다양한 밀도로 체감된다. 문학은 불안을 명시화하고, 그것에 짓눌리면서, 그것을 극복하려는 언어이다. 바람을 느끼지 않고 바람을 넘어설 수는 없다. 결여의 수많은 징후를 모른 척하는 것이야말로 '거짓말'이다.

> 아이더러 엄마가 좋아, 아빠가 좋아?
> 라고 제발 묻지 마세요
> 그건 밥상을 엎은 다음의 질문입니다
> ─권혁웅, 「가정요리대백과─밥상」 부분

문학은 묻지 말라는 것을 묻는 언어이고, "밥상을 엎은 다음의 질문"이다. 다만, 문학은 이 모든 질문을, 철학도, 정치도 아닌 문학으로 수행한다. 문학이 하는 철학과 정치는, 그 자체 철학과 정치가 아니라 문학의 철학이고 문학의 정치이다. 여기에 문학의 고유한 약호$_{code}$가 등장한다. 이런 점에서 '문학의 정치'가 "문학이 (다름 아닌) 문학으로 정치 행위를 수행하는 것"(괄호는 필자의 것)이라는 랑시에르$_{J.\ Rancière}$의 정의는 옳다. '문학의 정치'를 이렇게 정의할 때, 랑시에르는 "'작가가 정치적 참여를 해야 하는가' 혹은 '예술의 순수성에 전념해야 하는가'"라는 질문은 무의미하다고 주장한다. 그에 따르면 예술은 "순수성 자체도 사실 정치와 무관한 것이 아니다."

2.

20세기 모더니즘의 상표인 좌절, 절망, 불안 등은 상당 부분 자본(주의)의 선물이다. 자본주의는 개발과 생산수단의 끝없는 변혁이 없이는 존속할 수 없는 시스템이다. 노예제와 봉건제는 자본주의로 가는 기관차 앞에서 속수무책으로 쓰러졌다. 마르크스와 엥겔스는 『공산당 선언』(1848)에서 자본의 속성을 다음과 같이 영민하게 포착해냈다. "생산의 끊임없는 변혁, 모든 사회적 상태들의 부단한 동요, 항구적인 불안과 격변이 부르주아 시대를 이전의 다른 모든 시대와 구별시켜준다. 굳고 녹슨 모든 관계는 오랫동안 신성시되어온 관념들 및 견해들과 함께 해체되고, 새롭게 형성된 모든 것들은 정착되기도 전에 낡은 것이 되어버렸다." 자본주의는 모든 생산과 생산품의 과거를 부인하고, 자연을 끊임없이 개발 혹은 착취하지 않고서는 존속할 수 없는 시스템이다. 자본주의는 상품의 유용성을 끊임없이 과거화시키며 새로운 교환가치를 생성하지 않고서는 존재할 수 없다. 자본은 새로운 상품의 개발을 통해 파멸의 순간을 계속 연장하며 "항구적인 불안" 속에서 존재한다.

자본가들은 자본주의라는 괴물을 끌어들였지만, 그렇게 만들어진 괴물은 이제 그들의 통제를 벗어나 자신의 고유한 운동법칙으로 전 지구를 갈고 다닌다. 이제 그 누구도 자본의 폭주를 막을 수 없다. 데이비드 하비D. Harvey는 자본가를 "마술의 주문으로 불러낸 지옥 같은 세계를 더 이상 통제할 힘이 없는 마술사"에 비교한다. 자본에 대한 대안으로서의 현실 사회주의는 70여 년의 실험 끝에 무너져버렸다. 그러고도 30여 년이 지났다. 혁명은 먼 추억이 되었다. 이제 세계의 주인은 노동자도 자본가도 아니고 자본이다.

지친 한밤의 100원짜리 삼립빵,
가난한 목수 아들의 살에서 뜯은 빵이여
잔업이 잔업을 낳고

靈魂에 찰싹 달라붙어 안 떨어지는, 利潤이라는 이름의 거머
리.
이 피는 포도주가 아니다.
사제 목에 걸린 철십자가에 못박힌 노동자.
나의 安樂이 너를 못박았다.
이 짐승들아,
가슴을 친다고 그게 뽑혀지느냐.

— 황지우, 「102.」 전문

혁명도, 자기반성("나의 安樂이 너를 못박았다.")도 자본의 기관차를 막지 못했다. 자본은 주체들과 관계들을 "짐승들"로 만든다. 문제는, 가슴을 치며 통곡을 한다고 그게 뽑혀지지 않는다는 것이다. 자본은 노동자와 자본가를 끌고 환호하는 소비자들을 횡단한다. 자본가도 이제 더 이상 자본의 주인이 아니다. 자본이 자본가들을 질질 끌고 간다. 소비자들은 자본의 노예를 자청하며 소비 능력을 상실할까 전전긍긍한다. 이제 불안은 소비 불능의 가계와 제어 불능의 괴물에게서 온다.

무뇌아를 낳고 보니 산모는
몸 안에 공장지대가 들어선 느낌이다.
젖을 짜면 흘러내리는 허연 폐수와
아이 배꼽에 매달린 비닐끈들.
저 굴뚝들과 나는 간통한 게 분명해!
자궁 속에 고무인형 키워온 듯
무뇌아를 낳고 산모는
머릿속에 뇌가 있는지 의심스러워
정수리 털들을 하루종일 뽑아댄다.

—최승호, 「공장지대」 전문

자본의 길이 멸망의 길인 것은, 그것의 속성이 끝없는 파괴이기 때문이고, (적어도 아직까지는) 그 누구도, 심지어 자본가까지도 그 파괴의 고삐를 멈출 수 없기 때문이다. 자본가들은 자신들이 만든 괴물의 등에 올라타 성과주의를 외치며 돌진하지만, 그것과 함께 돌이킬 수 없는 재앙의 길을 가고 있다는 사실을 모른다. 자본의 발전-기계가 어느 단계에 가서 멈춘다면, 그것은 아마도 (마르크스의 예언대로) 자본이 자신의 모순에 의해 자신에게 치명적인 칼날을 들이댈 때일 것이다. 자본의 타자는 이제 자본밖에 없다. 자본은 지구상에서 국가와 민족, 인종과 성별의 경계를 모두 뛰어넘은 최초의 경제적·문화적 산물이다. 그러므로 '내 자본', '네 자본'은 이제 없다. 다국적 자본은 여러 국적을 가진 자본이 아니라, 오로지 자본 자신의 정체성으로 모든 국적의 경계를 마구 넘어 다니는 자본이다. 자본은 모든 생물의 서식지를 지속적으로 파괴하고 있을 뿐만 아니라, 생물 개체의 몸에 파고 들어가 그 안을 "허연 폐수"와 "비닐끈들"로 채운다. 몸의 정치학body politics이라는 푸코M. Foucault의 개념은 그러므로 허사가 아니다. 자본은 그것을 만들고 그것을 통제 불가능한 괴물로 키운 사람들의 '몸'을 가난과 질병으로 공격한다. 그것은 눈에 안 보이는 거대한 시스템으로 존재한다. 어떻게 이 '안 보이는 적'과 싸울 것인가. 문학은 오래전부터 이 거대한 괴물이 일으키는 불안의 풍랑을 감지해왔고, 그것을 '문학의 기술'로 표현해왔다. 문학은 개념적 진술이 아니므로 멸망이 아니라 멸망의 징후들을 건드린다. 문학은 로고스Logos의 언어가 아니라 예감의 언어이다. 문학은 중세와 징후를 건드림으로써 도래할 파국을 예고한다. 그것은 아직 오지 않은 폭풍의 냄새를 '미리' 맡는다. 문학이 울 때, 세계는 이미 병들어 있다. 문학은 개념적 진단보다 먼저 몸의 아픔을 감지한다.

3.

"시대마다 그 시대에 고유한 주요 질병이 있다. 그래서 이를테면 박테리아적이라고 할 수 있는 시대도 있는 것이다. 하지만 이 시대는 적어도 항생제의 발명과 함께 종언을 고했다. 인플루엔자의 대대적 확산에 대한 공포가 여전히 무시할 수 없는 것이기는 하지만, 우리는 오늘날 더 이상 바이러스의 시대를 살고 있는 것은 아니다. 우리는 면역학적 기술에 힘입어 이미 그 시대를 졸업했다."
한병철의 그 유명한 『피로사회』(2012)는 이렇게 시작한다. 그러나 최근의 코로나 사태는 이런 진단이 섣부른 것이었음을 보여준다. 지금 우리 시대는 "바이러스의 시대"가 끝나지 않았음을, 그리고 그것은 어쩌면 앞으로도 영원히 반복될recurring 공포일지도 모른다는 생각을 심어준다. 한병철은 바이러스라는 타자와의 싸움의 시대가 끝나고 이제 "성과주의"에 의한 "자기 착취"의 시대가 시작되었다고 본다. 그러나 과거의 바이러스와 달리 현재의 바이러스는 인간의 성과주의와 자기 착취의 결과라는 점에서, 바이러스의 시대와 성과주의의 시대가 별개가 아님을 새로이 보여준다. '타자'와 '자기'는 따로 놀지 않는다. 그것은 존재론적인 차원의 것이므로 이분법적 사유에 의해 임의로 갈라지지 않는다. 말하자면 인간의 성과주의를 통한 자기 착취 때문에 자연(타자)도 인간도 모두 "피로"의 극치에 와 있는 것이다. 코로나 사태는 이제 분명히 전 지구적 차원에서 새로운 위기를 보여주고 있으며 그에 따른 새로운 사유와 상상력을 요구한다.
개념적 진술은 세계의 잠재성을 잡아내지 못한다. 그것은 세계의 부분이나 순간을 핀셋으로 고정시켜놓고 진단한다. 세계는 움직이는 잠재성이며 로고스의 분석을 끊임없이 피해 나간다. 가령, 아감벤

G. Agamben은 예술가를 "내용 없는 인간man without content"이라 부른다. 이는 예술가가 그 어떤 '내용'도 가지고 있지 않다는 의미가 아니다. 예술가는 당연히 어떤 내용을 가지고 있다. 그러나 역사는 끊임없이 변하기 때문에 예술가는 내용을 끊임없이 박탈당한다. 아감벤이 잠재성을 강조하는 것도 이런 맥락과 연관되어 있다. 잠재성은 '무엇이 될 잠재성the potentiality to be'과 '무엇이 되지 않을 잠재성the potentiality to not-be'으로 나눌 수 있다. 아리스토텔레스가 보았을 때, 후자는 일종의 무능impotence으로 읽힌다. 그러나 아감벤이 볼 때, 이것은 존재의 상태로 넘어가지 않았기 때문에 오히려 더 "순수한" 잠재성이다. 잠재성은 현실성actuality이 아니기 때문에 오히려 더 큰 가능성을 가지고 있다. 문학과 예술은 현실뿐만 아니라 아직 현실화되지 않은 재앙(잠재성)의 냄새를 맡는다.

   대지가 온통 축축한 토굴감옥으로 변하고,
   거기서 〈희망〉은 박쥐처럼 겁먹은 날개로
   마냥 벽들을 두들기며, 썩은 천장에
   머리를 이리저리 부딪히며 떠돌 때,

   내리는 비 광막한 빗발을 펼쳐
   드넓은 감옥의 쇠격자처럼 둘러칠 때,
   더러운 거미들이 벙어리떼를 지어
   우리 뇌 속에 그물을 칠 때면,

   별안간 종들이 맹렬하게 터져 울리며
   하늘을 향하여 무시무시한 고함을 지르니,
   흡사 고향을 잃고 떠도는 정령들이
   끈질기게 울부짖기 시작하는 듯.

―그리곤 북도 음악도 없는 긴 영구차 행렬이
내 넋 속을 느릿느릿 줄지어 가는구나.
〈희망〉은 꺾여 눈물짓고 잔인 난폭한 〈고뇌〉가
내 푹 숙인 두개골 위에 검은 기를 꽂는다.

―보들레르, 「음울」, 『악의 꽃』 부분 (김붕구 역)

보들레르의 『악의 꽃』(1857)과 마르크스(와 엥겔스)의 『공산당 선언』(1848)은 비슷한 시기에 각기 다른 형식으로 재난의 현재 혹은 미래를 진단한다. 보들레르의 시는 마르크스와 엥겔스의 개념-언어보다 훨씬 더 큰 잠재성을 가지고 있다. 그것은 "희망"의 종말이 개인적인 것인지 사회적인 것인지 단정하지 않는다. 그렇지만 보들레르의 문학에서 사회적 잠재성을 깡그리 발라내는 것처럼 위험한 일은 없다. 보들레르의 언어는 개인적이며 동시에 사회적이다. 그는 19세기 중반 유럽 사회와 자신의 내부에서 위선과 보편적 "악"을 읽어내고 "토굴감옥"이 된 "대지"를 환각처럼 그려낸다. 그의 "고뇌"는 '불안에 짓눌린' 20세기 모더니즘의 파토스pathos를 예고하고 있다.

그렇다면 무엇이 문학의 안테나로 하여금 결핍을 향하게 만들까. 왜 대부분의 문학 텍스트 안에서 "〈희망〉은 꺾여 눈물짓고" "〈고뇌〉"는 "두개골 위에 검은 기를 꽂"을까. 그것은 문학 텍스트의 유토피아 욕망 때문이다. 더욱 많은 것을 꿈꾸는 자가 더욱 많이 상처받는다. 문학은 이룰 수 없는 것에 도달하려 하고, 견딜 수 없는 것을 견디며, 온몸에 결핍의 상처를 기입한다. 그리하여 문학은 결핍과 문제와 궁핍이 기록되는 리트머스 시험지이다. 산업혁명이 한창 진행되고 성공한 부르주아들이 난생 최대의 이윤 생산에 환호할 때, 블레이크W. Blake는 다음과 같이 장송곡을 불렀다.

나는 모든 법제화된 거리들을 방황하네,
법제화된 템스강이 가까이 흐르는 곳,
만나는 얼굴마다 보네
병약함의 흔적을, 비탄의 흔적을.

모든 사람의 절규 속에서,
모든 아기들의 두려움 가득한 울음 속에서,
모든 목소리, 모든 금지 속에서,
나는 듣네 마음이 벼려 낸 족쇄를.

어떻게 굴뚝 청소부들의 외침 소리가
모든 어두워가는 교회를 오싹하게 하며,
불운한 병사의 한숨 소리가
궁궐의 벽에 핏빛으로 흘러내리는지.

그러나 무엇보다 나는 듣네 한밤중 거리에서
어떻게 젊은 창녀의 저주가
갓 태어난 아기들의 눈물을 메마르게 하고,
역병으로 결혼 영구차를 마르게 하는가를.
― 윌리엄 블레이크, 「런던」 전문(오민석 역)

블레이크가 볼 때, 산업혁명은 인류의 풍요로운 미래를 예기豫期하는 것이 아니라, 인류의 "병약함"과 "비탄"을 생산하는 재앙의 기차였다. "모든 사람의 절규"로 가득 찬 그 기차는 19세기의 낭만주의와 리얼리즘을 거쳐 20세기의 정거장으로 달려가 에드바르트 뭉크E. Munch의 〈절규〉로 대표되는 모더니즘의 정신을 낳았다. 21세기는 초기 산업혁명이 확정적으로 제시했던 근대성의 환상을 '근본적으로' 의심하는 시대가 되었다. 4차 산업혁명의 덕택으로 지구 단위의 생산량은 과거 그 어느 때와도 비교할 수 없을 정도로 폭증했지만, 행복과 안전 지수가 등량으로 늘었다는 증거는 거의 없다. 지구의 황폐화는 이제 말 그대로 전 지구적 '위기'의 지표를 찍었다. 코로나 팬데믹은 그것의 가장 유력한 증거이다.

>───삼각형 공원에 놓인 철제 의자는
>───오늘 아침부터 안식의 문을 닫았다
>
>───오늘 아침부터
>───여름은 길고
>───여름은 길고
>
>긴 여름의 브라티슬라바
>한낮의 길 위에 더러운 고동색 별이 뜬다
>
>───별 아래로 흘러들어온 더러운 택시 하나
>───더러운 택시에서 내린 새로운 인생 하나
>───숨 끊어진 곤충 위에 서 있다
>
>─박상순 「새로운 인생」 부분

21세기는 가장 "새로운" 시기이지만, 새로움이 곧바로 '좋음'을 보장하지는 않는다. 순수미의 대표적인 기표 중의 하나인 "별" 앞에 "더러운"이라는 수식어가 쉽게 붙는 시간이 21세기이다. 모든 시대가 그러했지만, 현재는 "안식의 문"이 치명적으로 닫힌 시대이다. 자본의 기차는 꿈과 희망과 문제들을 안고 수백 년을 달려왔다. 그것이 잦은 고장으로 시달릴 때, 그것을 대체하는 새로운 언어 게임도 등장했다. 그러나 그 모든 억제-기제는 자본의 강력한 어깨를 이겨내지 못했다. 자본은 그 모든 고비를 이겨내고(?) 재난의 끝장을 향해 달려가고 있다. 재난을 앞둔 현재는 지루할 정도로 "길고" 길다. 그 고요한 폭풍의 눈에 "더러운 고동색 별이 뜬다". "더러운 택시에서 내린 새로운 인생" 앞에 숨이 끊어진 채 서 있는 "곤충"은 말 그대로 더럽고 누추한 것 외에 다른 것을 보여주지 않는다.

현재의 디스토피아는 더 큰 유토피아 욕망을 생산한다. 더 커진 유토피아는 더 깊어진 디스토피아의 풍경을 보여준다. 루카치의 지적대로 "하늘의 별이 모든 길을 비춰주던" 서사시의 시대는 오래전에 끝났다. 문학은 사라진 유토피아와 도래할 유토피아를 동시에 꿈꾼다. 유토피아의 정신 앞에 모든 것은 '문제'이고 '결핍'이다. 가장 큰 유토피아의 에너지를 가진 자가 가장 빨리 세계의 문제를 읽어낸다. 유토피아 욕망 없이 세계는 바뀌지 않는다. 그러므로 오스카 와일드O. Wilde의 말대로 "유토피아를 포함하지 않은 세계 지도는 쳐다볼 가치도 없다." 가장 훌륭한 것을 꿈꾸는 자가 불안의 징후를 가장 빨리 읽어낸다. 문학은 바람보다 먼저 눕고, 바람보다 먼저 웃는다(김수영). 문학은 현실화되기 전에 재난의 바람을 먼저 읽는다.

문학은 유토피아의 언어를 구축한다. 코로나 시대에 문학이 꿈꾸는 유토피아는, 골방에 갇혀 있는 개별 주체들이 공통적인 것the common의 광장으로 나와 함께 머리를 맞대는 세계이다. 지구는 이제 (근대가 수많은 희생을 거쳐 쟁취한) '개인의 자유'라는 이념으로는 치유 불가능할 정도로 병들었다. 서식지가 병들자, 그곳에 사는 생물들의 '몸'이 심각한 위협을 받고 있다. 지구가 공동의 서식지라는 인식은 이제 잠재태가 아니라 현실태가 되었다. 앞으로 더 심각한 "바이러스의 시대"가 도래할 것이라는 생각을 사실상 전 인류가 공유하고 있다. 자본이 황폐화한 서식지를 지구상의 모든 생물이 함께 지키고 복원하는 세계에 대한 명상이야말로, 이제 문학 그리고 예술가들의 '내용'이 되었다. 지구 파괴의 주범이자 생계의 핵심적인 수단이 되어온, 모순덩어리 자본을 이제 어떻게 할 것인가. 지금까지 아무도 제어하지 못하고 있는 이 괴물-기관차의 고삐를 어떻게 쥘 것인가. 문학은 이미 현실태로 다가온 사건과 잠재태로 다가오는 더 큰 재난의 미래에 직면해 있다. 이것은 문학이 지금까지 감당해온 '내용' 중 가장 심각한 것이 될 것이다. 그러나 문학은 이 모든 일을 오로지 '문학의 기술'로 한다. 문학이 문제 해결의 직접적 수단이나 도구라는 환상은 버려야 한다. 문학은 갑갑할 정도로 더디고 간접적인 방식으로 현실에 개입한다. 그러나 문학의 우회적 언어는 개념-언어가 잡지 못하는 잠재성의 안개를 포착한다. 문학은 징후를 건드려 불안의 종을 울린다.

이제, 문학은 어디로 가는가?

1.

"문학은 어디로 가는가"라는 질문에 대해 블랑쇼M. Blanchot는 이렇게 대답하였다. "문학은 그 자신으로 향하는 것이다. 사라짐이라는 본질로 향하는 것이다." 그렇다면 '시는 어디로 가는가?' 시도 그 자신을 향해 간다. 시도 "사라짐이라는 본질로" 간다. 따지고 보면 문학의 역사는 문학의 사라짐의 역사이다. 먼 고대로부터 현재에 이르기까지 시인들이 한 일은 시를 죽이는 일이었다. 시인들은 시를 죽이고 시를 만든다. 그러므로 시의 역사는 시의 다양한 종種 species들의 죽음의 역사이고, 새로운 종들의 탄생의 역사이다. 모든 시들은 이렇게 죽음-탄생으로 이루어진 진화의 장구한 역사 위에 있다. 17세기 영국에서는 존 던J. Donne의 설교문도 문학이었고, 번연J. Bunyan의 영적 자서전도 문학이었다. 홉즈T. Hobbes의 사회계약이론서인 『리바이어던Leviathan』과 18세기 초엽에 나온 클라렌돈E. Hyde, 1st Earl of Clarendon의 역사책인 『반란의 역사The History of the Rebellion』도 문학이었다테리 이글턴 T. Eagleton. 이런 것들이 지금 더 이상 문학이 아닌 것은 후대의 작가들이 이들을 죽였기 때문이다. 이들은 문학의 울타리에서 살해당한 후, 신학, 사회과학 그리고 역사학의 울타리로 내던져졌다. 때로는 다중교배를 통해 과거에 없던 새로운 문학의 종들이 태어나기도 한다. 먼 고대에 서사시와 드라마만이 시 혹은 문학이라 불리던 시절이 있었다. 그러나 서사시로 우거진 시의 숲에서 서정시라는 새로운 종자가 튀어나온 후 문학의 숲은 다양한 종들로 우글거리기 시작했다. 서사시의 전통은 (영국의 경우) 18세기에 들어 근대소설이라는 새로운 변종을 탄생시켰다. 이렇게 문학은 "사라짐이라는 본질"로 향하면서 다른 변종들을 낳는다. 모든 문학과 문학의 개념들은 소멸의 운명 위에 서 있고, 그 무덤 위에서 새로운 문학이 피어난다.

> 기차를 세우는 힘, 그 힘으로 기차는 달린다
> 시간을 멈추는 힘, 그 힘으로 우리는 미래로 간다
> 무엇을 하지 않을 자유, 그로 인해 무엇을 해야 할 것인가를 안다
> 무엇이 되지 않을 자유, 그 힘으로 나는 내가 된다
> 세상을 멈추는 힘, 그 힘으로 우리는 달린다
> 정지에 이르렀을 때, 우리가 달리는 이유를 안다
> 씨앗처럼 정지하라, 꽃은 멈춤의 힘으로 피어난다
> ―백무산, 「정지의 힘」 전문

문학의 힘은 앞 세대의 문학을 세우고, 멈추게 하며, 그것을 따라 하지 않고, 그것이 되지 않으며, "정지에 이르렀을 때" 생긴다. 문학은 문학을 과거로 보내고, 그 텅 빈 백지에서 다시 달리며, 가고, 알며, 될 때, "피어난다".

시인 이상은 유구한 서정시의 전통을 따르지 않고 "씨앗처럼 정지"했

다. 그 "멈춤의 힘"이 (적어도 한국 문학사만 놓고 따져보면) 이전에는 존재하지 않았던 이상 고유의 꽃을 피웠다. 서정시가 죽은 통로로 '형식 파괴'의 새로운 길이 났다. 서정시의 마을에서는 그 길의 밖으로 나가지는 않더라도, 앞에 나온 서정시의 꽃들을 살해하는 활극들이 내부에서 지속해서 벌어졌다. 문학의 공간에서는 이런 '역사 지우기', '자기 지우기'가 끊임없이 일어난다. 문학은 '사라짐'을 숙명으로 알고 사라짐의 텃밭에 나타남 혹은 '무엇 되기becoming'의 씨앗을 뿌린다.

위에 인용한 백무산 시인의 개인적인 궤적을 보아도 마찬가지이다. 그는 소위 '노동문학'의 주인공으로 출발하여 초기에는 노동 현장의 목소리를 집중적으로 쏟아냈다. 그러나 지금은 그의 다른 시집 제목처럼 "거대한 일상"으로 그의 시적 스펙트럼을 확대해나가고 있다. 최근 시집인 『이렇게 한심한 시절의 아침에』(2020)는 여전히 해결되지 않은("이렇게 한심한 시절"!) '자본-노동'의 이슈들을 그대로 안고 가지만, 동시에 (먼 과거와는 달리) 자본-노동과 얽혀 있는 수많은 일상의 잔뿌리들을 건드린다. 『만국의 노동자여』에서 최근 시집까지 무려 열 권의 시집-다리들을 건너는 동안, 그는 무엇을 다리 아래로 던졌을까. 그가 버린 것과 새로 끌어들인 것들이 현재의 그의 '문학'이다. 이 '사라짐'과 '되기'의 변증법이 없이 문학은 만들어지지 않는다.

2.

근대문학을 비교적 늦게 접한 한국 문학은 짧은 시기에 사실상 세계 문학사를 대부분 경험했다고 해도 과언이 아니다. 일제강점기에도 서양에서 몇백 년에 걸쳐 일어난 문학적 사건들이 짧은 시기에 동시에 발생하여 다양한 풍경을 일구었다. 리얼리즘과 자연주의와 모더니즘이 서로 다른 얼굴로 한 마당에서 마주쳤다. 해방 이후에도 사회적 맥락의 변동에 따라 리얼리즘은 소위 민족문학론, 노동해방문학론, 민중문학론으로 갈래를 치며 깊어갔고, 민주화 이후 이런 흐름이 동력을 잃자 (포스트)모더니즘의 큰 궤도 안에서 실험적인 기법들과 무의식과 욕망의 끝장을 궁구하는 무수한 시도들이 이루어졌다. 현재 한국에서는 해방 이후 가장 많은 수의 시인들이 활동하고 있고, 셀 수 없이 많은 문예지들이 난립해 있다.

이제 한국 시는 어디로 가는가? 혹은 어디로 가야 하는가? 모든 것을 경험하고 사라지게 한 후에 시는 또 어디로 사라질 것인가? 사라짐은 '있음'을 전제로 한다. 그리고 모든 '있음'은 사라짐의 운명을 겪는다. 한국 시는 이제 무엇을 '있게' 할 것인가. 이 절실하면서도 막막한 질문에 충분한 좌표를 제공할 만한 사건이 최근에 일어났고 아직도 현재진행 중이다. 그것은 바로 코비드-19COVID-19라는 전대미문의 질병이 가져온 인식의 새로운 지평이다. 코비드 사태는 온 인류가 하나로 연결되어 있으며 공동의 운명체라는 자각을 전 지구인들에게 각인시키고 있다. 각자의 고립된 동굴 안에 갇혀 사랑과 욕망과 죽음을 노래하던 시대는 이제 끝났다. 순전한 개체의 시대는 이제 종언을 고하였다. 인류는 이제 지구공동체의 구성원으로서 '겹 사유double thinking'를 요구받고 있다. 인류는 이제 개체로서의 삶을 유지하되, 자기 '바깥'에 있는, '공통적인 것the common'에 대한 사유를 하지 않으면 안 되는 절체절명의 위기 혹은 기회에 직면해 있다. 봉건체제를 무너뜨리고 인류가 쟁취해낸 근대적 개인주의는 이제 그 효용을 다하였다. '근대적 개인'을 대체하는 '공동체적 개체'의 출현이 불가피한 시대가 되었다.

루카치G. Lukács는 「모더니즘의 이데올로기」에서 모더니즘을 혹독하게 비판하면서, 그것에 "현실의 희석화the attenuation of reality"라는 혐의를 부여하였다. 루카치가 이야기하는 현실은 객관적·외적 현실을 지칭한다. 그러나 모더니즘은 객관 현실을 '희석화'하는 대신에 19세기까지 그 어떤 문학도 성취하지 못한, '내면의 탐구'에 성공하였다. 19세기 리얼리즘과 20세기의 모더니즘, 그리고 포스트모더니즘을 거치면서 문학은 사실상 건드릴 수 있는 모든 것을 이미 다 건드렸다고 해도 과언이 아니다. 사회·역사적 현실의 주제로부터 무의식, 욕망, 성애sexuality의 문제에 이르기까지 (수많은 문학적 성취를 통해) 인간 삶의 전 층위가 다 까발려졌다. '저주의 작가'로 불리던 조르주 바타유G. Bataille의 『눈 이야기』는 섹스가 죽음의 다른 이름임을 "포르노그래피적 상상력"(수전 손택 S. Sontag)을 통해 보여주었다. 윌리엄 버로스W. Burroughs는 서로 연관성이 없는 신문의 단어들을 오려낸 후, 그것들을 무작위적으로 재배열하여 시를 쓰기도 했다. '잘라내기 기법cut-up technique'으로 알려진 이런 장치는 총체성이 사라진 세계에 대한 '파편화된' 대응의 한 방식이었다.

코비드-19는 이제 이 모든 개인들의 '자유로운' 글쓰기에 심각한 제동을 걸고 있다. 그것은 작가들이 어떤 표현의 길을 가더라도 이제 '공통적인 것'을 사유해야 한다는 정언명령의 출현 때문이다. 이제 모든 예술가는 '바깥을 사유하라!'는 말로 요약될 수 있는 이 명령으로부터 자유롭지 않다. 역사는 이제 이런 식으로 '탈근대postmodern'를 넘어 '코비드 시대'로 넘어가고 있다. 이제 세계는 코비드 이전과 이후로 확연히 나누어질 것이다. 코비드 사태는 전 지구 단위에서 동시 발생함으로써 인류가 '공통적인 것'을 함께 고민하고 해결해야 한다는 중대한 메시지를 던져주고 있다. 또한 코비드는 인류의 삶의 '방식'을 근본적으로 재구성하고 있다. 대면 문화가 비대면 문화로 바뀌면서 쟝 보드리야르J. Baudrillard가 오래전에 엄살처럼 과장해서 이야기하던 현실이 구체화되기 시작했다. 실물 지배의 시대는 끝나가고, 이미지가 이미지를 생산하는 시뮬라크르simulacre의 시대가 본격적으로 대두되었다. 사람들은 서로 얼굴을 마주치지 않고 이미지로 만난다. 수업도, 예배도, 사업도 실물성을 점점 상실해가고 있고, 그 자리들을 이미지의 교환이 채워가고 있다. 그럼에도 불구하고 보드리야르가 전혀 예상하지 못했던 일이 벌어지고 있는데, 그것은 실물적 거리가 멀어지면서도 개체들이 '공통'의 운명에 점점 더 가까이 묶이고 있다는 것이다. 이것이야말로 '새로운' 현실이다.

코비드 사태는 자본에 의한 자연의 착취가 이제 돌이킬 수 없는 한계에 직면했음을 보여준다. 그러므로 코비드 사태에 대한 사유는 단순히 바이러스에 대한 연구로 끝날 문제가 아니다. 설사 코비드 치료제가 개발된다 해도, 자연에 대한 착취를 지속하는 한, 또 다른 코비드의 출현을 막을 수 없다. 지금까지 '환경'을 대하는 일반인들의 태도는 그 문제를 다양한 문제 중의 하나로 보는 것이었다. 그러나 환경문제는 이제 세계의 '부분'이 아니라 '전체'의 문제이다. 이제 그동안 안전한 것으로 여겨왔던 개인의 동굴들이 '바깥'의 요동에 따라 언제든지 무너질 수 있다는 경고음이 전 세계에 울려 퍼지고 있다. 그러므로 모든 개체는 무슨 일을 하든 자신의 일이 그것의 '바깥'과 항상 연결되어 있다는 필연성의 법칙에서 자유롭지 않다. 지금까지 문학판에 주어졌던 모든 일탈과 자유는 '공통적인 것'의 갑작스러운(사실은 오래전부터 존재해온) 출현에 의해 발목이 잡혔다. 이제 욕망과 무의식의 무한 바다를 탐구할 때에도 그것들의 '바깥'을 사유하지 않는 문학은 모두 헛일이 될 것이다. 왜냐하면 그것은 세계의 반쪽만 들여다보는 일이고, 더구나 그 내밀한 욕망의 세계조차도 그것의 '바깥'과 긴밀하게 연결되어 있다는 인식의 심각한 부재를 드러내기 때문이다. 이렇게 해서 문학은 코비드 이전의 자신을 사라지게 한다. 다시 블랑쇼의 말대로 "사라짐"이야말로 "문학의 본질"이므로.

3.

그러므로 문학은 이제 새로운 '주체성subjectivity'의 내용과 형식에 대하며 고민해야 한다. 코비드 시대는 개체성과 공동체성을 동시에 구비한 '겹 주체성double subjectivity'을 요구한다. 겹 주체double subject는 주체의 '안과 밖'을 동시에 사유한다. 겹 주체는 자신의 내부와 외부가 분리될 수 없으며, 상대 쪽의 부재가 곧 이쪽의 부재임을 아는 주체이다. 그러나 코비드 시대의 주체는 바깥을 사유한다고 해서 내부의 특수성을 지우지 않는다. 그것은 '공동의 것'을 최상위의 가치에 놓고 개체성을 부인했던 봉건시대의 주체나, 개체의 자유를 최상위에 놓고 공동의 것을 무시한 근대적 주체와도 다르다. 코비드 시대가 필요로 하는 겹 주체는 개체성과 공동성이 동전의 양면처럼 유기적 관계를 맺고 있는 주체이며, 특수성 속에서도 공통적인 것을 망각하지 않는 주체이다.

> 아이 성화에 못 이겨
> 청계천 시장에서 데려온 스무 마리 열대어가
> 이틀 만에 열두 마리로 줄어 있다
> 저들끼리 새로운 관계를 만드는 과정에서
> 죽임을 당하거나 먹힌 것이라 한다
>
> 관계라니,
> 살아남은 것들만 남은 수조 안이 평화롭다
> 난 이 투명한 세상을 견딜 수 없다
> ―송경동, 「수조 앞에서」 전문

첫 번째 연은 개인의 사적인 공간을, 두 번째 연은 그 바깥에 있는 공통의 공간, 즉 "세상"을 다루고 있다. 이 시의 화자는 사적인 경험을 공적인 세계와 연결하는 '겹 주체'의 상상력을 보여준다. "수조"에서 벌어진 피어린 생존경쟁은 바깥의 "세상"에서도 예외 없이 벌어진다. 이 시의 화자는 사적인 경험을 통하여 "살아남은 것들만 남은" "관계"가 지배하는 가짜 "평화"의 세계를 떠올린다. 그 너무나 뻔하고 "투명한 세상"을 소환함으로써 이 시의 화자는 동굴 안에서 자신의 그림자만 쳐다보는 '노예적 주관성'의 상태에서 벗어난다.

    코비드 시대의 새로운 주체는 이처럼 중층적인 상상력의 소유자가 될 것을 요구받는다. 코비드는 공적 영역을 주관성의 영역에 들이댐으로써 골방에 갇힌 개인들을 '바깥'으로 끌어내고 있다. 이제 '바깥'을 사유하지 않는 모든 사유는 혐의의 대상이 되어버렸다. 개체들은 내밀한 사적 공간에서 빠져나와 '공통적인 것'을 함께 대면하며 '연대'할 것을 요구받는다. 이유는 간단하다. 코비드는 지구 단위에서 공통적인 것이 어떻게 개인의 사적 공간 속으로 (살벌하게) 치고 들어가는지를 너무나도 잘 보여주고 있기 때문이다. 모든 개체의 삶이 사회적 삶과 분리 불가능하다는 인식은 먼 고대부터 있었다. 그러나 아무리 그것을 주장한들, 대중은, 심지어 예술가들도 그것에 쉽게 귀를 기울이지 않았다. 그러나 코비드는 개인성과 사회성의 이 불가피한 연결성을 죽음의 위협을 동반하며 각인하고 있다. 이제야 사람들은 바깥(지구)의 운명이 자신(개인)의 운명과 긴밀하게 연결되어 있다는 사실을 뼛속 깊이 자각하기 시작했다. 그리고 이것이 사실인 이상, 문학(시)에 있어서도 이제 개인성 속에 사회성을 소환하는 것은 더 이상 선택의 문제가 아니다.

    소가
    똥 한 무더기 질퍽하게 싸놓고
    더운 입김 내뿜으며 떠난 뒤
    쇠똥구리 달려들었다
    민들레 홀씨 달려들었다
    어쩜 그렇게

맛있는 풀 내음을 풍길 수 있는지
바람도 와서 놀다가
구멍 숭숭 뚫어놓고 먼 길 떠났다
시간이 흘러, 똥에 꽃 핀다
봄바람 불어오면
가장 먼저 피어나는 꽃
똥꽃 핀다
이제 나비들 날아와 꿀을 빨 것이다
그것이 맛있는 똥인 줄도 모르고
한참을 빨아 먹다 갈 것이다

—오봉옥, 「똥꽃」 전문

이 시는 소똥을 소재로 이 세계가, 아니 온 우주가 어떻게 서로 연결되어 있는지를 잘 보여준다. 이 시에 등장하는 모든 개체는 오로지 '관계' 속에서만 존재한다. "태초에 관계가 있었다."(마틴 부버 M. Buber) 관계가 존재에 선행한다. 코비드-19는 존재의 관계성을, 그리고 그 관계성이 동심원을 그리며 만들어내는 '공통적인 것'의 존재를 실증적으로 보여주고 있다. 이제 문학이, 시가, 주관성의 골방에 갇혀 있는 것은 더 이상 불가능하다. 공통적인 것의 전 지구적 개입에 의해 예술은 겹눈으로 세계를 바라보지 않으면 안 되게 되었다. 예술은 이제 한 눈으로는 실존적 개인을, 다른 눈으로는 사회적 개인을 쳐다보아야 한다.

4.
다음으로 살펴봐야 할 것은 문학 환경의 변화이다. 이제 문학은 각종 미디어에 포위되었다. 독자들은 종이책보다 스마트폰에 올라오는 글들을 훨씬 자주 읽는다. 이것은 독자들의 독서방식과 문해력literacy의 중대한 변화를 의미한다. 독자들은 무겁고, 복잡하며, 진지하고, 긴 분량의 텍스트를 갈수록 잘 인내하지 못한다. 문학이 가동되는 사회 공간에서 미디어가 차지하는 비중이 점점 더 커지면서 문학도 미디어의 영향으로부터 자유롭지 않게 되었다. 작가들은 미디어에 먼저 글을 연재한 후에 그것들을 다시 묶어 단행본으로 출판하기도 한다. 그럴 때 문학은 미디어의 필터링을 거쳐야 하므로 미디어에 걸맞은 글쓰기의 과정을 거치지 않을 수 없다. 그리고 이런 과정은 문학 형식에도 일정한 변화를 초래한다. 문제는 이러한 환경의 변화를 외면하는 것이 더 이상 불가능하다는 것이다.

발터 벤야민W. Benjamin은 「기계 복제 시대의 예술작품」(1935)에서 기존의 예술작품이 가지고 있던 '아우라aura'의 상실에 대하여 말한다. 이때 벤야민이 하는 일은 '유일무이성uniqueness'를 자랑하던 예술의 종말을 애도하는 것이 아니다. 벤야민은 절망의 자리에서 거꾸로 '혁명적' 예술이 나아가야 할 방향을 제시한다. 그가 볼 때 예술작품이 자본주의의 복제 기술에 의해 공장의 통조림처럼 찍혀 나올 때, 잃는 것은 '아우라'이고, 얻는 것은 '정치politics'이다. 예술은 아우라를 상실한 대신에 다수 대중의 손에 손쉽게 들어간다. 예술이 유일무이성을 자랑하며 종교적 숭배의 대상일 때, 예술은 경제력이 있는 극소수의 전유물이었다. 그러나 이제 소비자들은 싼값에 아무 데서나 예술작품의 복제물들을 쉽게 손에 넣을 수 있게 되었다. 혁명적 예술의 텍스트가 대중들의 손에 다 들어가 있는 것이다. 벤야민이 보기에 이제는 아우라의 상실을 탄식할 때가 아니라, 대중들의 손에 들어가 있는 예술작품을 어떻게 활용할 것인가를 고민해야 한다. 벤야민의 사유의 힘은 이렇게 환경의 변화를 절망의 각도로 대하지 않고 변혁의 동력으로 활용하려는 적극적인 태도에서 나온다.

인터넷과 미디어는 더욱 극단적으로 발전할 것이고 사회 전체가 이를 중심으로 굴러감으로써, 전통적인 문학 형식은 불가피한 변화를 겪을 수밖에 없다. 이때 진보적 작가들이 할 일은 무력한 장송곡을 부르는 것이 아니라, 변화된 환경을 적극적으로 활용할 방식을 찾는 것이다. 유튜브, 팟캐스트, 페이스북, 트위터 등의 미디어를 활용하는 작가들이 점점 늘고 있다. 문학과 미디어가 만나면서 전통적인 문학을 구성하던 일부 요소들은 '사라짐'의 운명을 겪는다. 그리고 이것은 슬퍼할 일이 아니다. 왜냐하면 문학은 언제나 "사라짐이라는 본질"을 향해 있기 때문이다. 사라짐이 없이 새로운 문학은 없다. 사라짐이 운명이라면 사라짐을 애통해 할 것이 아니라, 새로운 것의 출현을 경하해야 한다. 무엇보다 예술의 가장 큰 적은 클리셰cliché이고 반복이기 때문이다. 문학이 '사라짐이라는 본질'을 가지고 있다는 것은 바로 이런 의미에서이다. 사라지지 않는 문학은 클리셰의 진원이다. 사라지지 않는 문학은 문학의 적을 생산한다.

수많은 장르 문학의 창궐도 이런 변화의 한 방향이다. 판타지 문학이나 인터넷 게임을 연상시키는 SF 픽션도 이런 새로운 변화의 결과물이다. 미국의 소설가로 휴고 상, 네블러 상, 세계환상문학상을 휩쓴 켄 리우Ken Liu의 소설집 『종이 동물원The Paper Menagerie And Other Stories』을 누가 감히 싸구려 대중소설이라고 비난할 수 있는가. 이 소설집은 환상과 현실의 적절한 배합을 통해 전통적인 소설이 도달하지 못한 '세계의 탐구'에 성공하였다. 이 소설은 온라인 게임이나 소셜 미디어, 각종 자동기계를 생활 속에서 체험한 세대가 아니면 도저히 쓸 수 없는 작품이다. 켄 리우는 각종 미디어가 생산한 기법들을 적극적으로 끌어들이면서 동시에 미디어 지배의 세계를 비판하고 풍자한다. 그 시각은 전통적인 리얼리즘 이론가들이 줄기차게 요구했던, 이른바 '총체성의 재현' 이상의 것을 보여준다. 각종 미디어의 발달을 문학에 대한 '위협'으로 간주한다면, 그것은 고루한 보수주의자의 생각이다. 문제는 이런 변화 자체가 거부할 수 없는 현실이라는 것이다. 그러므로 진보적 작가는 매체의 발달을 '위협'이 아니라 인류가 만들어낸 새로운 '문화적 유산'으로 간주한다. 그리고 이 모든 소중한 유산들은 과거의 문학을 사라지게 만들면서 새로운 문학을 만들어나가는 재료이고 연료이다.

> 우리는 진화한다 우리의 감성과 지성은 상호 배반으로 조화를 이룬다 세계를 염습하듯 (열심으로 열심으로) 우리는 우리를 가공한다
>
> …(중략)…
>
> 멸망의 조짐을 먼저 읽은 자에게 형벌을! 질서를 위협하기 위해 뱀의 혓바닥을 내민 자들을 단두대로! (깨지듯 아파지더라도) 조국을 위해 세계를 위해 체제의 발전을 위해 우리는 우리를 매장하고 슬픔도 모른 채 만장을 들고 괄약근에 힘을 주고
>
> 이겨내자 견뎌내자 발맞춰 나아간다 죄와 벌을 배낭에 넣고 결사항전의 자세로 임전무퇴의 정신으로 고난의 행군을 시작한다 (우리 승리하리라) 우리는 우리를 조져야 한다
>
> ─ 장석원, 「가소성可塑性」 부분

새로운 문학이 가져야 할 것은, 스스로 사라지고 다른 것이 되며 과거로 돌아가지 않는 "가소성可塑性"이다. 이 글의 맥락에서 볼 때, 위 시에서 주목할 대목은 "우리는 우리를 가공한다"와 "우리는 우리를 조져야 한다"는 전언傳言이다. 자신을 '조지지' 않는 문학은 예술이 아니다. 변화의

산물, 돌이킬 수 없는 산물들을 저주하는 것은 혁명적 시인이 할 일이 아니다. 모든 변화의 산물들은 인류 공통의 자산이다. 그것들은 활용의 대상이지 거부의 대상이 아니다. 요컨대 그것은 거부한다고 사라지는 것이 아니다. 그러면 어찌할 것인가. 켄 리우처럼 그 유산을 최대한 활용하면서 그 유산이 가지고 있는 불길한 미래에 대하여 질문을 던지는 것밖에 없다. 그리고 그 질문을 통하여 도래할 미래의 선한 방향성을 궁구하는 것밖에 없다. 무엇보다 문학은 답이 아니라 질문의 언어이므로.

장르 문학 혹은 본격 문학(이제 이런 용어도 사실 부적절하다!) 안으로 들어온 장르 문학의 다양한 기법들 외에, 달라진 미디어 환경을 적극적으로 활용하려는 노력이 몇 년 전부터 있었다. 이상옥 교수, 김종회 교수, 최광임 시인 등을 중심으로 벌어진 디카시 운동이 그것이다. 디카시의 탄생은 사진 찍는 일이 식은 죽 먹기보다 쉬어진 스마트폰 기술이 없었다면 거의 불가능했을 것이다. 디카시는 누구나 항상 휴대하고 있고 아무 때나 쉽게 찍을 수 있는 사진 미디어와 시를 연결하는 새로운 혼종hybrid 장르이다. 디카시는 불과 3~5행 내외의 짤막한 시 형식을 채택함으로써 SNS 시대의, 글쓰기의 새로운 취향을 적극적으로 반영한다. 디카시 안에서 시각적 이미지와 문자언어는 서로 만나 서로에게 스며든다. 그것은 시각 이미지나 문자언어만으로는 표현할 수 없는 새로운 감성의 영역을 건드린다. 디카시의 출현으로 '시는 문자언어이다.'라는 전설은 사라진다. 이런 점에서 디카시는 "사라짐이라는 (문학의) 본질"에 충실한 장르이다. 디카시가 가지고 있는 또 하나의 장점은 그것이 시의 대중화에 매우 효과적인 영역을 개척하고 있다는 것이다. 아직 디카시의 성과를 이야기하기에는 이른 단계이지만, 디카시는 글쓰기 환경의 변화에 대한 문학 언어의 적극적 대응 방식을 잘 보여준다. 문학은 스스로에게 계속 명령한다. '사라지라'고. 사라짐 없이 새로움도 없다고. 새로움이야말로 문학의 운명이라고.

시의 난해성 혹은 소통의 문제

1.

요즘 들어 시가 난해해져서 도대체 무슨 말을 하는지 모르겠다는 말이 자주 들린다. 난해성은 거의 '유행'이 되어서 신춘문예의 당선작들도 대체로 그런 경향을 보인다. 세계 문학사의 차원에서 보면 문학이 본격적으로 난해해지기 시작한 것은 19세기의 리얼리즘을 지나 20세기에 들어와 모더니즘 문학이 성행하면서부터이다. 모더니즘 문학의 대명사로 불리는 제임스 죠이스J. Joyce의 『율리시즈Ulysses』(1922)나 엘리엇T. S. Eliot의 『황무지The Waste Land』(1922)는 우연히도 같은 해에 출판되었는데, 결코 쉽게 읽히지 않는다. 모더니즘 문학의 특성은 1) 난해성 2) 실험성 3) 페시미즘pessimism적 세계관 4) 내면 지향성으로 거칠게 요약할 수 있다. 19세기까지 읽고 이해하기에 별로 어렵지 않았던 문학 텍스트가 왜 20세기에 와서 이렇게 실험적이고 난해해졌는가라는 질문을 던질 수 있다. 넓은 의미에서 볼 때 문학이 세계의 반영reflection 혹은 굴절refraction이라면, 문학이 난해해졌다는 것은 그 반영과 굴절의 대상인 세계가 그만큼 복잡하고 난해해졌다는 설명도 가능해진다. 19세기의 리얼리스트들이 세계의 이해와 문학적 설명에 대한 자신감의 소유자들이었다면, 20세기의 모더니스트들에게 세계는 이해(설명) 불가능한 혹은 (리얼리즘적 의미에서) 재현 불가능한 대상이었다. 모더니스트들에게 글쓰기란 재현 혹은 굴절 불가능한 것을 재현하거나 굴절시켜야 하는 형용모순의 작업이었다. 그리하여 모더니스트들에게 20세기는 '악몽'의 세계였다. 그들은 변화한 세계를 담을 새로운 형식을 궁구하지 않을 수 없었고, 그 어떤 형식에 의해서도 세계를 '총체적'으로 담을 수 없다는 사실에 절망하였다. 그러므로 그들은 끊임없이 새로운 형식의 개발에 몰두하지 않을 수 없었고, 그 결과물이 모더니즘을 특징짓는 '실험적' 형식들이다. 그들의 실험적 형식들은 어찌 보면 파편화된 현실에 대한 파편적 재현이었다. 양차 세계대전과 총체적 재현의 불가능성이 모더니즘의 세계관을 좌절과 절망과 고뇌로 가득 채웠다. 페시미즘은 모더니스트들의 브랜드 네임이 되었다. 외적 현실이 불가해한 대상으로 다가오자 그들은 시선을 인간의 내면세계로 돌리기 시작했다. 그리하여 모더니즘 문학은 루카치G. Lukács가 "현실의 희석화attenuation of reality"라 비판한 대로 외적 현실로부터 상당 부분 등을 돌렸다.

미국의 문학평론가인 프레드릭 제임슨F. Jameson도 난해한 문체로 악명이 높다. 문체의 난해성에 대한 비판에 대하여 제임슨은 "문체는 곧 세계관"이라고 응수하며 아도르노T. Adorno의 예를 든다. 제임슨은 아도르노의 난해한 문체를 언급하면서, 그의 난해성이, 그의 문체가 갖는 밀도가, "그 자체 비타협적인 태도의 산물"이며, "주위의 값싼 쉬움에 맞서 진정한 사고를 하기 위해 독자들이 치러야 할 대가"라고 경고하는데, 이는 그대로 제임슨 자신의 문체에도 해당이 되는 언사이다. 물론 그의 난해한 문체가 만에 하나 그 이론의 혼란과 모순을 감추기 위한 기제는 아닌지 또한 면밀하게 따져 보아야 한다. 가령, 제임스 씨턴James Seaton

같은 논자는 "제임슨의 글을 조금만 더 자세히 살펴보면 그의 수사학이 수많은 혼란들을 감추고 있다는 사실을 알 수 있다."고 지적하고 있고, 이글턴T. Eagleton도 제임슨의 문장이 "정치적 메시지이면서 동시에 기표 signifier의 유희라는 양면성"을 갖고 있다고 비판한다.

이렇게 종합해보면 현대 한국 시의 '난해성'은 그 자체로는 혐의가 될 수 없다. 후기 자본주의 시대의 복잡한 한국의 현실은 (어떤 면에서 보면) 단순한 서정시의 형식으로는 사실상 '재현 불가능'하다. 이런 상황에서 난해성이 혐의가 된다면 '쉬운' 시도 다른 방향에서 혐의의 대상이 될 수 있다. 현실은 매우 복잡한데 그것을 쉽게 설명한다면, 그것은 현실의 왜곡이나 단순화라는 혐의에서 크게 자유롭지 않을 수도 있기 때문이다.

시의 난해성과 관련하여 우리가 또 한 가지 고려해야 할 것은, 애초에 시의 기능이 '소통'이 아니라는 주장도 있다는 사실이다. 러시아 형식주의Russian Formalism자들에 의하면, '소통'은 일상 언어ordinary language의 기능일 뿐이다. 그들에 의하면 시적 언어poetic language는 "일상 언어에 가해진 조직화된 폭력"(로만 야콥슨 R, Jakobson)이다. 시적 언어는 의도적으로 소통에 장애를 일으키는 언어, 일상 언어의 문법에 구멍을 내는 언어이다. 일상 언어를 왜곡하고 비틀 때, 비로소 모든 예술의 본질인 "낯설게 하기defamiliarization"가 실현된다. 러시아 형식주의자들에게 있어서 문학은 '친숙한familiar' 것을 '친숙하지 않은unfamiliar' 것으로 만들어 새롭게 '느끼게(지각하게)' 해주는 언어이다. 그러므로 러시아 형식주의자들이 가장 혐오하는 것은 '상투성클리셰 cliché'이다. 클리셰는 이해하기 '쉬운' 언어이자, '진부한', '뻔한' 언어이다. 그것은 최상의 소통을 보장하지만 예술성을 보장하지는 않는다. 이런 논지를 따르면 시적 언어는 (일정 정도) 일상 언어를 뒤틀고 왜곡하고 '펑크'를 내는 언어이다. 이런 과정을 통해 시적 언어는 사물에 대한 '새로운' 감각을 부여하면서 동시에 일상 언어보다 훨씬 이해하기 어려운 언어가 된다.

그러나 문제는 독자들과의 관계이다. 스탠리 피쉬S. Fish는 문학 텍스트의 '의미'를 일종의 '사건'이라고 하면서, 이 '사건'은 "문자의 흐름과 독자의 능동적 매개 사이의 상호작용 속에서 일어난다."고 하였다. 그런데 독자들 혹은 심지어 시인들이 읽어도 도대체 무슨 말인지 알 수 없는 시들이 점점 많아지고 있다는 사실이, '난해성과 소통의 문제'에 대한 사유를 불러온다. 니체F. Nietzsche는 "시인의 정신은 관객을 원한다. 그것이 비록 물소일지라도."(『차라투스트라는 이렇게 말하였다』)라고 하였다. 문제는 독자들이 "물소" 수준의 문해력literacy 안에 지속적으로 갇혀 있지 않다는 사실이다. 한스 로베르트 야우스H. R. Jauss에 따르면, 독자들은 기존의 독서 관행에 따라 자신이 "기대expectation"하는 방향으로 텍스트를 읽는다. 그러나 기존과는 전혀 다른 형식의 새로운 텍스트를 만났을 때, 독자들의 이런 '기대'는 박살이 난다. 그리하여 당황한 독자들은 자신들의 텍스트 읽기에 무슨 문제가 있는지 돌아보게 되는데, 이것을 야우스는 "회상retrospection"이라고 부른다. 그러나 많은 경우 문학 텍스트는 독자들의 기대와는 다른 방식으로 문장을 배열함으로써 그것들의 연속적 '흐름'을 파괴한다. 이러할 경우 독자들은 잘 연결되지 않는 문장들 사이의 "틈새"들을 메꾸지 않으면 안 된다. 문학 텍스트들은 이렇게 끊임없이 독자들의 "기대"와 "회상"을 파괴함으로써, 독자들로 하여금 언제든 텍스트 읽기의 '새로운' 방향을 정할reorientation 준비를 하게 만든다. 가령 이상의 「오감도烏瞰圖」 연작시들은 평범한 독자들의 "기대"와 "회상"에 찬물을 끼얹었다. 1934년 7월 24일부터 8월 8일까지 《조선중앙일보》에 연재하다가 너무 난해하다는 독자들의 비난 때문에 연재가 중단된 이 텍스트들은, 그러나 이상 이전의 독자들의 "기대"와 이상 이후의 독자들의 "기대"를 전혀 다른 것으로 바꾸어놓았다. 이상의 텍스트들은 처음에는 독자들에게 거부당했지만, 이상의 텍스트들을 제외하고 한국 시의 역사를 이야기할 수 없을 정도로 큰 파장을 몰고 왔다. 이상 이후, 한국 독자들의 "기대 지평horizon of expextation"(야우스)은 더욱 넓어지고 깊어졌다. 문학은 (다른 예술 장르들과 마찬가지로) 기존 독자들의 기대 지평을 염두에 두되 그것을 만족시키는 데 급급하지 않으며, 그것을 계속 무너뜨리고 독자들과의 사이에 '의미'의 새로운 "사건"을 만들어 나감으로써, 그들의 "기대 지평"을 변화시키고 확대시킨다. 그러므로 독자들이 이해할 수 있도록 시를 쉽게 써야 한다는 것을 일종의 '불문율'처럼 주장한다면, 그것은 지나치게 단순한 생각이다. 그런 주장은 문학을 계속 유치원생의 눈높이에 머물게 한다. 문학은 스스로의 몸집과 밀도와 화학성을 끊임없이 변화시켜 나갈 때에만 생존할 수 있다. 동일한 것의 '반복'이야말로 모든 예술의 적이기 때문이다. 그러므로 새로운 텍스트와 독자들의 '기대 지평'은 지속적으로 충돌할 수밖에 없다. 그러나 이 과정을 통해 독자들의 '기대 지평'도 끊임없이 변하고 발전한다. 셰익스피어 시대의 독자들과 21세기 독자들의 기대 지평은 전혀 다르다. 그 사이 400여 년이 지나는 동안 새로운 "문자의 흐름과 독자의 능동적 매개 사이의 상호작용"이라는 수많은 문학적 "사건"들이 일어났기 때문이다.

2.

문제는 난해성 자체가 아니라, 난해성이 일종의 양식, 패턴, 관습으로 굳어지는 것이다. 제아무리 새로운 형식일지라도 그것이 관행이 되면, 클리셰로 전락한다. 가령 황지우식의 독특한 실험은 황지우로 족하다. 황지우 본인도 (그렇지 않겠지만) 만일 후속 작품에서 자신의 새로운 형식을 계속 반복한다면, 스스로 진부성의 무덤을 파는 것이다. 황지우는 『어느 날 나는 흐린 酒店에 앉아 있을 거다』(1998) 이후 근 20년이 넘도록 새 시집을 내지 않고 있다. 자세한 내막은 알 수 없지만, 그가 만일 자기 안에서의 '새로움'의 과제 때문에 긴 침묵의 시간을 보내고 있다면, 황지우야말로 훌륭한 자세를 가지고 있는 예술가이다.

지금 한국 시단에서 유행하고 있는 난해한 시들은 난해성 자체가 아니라, 수많은 아류들의 수많은 '반복'의 경향성을 띠고 있다는 것이 문제이다. 난해성은 한국 시단의 관행이 되었고, 심하게 말하면 '제도'가 되었다. 문제는 이와 같은 "습관화habitualization"와 "자동화automatization"(빅토르 쉬클로프스키 V. Shklovsky)야말로 "낯설게 하기"의 적, 즉 반反예술적인 것이라는 사실이다. 많은 시인들이 '관성적으로' 문장을 파괴하고, 문장들 사이의 연결고리를 끊어놓는다. 그래야 "있어 보인다"고 생각하는 것인지 모르지만, 문제는 이런 패턴들이 많은 경우 결코 새로운 것이 아니라는 사실이다. 국내에서는 이미 오래전에 시인 이상이 이런 작업을 극단적인 단계까지 몰고 나갔고, 서양으로 치면 미래주의futurism, 다다이즘dadaism, 초현실주의surrealism 등, 모더니즘과 포스트모더니즘의 다양한 유파에서 이런 작업이 이미 먼 옛날에 수행되었다. 미국의 비트 세대Beat Generation 작가인 윌리엄 버로스William Burroughs는 헤로인에 취한 상태에서 신문에 나오는 단어들을 오려낸 후 그것들을 무작위로 연결해 작품을 쓰기도 했다. 이렇게 표준어법의 문장들을 마구 파괴해서 무작위로 연결시키는 작업을 "자르기 기법cut-up technique"이라고 한다.

그러므로 문제는 '난해성'이 아니라 '새로움'이다. 난해성 자체가 혐의가 아니라 그것이 과연 '새로운' 시도인가가 문제이다. 관습화된 난해성은 클리셰에 불과하다. 이해하기 쉬운 시도 그 '쉬움' 자체가 혐의가 아니다. 이해하기 쉬우나 얼마나 새로운 표현의 영역에 도달하였는가가 문제가 된다. 그러므로 난해성과 가독성readability은 훌륭한 문학 텍스트를 쓰는 데 있어서 양자택일의 문제가 아니다. 소통은 더더욱 문젯거리가 아니다. 문학은 기존의 소통 방식이 아니라 새로운 소통 방식을 끊임없이 궁구한다. 그것은 때로 난해성의 옷을 입기도 하고 때로는 표현력의 층위와 연결되기도 한다. 새로운 표현과 마주칠 때 독자들은 일시적으로 당황할 수 있지만, 나름 새로운 '기대 지평'을 계속 만들어 나간다. 독자들의 '기대 지평'의 수준을 계속 확장하는 것이야말로 문학 텍스트의 고유한 의무이다. 이것이야말로 문학 텍스트와 독자들이 만들어 온, "사건"으로서의 '의미' 생산의 긴 역사이다. 만일 어떤 작가가 독자들과의 소통 불가가 두려워 새로운 형식을 만들어내는 일을 거부한다면, 그것은 이미 예술가로서의 자신의 사명을 포기하는 것이나 다를 바 없다.

3.
훌륭한 시는 새로우면서 동시에 소통이 잘 되는 시이다. 그리고 이 '새로움'에는 크게 두 가지 지평이 있다. 하나는 전통적인 형식을 파괴하면서(새로움) 소통의 새로운 방식(영역)을 개척하는 지평이고, 다른 하나는 전통적인 형식을 따르되 세부 표현에 있어서 새로움을 획득하는 지평이다. 이 두 지평의 공통점은 두 지평이 모두 '난해성'이나 '소통'의 층위가 아니라 '새로움'의 층위와 관계된다는 것이다. 나는 첫 번째 층위의 대표적인 예로 앞에서 언급한 황지우의 텍스트들을, 두 번째 층위의 대표적인 예로 이재무의 텍스트들을 들고 싶다. 먼저 황지우의 시를 보자.

길중은 밤늦게 들어온 숙자에게 핀잔을 주는데, 숙자는 하루 종일 고생한 수고도 몰라 주는 남편이 야속해 화가 났다. 혜옥은 조카 창연이 은미를 따르는 것을 보고 명섭과 자연스럽게 이야기를 나누게 된다. 이모는 명섭과 은미의 초라한 생활이 안스러워…….

어느 날 나는 친구집엘 놀러 갔는데 친구는 없고 친구 누나
가 낮잠을 자고 있었다. 친구 누나의 벌어진 가랭이를 보자 나
는 자지가 꼴렸다. 그래서 나는…….
— 황지우, 「숙자는 남편이 야속해―KBS 2 TV·산유화(하오
9시 45분) 전문

황지우의 첫 번째 시집 『새들도 세상을 뜨는구나』(1983)에 실린 이 시는 1970~80년대 군부독재 치하의 일상적 풍경을 풍자적으로 잘 보여준다. 당시에 "KBS"는 공영 방송국이라기보다는 독재 정권의 메가폰이었고, 독재 정권은 매스 미디어를 이용해 국민들을 최대한 탈脫정치화하려고 했다. 첫 번째 연은 신문의 방송 편성표에 실린 연속극 줄거리의 요약이고, 두 번째 연은 당시에 공중화장실에서 흔히 볼 수 있는 저속한 낙서이다. 일단 이 시는 적어도 한국 현대 시사詩史의 차원으로만 한정해서 놓고 보면, 매우 실험적이고 탈脫전통적이다. 황지우 이전의 대부분 전통적인 서정시의 언어에 익숙했던 사람들에게 이런 시는 그야말로 파격이었다. 신문의 연속극 안내 글이나 화장실의 싸구려 낙서가 아무런 걸러냄이 없이 그대로 시가 될 수 있다는 사실을 황지우는 보여주었다. 첫 연은 '민주화'라는 당시의 절체절명의 '거대서사grand narrative'가 완전히 삭제된, 탈정치화된 일상을 보여준다. 당시에 매스 미디어가 국민에게 보여주는 풍경들은 이처럼 평화롭고 소소한 일상이라는 '가짜 현실'이었다. 미디어는 대중문화에서 '정치'를 완전히 지워버림으로써, 대중(국민)으로 하여금 일상 너머의 거대 서사를 보지 못하게 만들었다. 그리고 이런 '이데올로기적 국가장치ideological state apparatus'(알튀세L. Althusser)의 기능을 가장 강력하고도 효과적으로 수행하는 매체 중의 하

나가 바로 국영 방송국인 KBS였다. 황지우는 첫 연에서 아무런 설명이 없이 군부독재 정권에 의해 현실에 대한 '눈가리개'로 사용된 일상의 풍경을 보여준다. 그리고 두 번째 연에 그것과 전혀 관계가 없어 보이는, 화장실의 '욕설' 같은 언어를 병치한다. 그리하여 이 시는 독재 이데올로기의 메가폰 역할을 했던 국영 방송국에 대한 가장 심한 풍자가 된다.

이 시의 매력은 일단 '재미있다'는 것이다. 전통적인 형식을 파괴함으로써 이 시는 시가 고상하고도 점잖은 언어라는 '기대'를 허물어뜨린다. 독자들은 순간 당황하지만, 이런 시를 이해할 수 있는 새로운 '기대 지평'을 만들지 않으면 안 된다. 시인이 만들어낸 새로운 형식에 의해서 독자들은 자신들이 가지고 있던 '기대'와 '새로움' 사이의 틈새를 메워야 하고, 이 과정을 통해 그들의 기대 지평도 확대되고 발전한다. 이것이 "사건"으로서의 텍스트와 독자의 '만남'이다.

두 번째 지평, 즉 전통적인 형식을 따르되 세부 표현에 있어서 새로움을 획득하는 지평의 예로 이재무의 시를 보자.

슬리퍼를 신을 때마다 슬리퍼처럼
편하고 만만했던 얼굴이 떠오른다
슬리퍼는 슬픈 신발이다
막 신고 다니다 아무렇게나 이곳저곳에
벗어놓는 신발이다 언감생심 어디
먼 곳은커녕 크고 빛나는 자리에는
갈 수 없는 신발이다
기껏해야 집 안팎이나 돌아다니다
너덜너덜해지면 함부로 버려지는 신발이다
슬리퍼를 신을 때마다 안개꽃같이
누군가의 배경으로 살았던

오래된 우물 속처럼 눈 속 가득

수심이 고여 있던 얼굴이 떠오른다

—이재무, 「슬리퍼」 전문

이재무 시의 전략은 거의 항상 처음에는 '쉽게' 치고 들어가는 것이다. 이 '쉬움'이 독자들을 그의 시에 '쉽게' 들어오게 만든다. 그러나 이재무의 시들은 항상 쉬움에서 쉬움으로 끝나지 않는다. "슬리퍼"처럼 쉽고도 "만만"한 대상에서 그가 읽어내는 것은, "안개꽃같이/누군가의 배경으로 살았던/오래된 우물 속처럼 눈 속 가득/수심이 고여 있던 얼굴"이다. 마지막 4행이 없었더라면 이 시는 별것 아닌 클리셰로 끝났을 것이다. 그러나 시가 무엇보다 은유의 언어라는 사실을 너무나 잘 알고 있는 이재무 시인은 시가 끝나는 순간까지 긴장을 잃지 않는다. 마지막 펀치를 날려야 하기 때문이다. 마지막 네 행의 새로운 감성 때문에 무심히 읽고 지나칠 수도 있는 (도입부의) "편하고 만만했던 얼굴"의 '슬픔'까지도 아련하게 살아난다. 이 시는 "슬리퍼"처럼 흔해빠진 사물을 통해 대부분 "누군가의 배경"으로 사는 평범한 사람들의 "수심"을 깊이 건드린다. 원관념tenor과 보조관념vehicle의 양쪽 모두가 보편성을 향해 있기 때문에, 이 시는 난해성의 통로를 거치지 않고도 독자들의 감성을 얼마든지 건드린다.

4.

시의 난해성과 소통의 문제를 논할 때마다 많은 사람들이 이분법 혹은 양자택일의 함정에 빠진다. '세계가 난해한데 어떻게 쉬운 시를 쓰나.' '난해한 시들 때문에 독자들이 시에서 다 떠난 거야. 표현력이 딸리니까 시가 난해해지는 거지.' 좋은 문학은 이런 식의 이분법으로 성취되지 않는다. 또한 '소통'이 시의 궁극적인 목표도 아니다. 만일 소통이 그렇게 중요한 것이라면 온갖 아방가르드avant-garde 문학은 존재할 필요도 없었을 것이다. 왜 지금도 이해하기 어려운 시인 이상의 시들을 존중하는가. 소통의 방식은 고정되어 있는 것이 아니다. 그것은 새로운 문학 형식의 출현에 의해 계속 변화하고 발전한다. 새로운 문학은 소통의 문제로 고민하지 않는다. 그것이 최상의 문제였다면 모더니즘이나 포스트모더니즘 문학은 나오지 않았을 것이다. 알레르 카뮈A. Camus의 『이방인』에서 주인공 뫼르소는 해변에서 '분명하지 않은' 이유로 한 아랍 청년을 권총으로 살해한다. 모더니즘의 정점에서 리얼리즘의 문법으로는 도저히 설명 불가능한 살인사건이 일어난다. 이를 통해 카뮈가 전하고 싶었던 것은, 이렇게 난센스nonsense로 가득 찬, 삶의 부조리absurdity였다. 아마도 19세기 리얼리즘 시대의 독자들이 가지고 있던 '기대'로 이 소설을 읽으면 잘 이해가 가지 않을 것이다. 그러나 독자들의 그런 '기대 지평'은 새로운 텍스트들과의 만남을 통해 계속 교정된다. 다시 말하지만 그러므로 문제는 난해성과 소통이 아니라 새로움이다. 그리고 그 어떤 난해성도 자꾸 반복되는 순간 진부한 쓰레기가 된다. 난해성 자체가 새로움을 보장해주지 않는다. 현재 한국 문단에서 벌어지고 있는 난해성의 경향은 일부 선도적인 작가를 제외하고 대부분 패턴화된 것들, 습관화된 것들이 많다. 왜 난해한 시를 써야 하는지 내적, 외적 논리가 분명치 않으면서 자신도 모르게 그저 시류에 따라 그런 글을 쓰는 사람은 진정한 의미의 작가가 아니다. 거꾸로 쉬운 시를 표방하면서 일체의 '새로움'을 창출하지 않고 뻔한 언어를 계속 구사한다면, 그 역시 진정한 의미의 시인이 아니다. 문제는 '새로운 표현'이고 그것은 난해성의 여부를 넘어선 개념이다. 이 글의 서두에서 조심스럽게 '재현'이라는 개념을 사용했고, 그것도 부족하여 '굴절'이라는 개념도 썼지만, 엄밀히 말해 '재현representation'은 없다. 오로지 '생산production'만이 있을 뿐이다. 언어로 세계를 있는 그대로 재현한다는 것은 불가능하며, 문학은 세계를 원료로 새로운 세계를 생산하는 일이다. 그리고 그 생산의 위대성 여부는 '새로움'의 유무에 있다.

욕망의 사회학을 향하여

1.

1970~80년대가 "민족", "민중", "노동", "민주"의 기호들을 중심으로 이루어진 거대서사grand narrative의 시기였다면, 1990년대 이후 최근까지의 한국 문학, 특히 한국 시는 (어떤 면에서) 큰 이야기에 눌려 있던 '욕망'의 언어가 마구 분출해온 시기였다. 여기에서 '욕망'이란 정신분석학적 의미의 리비도, 본능, 충동, 성애sexuality, 무의식 같은 것들을 총괄하는 용어이다. 시인들은 주체의 바깥에서 주체의 안으로, 안으로 마구 파고들었다. 그리하여 한국 문학 사상 최초로 '욕망의 탐구'가 본격적으로 이루어진 시기가 바로 이 시기이다. 욕망은 규정되지 않는 모순과 배리背理의 덩어리이므로 그것의 형상화는 마치 분열증 환자의 언어처럼 난삽하고, 일탈적이며, 즉흥적인 것이었다. 혹자는 이런 현상과 동향들을 총칭하여 "미래파"라는 이름을 붙이기도 했고, 혹자는 해독 (불)가능한 이들의 언어를 비판하기도 했다. 내가 보기에 이들에게 붙여진 "미래파"라는 이름은 매우 부적절하다. 그들은 어떤 구체적인 '미래'

도 구상하거나 계획하지 않았으며, 구 러시아의 미래파처럼 전투적이고 총체적인 의미에서 파괴적이지도 않았다. 그들은 토막 나고 억압된 기억들을 끌어올려 존재의 '파편성'을 보여주는 데 그쳤다. 러시아 미래파의 수장이었던 블라드미르 마야코프스키가 "근대성의 배에서 푸시킨과 도스토예프스키와 톨스토이를 던져 버려라. 첫사랑을 잊지 않는 자는 마지막 사랑도 인지하지 못할 것이다."라고 했을 때, 러시아의 미래파가 거부한 것은 문학적 선배들의 예술 형식만이 아니었다. 그들은 과거의 문학만이 아니라 과거의 낡은 체제까지도 부정하였다. 또한 그들이 내세운 것은 개체의 자유만이 아니었다. 마야코프스키는 "야유와 분노의 바다 한가운데에서 '우리'라는 단어의 반석 위에 굳게 서라."고 외쳤다. "우리"라는 복수複數적 주체가 생략될 때 실험적 예술 형식은 단독자의 주관적 놀이의 범주를 넘어서지 못한다. 장-뤽 낭시Jean-Luc Nancy의 말대로 "경계야말로 글쓰기가 발생하는 자리"이다. "글쓰기에 도래하는 것은 오직 접촉일 뿐"이다. 개체가 자신의 '바깥'을 사유하지 않을 때, 즉 주관성의 경계 밖으로 나가지 않을 때, 세계와의 '접촉'은 일어나지 않으며 진정한 글쓰기는 '도래'하지 않는다. 글쓰기는 주체와 세계 사이에 존재하는 "불타는 대장간"(니코스 카잔차키스)이다. "말하는 존재speaking being"(줄리아 크리스테바)인 주체는 자신의 욕망과 세계 사이에 "불가사의한 접면strange fold"(줄리아 크리스테바)을 가지고 있다. 주체의 욕망은 주체의 언어 속으로 흘러 들어가고, 주체는 욕망과 세계 사이의 경계에서 이렇게 '말'을 함으로써 주체성을 형성한다. 그러므로 주관성 안에 갇힌 언어는 언어 이전의 언어이며, 아직 완성되지 않은 '옹알이'이다. 물론 옹알이로서의 언어는 규범 언어에 대한 위협과 전복顚覆의 기능을 가지고 있으며, 시적 언어의 어떤 부분은 의도적으로 완성을 거부하는 언어, 일탈의 언어이다. 문제는 문장이 아니라 태도이다. 시인이 자궁에 대한 노스텔지어를 갖는 것을 비난할 이유는 없다. 그러나 자신이 이미 자궁 밖(세계)으로 내던져진, 고향으로부터 버림받은 존재라는 자각이 없다면 그것은 문제가 된다. 욕망의 진정한 '탐구'는 욕망 안에 갇혀 있을 때 이루어지지 않는다. 욕망은 그것 바깥의 경계와 마주칠 때 비로소 윤곽을 드러낸다. 프로이트의 말대로 이드$_{id}$와 뒤섞여 있는 에고$_{ego}$가 하는 주요 작업도 외부로부터의 '자극'들을 검토해서 자신을 '보존'하는 일이다. 즉 에고는 자신의 바깥에서 쳐들어오는 온갖 '힘'들의 존재를 검열한다. 그것들은 존재에게 위험한 것도 있고, 호의적인 것도 있다. 에고는 그것들을 선별함으로써 자신을 지킨다. 욕망의 탐구는 주체와 세계 사이에 존재하는 (이와 같은) 관계의 방정식을 의식할 필요가 있다.

2.

그렇다면 주체의 '바깥'에는 무엇이 존재하는가? 무엇이 '바깥'을 구성하는가? 근 30년간 수많은 한국의 시인들이 주체의 '안'을 탐구해왔다면, 이제 그들은 주체의 안과 밖의 경계에 서서 양쪽을 동시에 보아야 할 때가 되었다. 왜냐하면 이 '바깥'은 폭력과 착취와 왜곡과 조작으로 가득 차 있으며, 주체의 욕망 안으로 스며 들어와 욕망을 기형화하기 때문이다. 지금 주체의 바깥을 점유하고 있는 것은 한마디로 말해 자본-기계이다. 자본-기계는 들뢰즈와 가타리가 자세히 그리고 깊이 지적한 것처럼 욕망을 해방하는 것이 아니라 가두고 규정(영토화)한다. 자본-기계는 욕망을 자본의 유통과 증식에 최대한 유리한 쪽으로, 즉 자본의 시스템에 가장 순종적인 형태로 몰고 간다. 자본은 인간을 소비-기계로 만드는 데 총력을 기울인다. 자본 안에서 욕망은 소비-욕망으로 환치되고 자신마저도 상품으로 만든다. 이 무지막지만 비인간화, 물신화, 상품화에 대한 총체적 인식이 부재할 때, 문학은 '골방'의 문학, 서랍 속의 일기장이 된다. 체제가 개체들 사이의 관계를 파괴하고 존재를 사유화하며 '공통적인 것the common'을 빼앗아갈 때, 개체들은 체제 앞에서 가장 무력한 상태가 된다. 자본-기계는 개체들을 파편화시킴으로써 시스템에 저항할 수 없도록 만든다. 수많은 개체들이 각기 외로운 소비자가 되어 공통의 문제를 망각할 때 가장 심각한 비인간화가 일어난다.

문학은 이유 불문하고 모든 형태의 비인간화와 싸우는 언어이다. 그러려면 작가는 단순한 '욕망의 탐구'가 아니라 '욕망의 사회학'을 사유思惟해야 한다. 전자가 파편화된 주체들의 '안'에 대한 탐구라면, 후자는 '안'을 탐구하되 그 '안'이 바깥과 어떤 관계를 맺고 있으며, '안'이 '바깥'과의 떼려야 뗄 수 없는 '관계' 속에서 어떤 과정을 통해 형성되는지를 사유한다. 그러므로 전자에 비해 후자는 훨씬 더 복잡한 작업이며, 중층적인 태도이고, 개체와 세계를 분리시키지 않는 작업이다. 가령 오이디푸스 콤플렉스를 모든 남아들이 가지고 있는 보편적 심리상태로 규정하는 것은 너무나도 쉽고 간단한 일이다. 그러나 정신과 의사이자 수많은 임상 경험을 가지고 있던 프란츠 파농은 (『검은 피부, 흰 가면들』에서) 알제리가 프랑스에 의해 식민화되기 이전에 알제리의 흑인 남성들에게서 실제로 오이디푸스 콤플렉스가 거의 발견되지 않았다고 주장한다. 그에 의하면 알제리 흑인 남성들의 정신질환은 식민지적 상황에서 백인 제국주의자들에게 노출되면서 본격적으로 시작되었다. 이런 사실은 인간의 '안'이 어떻게 '바깥'과의 관계에서 형성되는지를 잘 보여준다.

자본-기계의 또 다른 특징은 그것이 지구의 환경을 끝없이 착취하는 시스템이라는 것이다. 최근의 코비드-19 사태는 자본-기계에 의한 자연 착취가 이제 어떤 종말, 즉 어떤 돌이킬 수 없는 재난의 단계에 와 있음을 보여준다. 자본-기계는 자신의 생존을 위하여 자연의 개발과 착취를 지속할 수밖에 없는 구조를 가지고 있다. 지구의 역사 이래 자연이 인간에 의해 지금보다 더 황폐해진 적은 없다. 자본-기계들의 끝없는 개발과 경쟁 속에 지구는 생사가 걸린 링거 줄을 줄줄이 매달고 있다. 이런 점에서 코비드-19는 자연이 인간에게 던지는 준엄한 경고의 메시지이다. 바이러스는 전 세계를 휩쓸면서 인간이 만들어낸 모든 경계들과 위계들을 무너뜨린다. 자연의 그 엄중한 경고의 나팔 소리는 자본-기계가 파편화시킨 개체들이 인종과 국경과 계급과 젠더를 넘어 공동의 그리고 공통의 운명체라는 사실을 부각시킨다. 코비드-19는 어리석은 인간들을 향해 말한다. 모든 개체들은 서로 연결되어 있으며, 공통의 운명 앞에, '함께' 그리고 "우리라는 단어의 반석" 위에 서 있다고. 이 지극히 당연한 사실 앞에 작가들과 예술가들은 고개를 숙여야 한다. 그러므로 욕망에 대한 탐구를 욕망의 사회학으로 발전시키는 것, 즉 욕망을 "우리"라는 복수적 주체와 대면시키는 일은 이제 피할 수 없는 과제가 되었다.

3.
문제는 형식이다. 인류의 역사만큼이나 긴 역사를 가지고 있는 문학은 온갖 사조와 형식을 이미 다 거쳐 왔다. 리얼리즘의 시대가 있었다면, 신고전주의 시대도 있었고, 낭만주의, 자연주의, 모더니즘, 포스트모더니즘까지 작가들은 각자의 경험을 통해 세계를 표현하는 다양한 방식을 습득해왔다. 지금도 전 세계에서 온갖 방식의 예술 형식들이 시도되고 있다. 앞에서 욕망의 '사회학'에 대한 탐구를 주장했다고 해서 1970~80년대의 '형식'으로 돌아가자는 이야기는 아니다. 문학이, 예술이 가장 혐오하는 것은 클리셰cliché이고 반복이다. 예술은 그런 점에서 과거의 형식과 계속 작별하는 작업이고, 예술 공간에서 현재는 늘 과거가 된다. 그러므로 새로운 형식을 발견하는 것은 작가들의 '매일'의 작업이 될 수밖에 없다. 욕망의 사회학을 표현하는 방식도 '새로' 탐구되지 않으면 안 된다. 문학은 개체들의 연결과 연속으로 인류가 존재하며 그 인류가 '공통적인 것'을 공유하고 있는 집단임을 자각하되, 작가들은 각기 고유한 형식으로 이 '공통적인 것'을 표현해야 한다. 간혹 취향과 당위를 혼동하는 작가나 평론가들이 있다. 가령 시가 난해하면 절대 안 되며, 그런 난해한 시들이 독자들과의 공감대를 망친다든가, 표현할 능력의 부재 때문에 시가 난해해지는 것이라는 주장도 들린다. 그러나 '절대' 안 되는 형식이란 없다. 난해한 시를 쓰든, 쉬운 시를 쓰든지 간에 그것은 작가들이 각자 알아서 할 문제이다. 그리고 한때 러시아에서 유행했던 소위 '사회주의 리얼리즘'처럼 문학이 정당政黨의 강령이 되어서도 안 된다. 강령은 그 자체 동일성의 반복을 전제로 하기 때문이다. 문학은 그 모든 낡은 형식들과의 싸움이므로, 문학에서 관건이 되는 것은 '새로운' 표현이다. 한마디로 말해 '공통적인 것을 새로이 표현하는 것', 그리고 그 방식을 다양하게 열어놓는 것이야말로 수천 년 동안 다양한 장르와 사조를 거쳐 온 문학사가 할 일이다.

우리는 이 대목에서 1930년대에 루카치와 브레히트B. Brecht를 중심으로 벌어졌던 표현주의 논쟁에서 브레히트가 한 말을 기억할 필요가 있다. "방법들은 낡게 마련이고, 그것들이 갖고 있는 자극의 효과들도 떨어지게 되어 있다. 새로운 문제들이 부상할 것이고 그에 걸맞은 새로운 기법을 요구하게 될 것이다. 현실은 변한다. 따라서 그것을 재현하는 수단 역시 바꾸지 않으면 안 된다." 그러므로 관습에서 벗어난 새로운 표현방식에 대해 우리는 관대해야 한다. 너무 진부해서 부언附言을 할 필요가 없는 텍스트야말로 가장 나쁜 텍스트이다. 새로운 표현은 때로 거부감을 불러일으키기도 하지만, 새로운 표현이 없이 새로운 길은 열리지 않는다. 그리고 모든 새로운 표현은 얼마 지나지 않아 다시 '관습'이 되고 예술적 작별의 대상이 된다. 그러므로 예술가는 미래를 계속해서 앞당기는 자이고, 공통의 문제를 고도의 표현력으로 끊임없이 건드리는 자이다.

사실 먼 고대부터 현대에 이르기까지 문학이 다루고 있는 보편적인 주제는 '욕망'과 '세계' 사이에서 벌어지는 관계의 사회학이다. 그러나 현대 문학이 빠질 수 있는 깊은 함정 중의 하나는 자본-기계의 파편화 전략에 말려드는 것이다. 그리하여 세계를 총체적으로 건드리지 못하고 골방에서 자위自慰의 언어를 남발하는 것이다. 그리하여 욕망의 사회학까지 가지 못하고 욕망의 탐구에 머물 때, 문학은 '공통적인 것'의 그물에서 벗어나게 된다. 문학이 공통적인 것을 건드려야 하는 것은 사실 선택의 문제가 아니다. 앞에서 이야기했지만 갑작스러워 보이는 재난을 겪을 때야 인류는 자신들이 서로 연결되어 있으며 공통의 문제를 가지고 있다는 사실을 뒤늦게 깨닫는다. 현 단계 지구 단위 최고의 적은 자본-기계이다. 이 기계와의 싸움은 선택의 문제가 아니다. 그것이 인간을 포함한 지구의 모든 생물들의 존재 자체를 지속적으로 위협하고 있기 때문이다. 미국에선 이미 월남전의 사망자보다 훨씬 많은 수의 코비드 사망자가 나왔다. 효율과 이윤과 경쟁을 최고선으로 아는 세계 최고의 자본-기계가 만든 비극이다. 언제부터인지 경쟁과 착취가 아니라 환대와 사랑의 세계에 대한 철학적 갈망이 넘쳐나고 있다. 데리다J. Derrida의 환대의 철학이나 레비나스E. Levinas의 타자의 철학, 영국을 대표하는 마르크스주의 평론가인 테리 이글턴T. Eagleton의 신학적 전회轉回 같은 것들은, 결국 문학이 넓은 의미의 윤리학에서 벗어날 수 없음을 보여준다. 현실 사회주의가 몰락한 지 오래된 지금, 자본-기계에 맞설 구체적인 대항 시스템은 없다. 그러나 소크라테스의 말처럼 "모든 일은 선을 위한 수단이 되어야 한다." 그리고 이것에서 문학-행위도 예외가 아니다. 그리고 그 "선"은 궁극적인 의미에서 타자들에 대한 환대와 사랑이다. 문학은 직접적 메시지가 아니므로 윤리 교과서가 될 필요는 없고 그렇게 되어서도 안 된다. 그러나 주체의 '안'과 더불어 '바깥'을 사유하되 그것을 '새로운' 형식에 담아내는 것은, 모든 예술의 선택이 아닌 운명이다. 욕망의 사회학이라는 공통의 주제를 건드리되 다양하고도 새로운 형식에 담아내는 어려운 작업이 우리 앞에 있다. 그러나 고통스럽게 가야 할 이런 길이 없다면 굳이 문학과 예술을 할 이유도 없다. 그리고 우리는 취미생활의 결과물에 예술의 이름을 붙이지 않는다. 취미는 클리셰를 넘지 못한다. 격렬하고도 깊은 자기 싸움의 끝에서나 겨우 만날 수 있는 미래가 있기 때문에, 작가들은 앞으로, 앞으로 나아간다. 모든 반복과 관습과 위계는 예술의 적이다. 우리는 지나온 발자국을 학습하며 새로운 발자국을 남긴다. 미래의 예술가들이 이미 클리셰가 된 우리의 발자국을 들여다보고 다시 자신들의 길을 낼 것이다. 그러므로 예술은 항상 현재가 아니라 도래할 미래이다. 그 미래는 안으로 문을 닫아 걸은 골방이 아니라 주체와 세계가 만나는 접점, 경계 위에서 피어난다. 작가는 그 경계에서 새로운 방식으로 '말을 하는 자'이다.

포이에시스로서의 문학

1.

기예技藝란 사전적 정의에 의하면 "예술로 승화될 정도로 갈고닦은 재주"를 의미한다. 예술을 기예 혹은 기술이라 칭하는 것은 그것이 재주만이 아니라 '갈고닦기'를 통해서만 일정한 성취에 도달할 수 있는 것이기 때문이다. 영어로 예술을 뜻하는 'art'라는 단어 역시 '기술'이라는 의미를 동시에 가지고 있다. 우리가 문학 이외에 다른 예술 장르들, 가령 음악이나 회화, 무용 등을 논할 때 예술이 기술이라는 사실을 부정하기는 매우 힘들다. 각고의 노력을 통해 '기술'을 습득하지 않고 훌륭한 음악, 회화, 무용 작품을 결코 만들 수 없기 때문이다. 한때 발레리나 강수진의 상처투성이 발 사진이 공개되어 회자된 적이 있는데, 그 발은 무수한 연습만이 예술을 만든다는 것을 보여준 '숭고한' 증거였다.

그리스어로 시詩의 어원은 '포이에시스poiesis'이다. 고대 그리스에서 '시'라는 말은 시뿐만 아니라 비극 등 문학 일반을 지칭하므로, 포이에시스는 문학 일반 혹은 문학 언어 일반을 지칭하는 어원으로 간주해도 된다. '포이에시스'는 '만들기 to make'라는 뜻을 가지고 있다. 문학이란 원래부터 인위적인 기술을 동원하여 무언가를 '만들고 제작하는 것'이다. 이렇게 보면 문학 역시 다른 예술과 하등 다를 바 없는 '기술' 혹은 '기예'라는 것이 자명해진다. 그럼에도 불구하고 많은 사람들은 문학이 다른 예술 장르처럼 혹독한 연습, '갈고닦기'가 필요한 장르라는 사실을 망각한다. 그것은 문학의 질료가 물감이나, 악기, 몸의 동작 같은 것이 아니라, 일상적으로 매일 사용하는 '언어'이기 때문에 생기는 문제이다. 언어는 예술의 다른 질료들처럼 '특이'하지 않으므로 그것을 사용해 무엇을 할 때, 특별한(연마된) 기술이 필요하다는 생각을 미처 못하는 것이다. 그리하여 문학적 글쓰기를 할 때, 사람들은 그림을 그리거나 악기를 연주할 때와 달리 질료 자체에 대한 부담감, 저항감을 느끼지 않는다. 왜냐하면 언어는 공기처럼 투명하고 자연스러운 매체이기 때문이다. 그리하여 많은 문학적 글쓰기가 기술을 갈고닦는 단계를 생략하거나, 그것에 대한 자의식의 과정을 거치지 않고 바로 표현으로 넘어가 버린다. 다른 장르에 비해 문학판에 '아마추어' 혹은 '딜레탕트'들이 훨씬 많은 이유가 이 때문이다.

그러나 문학 '만들기'는 생각처럼 간단하고 쉬운 일이 아니다. 언어는 다른 예술의 질료보다 그것을 사용하는 '정신'의 총체를 훨씬 선명하게 드러낸다. 소리나 색보다 언어로 정신의 궁핍을 숨기기는 훨씬 힘들다. 텍스트화된 정신은 정현종의 시에 나오는 대목처럼 "숨어도 가난한 옷자락"이 쉽게 노출된다. 그리하여 문학은 기술이면서 동시에 지성이어야 하는, 예술의 지엄한 명제를 이루기가 더욱 어려운 장르이다. 만만하게 보이는 질료가 사유의 얄팍함을 즉각적으로 드러낼 때, 아마추어리즘이나 딜레탕티즘은 설 자리가 없다.

2.

훈련되지 않은 문학의 첫 번째 특징은 매체로서의 언어에 대한 자의식이 없다는 것이다. 문학을 언어-기술로 생각하지 않을 때, 언어는 생각이나 느낌을 전달하는 편리한 수단 정도로 인식된다. 언어에 대한 이런 안이한 태도는 대체로 언어에 대한 무지에서 비롯된다. 무엇보다도 언어는 투명한 매체가 아니다. 언어를 경유하는 모든 대상들은 언어에 의해 왜곡되거나 굴절된다. 언어는 평면거울이 아니다. 이글턴T. Eagleton의 말을 빌면 언어는 "찌그러진 거울" 혹은 "깨진 거울"이다. 구조주의 이후 수많은 이론가들이 언어의 이와 같은 불안전성 혹은 불완전성에 대해 본격적으로 고민해왔다. 소쉬르F. de Saussure의 지적대로 기표와 기의의 자의적 관계가 기호를 불안한 매체로 만든다. 기호는 사물(세계)을 지시하지 않으며 언어체계 내부에서 기호들 사이의 관계와 차이에 의해 의미를 발생한다. 하나의 기표는 여러 개의 기의를 동시에 가지며, 그 역도 마찬가지이다. 그러므로 언어로 세계를 복제해낼 수 없다. 모더니즘 이후의 현대 문학은 언어의 이와 같은 재현 불가능성에 대한 자의식에서 시작되었다. 표현할 수 없는 매체로 무언가를 표현해야 한다는 것이야말로 현대 문학이 처한 아포리아이다. 그러므로 문학은 세계의 재현이 아니라 다른 세계의 생산, 제작, 만들기이다. (재현 불가능한) 매체로 세계를 복제하는 것이 아니라, 그 자체 불충不充한 질료로 또 하나의 다른 세계를 만들어내는 것이 문학의 포이에시스이다. 문학은 다른 세계를 생산함으로써 세계를 비추고 세계와 겨룬다.

'갈고닦지' 않은 문학의 두 번째 특징은 기술력의 현저한 저하이다. 문학의 기술은 (이제는 고루한 이야기처럼 들리지만) '낯설게 하기'를 향해 있다. 낯설게 하기야말로 모든 예술의 본질이다. 새롭지 않은 언어의 조립물들을 우리는 예술이라고 부르지 않는다. 문학을 포함하여 모든 예술의 가장 큰 적은 클리셰cliché이다. 문학이 훈련과 연마를 필요로

하는 것은 '뻔한 표현', 죽은 은유에서 벗어나기 위해서이다. 문학은 다른 예술 장르들과 마찬가지로 이성이 아니라 감성과 소통한다. 감성은 지구력이 없다. 쉽게 지치는 감성을 계속 깨울 수 있는 무기는 '새로움'밖에 없다. 그리하여 문학은 더 이상의 새로울 것이 없는 자리에서 또 다른 새로움을 찾는 언어이다. "모든 형식은 고갈되었다. 더 이상의 새로운 형식은 없다."는 포스트모더니스트들의 고백은 사실 모든 시대, 모든 예술가들의 고백이다. 문학은 새로운 것을 만들어내는 것이 불가능해 보이는 자리에서 새로움을 계속 만들어내야 하는 운명에 늘 처해 있었으며, 그 운명에 철저하게 순종한 문학만이 '문학사'에 살아남았다.

훈련되지 않은 언어를 문학이라고 생각하는 사람들은 자신의 언어에 늘 도취해 있다. 자신이 시인이거나 작가라는 유사-행복감에 갇혀 있기 때문이다. 사실상 문학 안에 들어와 있지 않으면서 문학적 글쓰기를 하고 있다는 착각을 하고 있는 사람들을 우리는 딜레탕트라고 부른다. 우리가 딜레탕트들을 혐오하는 것은 그들이 취미를 직업으로 생각하기 때문이다.

문학적 글쓰기의 어려움은, 숨 쉬는 것처럼 친숙해 의식조차 힘든 언어로 바로 그 언어를 의식하게 만드는 데에 있다. 언어가 부각되지 않을 때 문학은 없다. 그러므로 처음부터 끝까지, 문학은 기술이고 표현이다. 언어는 너무나도 솔직해서 빈약한 사유를 있는 그대로 까발린다. 그러므로 표현할 수 없는 정신은 정신이 아니며, 서투른 언어는 그 자체 서툰 생각이고 서툰 감성이다. "말할 수 없는 것에 대해서는 침묵하라."는 비트겐슈타인L. Wittgenstein의 주문은 이런 점에서 유효하다. 그러나 문학은 말할 수 있는 것뿐만 아니라 '말할 수 없는 것'을 말하(려)는 언어이다. 말할 수 없는 것을 어떻게 말할까. 문학은 바로 이 불가능의 가능성을 향해 있는 언어이다. 포이에시스가 만들고 제작하는 것이 바로 이것이다. 그러므로 문학의 전사戰士들에게 김수영은 말하였다. "아픈 몸이/아프지 않을 때까지 가자/온갖 식구와 온갖 친구와/온갖 敵들과 함께/敵들의 敵들과 함께/무한한 연습과 함께"(「아픈 몸이」).

비평, 관계 혹은 타자성의 수사학

1.

(롤랑 바르트의 용어를 빌면) 문학 텍스트(이하 텍스트)가 1차 언어 first-order language라면 비평은 2차 언어 혹은 메타언어 second-order language or metalanguage이다. 그러나 모든 2차 언어는 다른 메타언어의 개입에 의해 언제든지 1차 언어의 자리로 전락한다. 1차/2차 언어의 이 끝없는 연쇄 때문에 어떤 언어도 항구적인 메타언어의 지위를 차지하지 못한다. 따라서 1차/2차 언어의 구분은 단지 이 끝없는 연쇄의 한 국면만을 지칭하는 것에 불과하다. 비평이 메타언어이기를 고집하는 것은 텍스트와 비평 사이의 대화적 관계를 거부하고, 비평을 (들뢰즈의 용어를 빌면) 명령어 혹은 규범어의 높은 자리에 가두어두는 것이다. 텍스트/비평 사이에 이렇게 나쁜 위계가 설정될 때, 텍스트는 침묵한다. 규범어가 된 비평은 입을 닫은 텍스트에 자신의 언어를 투여하고 그것을 마치 텍스트의 언어인 양 읽어낸다. 명령어로서의 비평은 따라서 타자의 몸에서조차 자신의 언어를 읽어내는 고독한 폭군이다.

들뢰즈에 의하면 명령어는 텍스트에 대한 "사형선고"이다. 명령어는 텍스트의 셀 수 없이 다양한 출구들을 봉쇄한다. 그것은 텍스트의 다양한 샛길들과 의미의 숨구멍들을 막는다. 그것은 야생의 사유에 일방통행로를 건설하는 구획의 언어이다. 반면에 훌륭한 비평은 스스로가 명령어가 되기를 거부하며 (애초에 명령어가 아닌) 텍스트와 더불어 명령을 거부하고 규범에 저항한다. 그것은 규범에 수많은 흠집을 내고, 유일성과 동질성을 모토로 하는 모든 사유에 구멍을 낸다는 의미에서 이미 또 하나의 문학이다. 비평은 그리하여 텍스트와 '코뮌commune'의 관계에 있다.

코뮌의 자매(형제) 중에서도 비평은 항상 타자를 향해 귀를 열어놓는다. 비평은 텍스트의 사소한 기척도 놓치지 않는다. 비평에게 있어서 타자인 텍스트는 일종의 "무한성the infinite"(I. 레비나스)으로 존재하기 때문에, 비평에 의해 규정되지도 전유되지도 않는다. 비평은 텍스트의 무한성이 자유롭게 흘러가도록 추임새를 넣는다. 비평의 추임새에 의해 텍스트는 이미 드러낸 것 외에도 침묵하고 있던 '틈새niche'들까지 드러낸다. 이 틈새들은 텍스트가 동질성이 아니라 충돌과 균열의 공간임을 여지없이 보여준다. 이것이 비평의 '생산성'이다. 비평은 텍스트가 폭력적 독자의 손에 넘어가 의미의 감옥에 갇히기 훨씬 이전에, 텍스트가 규정되지 않는 유체流體 flux임을 넌지시 알려준다. 그리하여 비평은 자신이 텍스트에 붙인 이름들이 사실은 텍스트의 극히 일부분에 대한 명명naming이라는 사실을 고백하고, 그밖에도 더욱 많은 이름들이 텍스트에 붙여질 수 있고, 그 이름의 숫자에 제한이 없음을 알려준다.

비평의 이런 작업들은 사실 동지로서 텍스트와 공유하고 있는 코뮌의 이데올로기 때문이다. 문학은, 예술은, 비평언어는 모든 형태의 영토화에 대한 저항이다. 문학/비평의 코뮌은 동질성의 이름으로 가해지는 모든 폭력에 대한 거부이며, 단일한 진리로 대로大路를 만드는 작업에 대한 딴지걸기이다. 비평은 명령어와의 싸움에서 최전선에 있는 텍스트의 비규범성, 비문非文, 중얼거림murmur, 일탈, 전복顚覆의 전략을 활성화하고 부채질한다. 텍스트는 비평의 언어로 옮겨지면서 내부의 유체성과 무한성을 더욱 증폭시킨다. 이런 점에서 비평은 텍스트 안에 숨겨져 있거나 감추어진 의미화signification의 전압을 상승시키는 부스터booster이다. 비평이 부화시킨 무수한 알들은 낄낄거리며 혹은 깔깔거리며 규범의 담론들을 조롱한다.

2.

모리스 블랑쇼는 "글쓰기란 언어를 매혹 아래 두는 것"이라고 하였다. 여기서 글은 물론 문학 언어를 말한다. 문학이 비문학과 다른 점은 동일한 단어들을 사용하되 배열의 방식을 달리하는 것이다. 문학 언어가 규범을 일탈할 때 문학적 매혹이 생산된다. 문학 언어가 공리axiom를 비웃을 때, 미적 탈주의 쾌락이 탄생한다. 텍스트는 규범언어로 구성된 세계를 파괴하고 재구성하되, 그 언어가 다시 재규범화(재영토화) 되지 않도록 자신을 유체의 상태로 놓아둔다. 유체의 문학 언어는 무정형이므로 아무 때나 다른 어떤 것이 될 수 있다. 문학 언어는 시니피앙과 시니피에의 상투적 결합을 거부한다. 그것은 예기치 않은 방식으로 사물에 이름을 부여하며(은유), 인접한 것들로 개체를 대체하기도 한다(환유). 그리하여 문학 언어가 가장 혐오해마지 않는 것은 지루한 반복과 그 반복에 의해 만들어진 상투성, 규범, 그리고 공리의 세계이다. 문학의 표현적 층위 즉 수사학의 층위를 배제하고 문학을 정의할 수 없다. 문학은 무엇보다도 표현이고, 표현은 문자 그대로 형식이면서 동시에 세계(내용)이다. 일탈의 언어는 일탈의 세계를 창조한다. 언어가 세계를 창조한다는 것은 다름 아닌 해석을 생산하는 일이기 때문이다. 새로운 생각은 새로운 표현으로 존재한다.

텍스트의 언어가 이런 의미에서 매혹의 언어라면 비평 언어 역시 마찬가지이다. 다만 텍스트의 언어는 비평 언어를 전제로 생산되지 않지만, 비평은 텍스트의 언어를 전제로 생산된다. 그리하여 비평은 텍스트가 비평에 대해 갖는 것보다 텍스트에 대해 훨씬 더 관계지향적인 태도를 갖는다. 비평은 텍스트와의 관계 속에서만 유의미하다. 비평이 무엇보다 "관계의 수사학"인 이유가 바로 이것이다. 비평은 텍스트 없이 존재할 수 없기 때문에 끊임없이 텍스트를 찾아 헤맨다. 텍스트가 꽃이라면 비평은 그것 주위에 몰려드는 벌과 나비들이다. 텍스트가 매혹의 언어라면, 비평은 그 매혹을 퍼 나르는 또 다른 매혹의 언어이다. 그리하여 비평은 텍스트보다 훨씬 더 관계적이며 타자 지향적이다. 그러나 비평의 언어 역시 클리쉐cliche를 거부한다는 점에서는 문학 언어와 하등 다를 바가 없다. 텍스트와 비평은 규범과 상투성을 거부하는 동일한 매혹의 코뮌 안에 있지만, 서로 다른 강밀도intensity이다. 텍스트가 타자로서의 비평에 대해 일정 정도 무관심한다면, 비평은 본질적으로 텍스트를 향해 있다. 텍스트는 비평과의 관계에서 스스로 존재하지만, 비평은 항상 '무엇'을 전제로 하며 그 '무엇에 대한of' 글쓰기이기 때문이다. 비평의 이 타자성이 비평의 윤리를 만든다. 비평의 윤리는 크게 두 가지 방향을 갖는다. 하나는 텍스트처럼 규범과 상투성을 거부하는 매혹의 수사학으로서 텍스트와 코뮌을 이루는 것이고, 다른 하나는 텍스트가 갖고 있지 않은 타자성을 소유하는 것이다. 타자성은 타자의 존재를 항상 의식하는 것, 그리고 타자를 자아의 시각으로 지층화하거나 영토화하지 않는 것을 의미한다. 블랑쇼가 데카르트를 패러디하여 "나는 생각한다. 고로 존재하지 않는다."라고 했을 때의 "존재하지 않는 나"야말로 정확히 비평 언어가 가져야 할 숙명적 태도이다. 비평은 폭군이기를 거부하면서 타자로서의 텍스트를 무한하게 열어놓는다.

비평이 창작을 선도해야 한다는 주장은 문학판에 주인/노예의 폭력적 위계를 만드는 것이다. 비평은 창작을 선도할 수도 없으며, 선도하려고 애쓸 필요도 없다. 그 역도 마찬가지이다. 문학 텍스트는 이론의 조감도로 생산되지 않는다. 문학은 모든 형태의 의도, 디자인, 설계도에 갇히지 않으며, 일탈의 탈주선에서 언제 어디로 튈지 모르는 위태한 언어이다. 비평은 진리 독점을 거부하며 세계를 규범화하려는 모든 폭력에 맞선 전선戰線에서 창작과 코뮌을 이룬다. 다만, 코뮌의 중심은 텍스트이고, 비평은 텍스트와 유사하지만 한편으로는 텍스트와는 다른 매혹의 언어를 생산하면서(비평의 독립성), 다른 한편으로는 텍스트라는 꽃 속에 깊이 들어가 그것의 내밀한 강밀도를 경험하고, 그것을 텍스트 바깥으로 끄집어낸다(비평의 관계성, 타자성).

3.

이리하여 나쁜 비평의 윤곽이 드러난다. 나쁜 비평은 공리에 충실하고, 상투성에 도전하지 않으며, 명령어로 존재하는 언어이다. 메타언어로서의 권위에 집착하면서, 코뮌의 정치적 주도권을 잡으려는 언어야말로 비非비평적 언어이다. 비평은 그 이름 그대로 그 모든 것들의 동일성과 통일성, 그리고 정체성을 의심하면서 끊임없이 이데올로기의 동심원 바깥으로 나간다. 이것이 비평의 '비판성'이고 과학성이다. 이것이 알튀세L. Althusser가 말한 바, 이데올로기–문학–비평이 각기 존재하는 자리이다. 이데올로기는 문학의 재료이고 문학이 태어나는 공간이지만, 문학은 영토화를 거부하면서 이데올로기와 거리를 갖는다. 그것은 보이지 않는 이데올로기에 옷을 입힘으로써 이데올로기의 흠집과 모순을 드러낸다. 비평은 문학의 연장선 속에서 문학이 까발린 이데올로기의 허구성을 한 번 더 벗겨낸다. 문학과 비평의 이 친족 유사성이 이들을 코뮌의 동지로 만든다.

나쁜 비평은 또한 수사가 없는 비평이다. 메마르고 건조한 일상의 언어는 수많은 클리쉐를 만들 뿐이다. 수사 없이 문학이 없는 것처럼, 수사가 세계를 만드는 것처럼, 비평도 매혹의 수사로 무장하지 않으면 안 된다. 수사 없는 비평은 문학(예술)이라는 꽃과 코뮌을 이룰 수 없다. 수사를 순전한 형식의 지평으로 몰아내는 관점이야말로 형식주의이다. 수사가 내용을 만든다. 비평은 이런 점에서 고루한 아카데미아 담론과 구별된다. 비평 언어는 권태와 상투성을 견디지 못한다. 비평의 논리는 매혹적인 수사 안에서 완성되기 때문이다.

비평답지 못한 비평은 또한 텍스트 안으로 깊이 들어가지 않는다. 나쁜 비평은 관계성과 타자성을 결여하고 있기 때문에 사실상 타자로서의 텍스트에 관심이 없다. 훌륭한 비평은 (본능적으로) 꽃을 찾는 벌처럼 텍스트의 매혹과 매혹의 생산에 자신도 모르게 동참한다. 나비나 벌이 없는 꽃을 상상해보라. 텍스트는 비평의 방문visit으로 자신을 더 드러내고 확산시킨다. 비평은 텍스트의 문지방을 넘어 그 은밀한 내실 boudoir까지 들어가지만, 항상 다시 나온다. 텍스트의 안방에 갇혀 있을 때, 비평은 텍스트의 재탕이거나 동어반복이 되고 무용지물이 된다. 비평은 텍스트 안으로 깊이 들어가되, 그것 바깥으로 다시 나옴으로써 텍스트와 하나의 코뮌 안에서 다른 공간을 점유한다. 비평이 텍스트와 갖는 이 거리가, 비평언어를 텍스트와 동지이되 짝퉁이나 쌍둥이가 아닌 '다른' 언어로 만들어주는 것이다. 텍스트와 비평 사이의 이 '차이'가 문학 코뮌을 더욱 풍성하게 만든다.

정치의 하중이 큰 사회일수록 저항담론인 비평도 동일성의 이데올로기에 가까워진다. 니체의 말대로 괴물의 심연을 들여다보다가 괴물을 닮아가는 것이다. 정치적 긴장이 각을 세울수록 그 맞은편에 세워지는 통일성과 동일성의 세계도 경화硬化된다. 그러나 생각해보라. 문학과 비평은 만능열쇠가 아니다. 문학과 비평은 해답보다는 질문의 생산지이며, 결정보다는 비종결을 지향하고, 문을 열어놓음으로써 더 큰 재난을 예방한다. 모든 것을 다 알고 있다고 자부한다면 문학을 그리고 비평을 할 필요가 없다. 다 안다면 질문도 없을 것 아닌가.

이 황량한 날의 글쓰기

　나무와 풀들이 모두 서릿발에 몸져누운 겨울 아침이다. 일어나 처마 밑에 쌓인 참나무 장작을 집어다 난로에 불을 붙인다. 겨울엔 모든 것이 궁핍해서 사소해 보이는 모든 것들이 귀해진다. 따스한 온기가 귀하고, 비닐하우스에서 자라 식탁에 건네진 초록 채소가 귀하고, 눈과 바람을 피할 수 있는 누옥陋屋이 귀하다. 갑자기 귀하고 소중한 것들의 귀함과 소중함을 알게 하니, 겨울은 궁핍으로 풍요를 전하는 계절이기도 하다. 어제 저녁에 읽던 하이데거M. Heidegger의 『숲길Holzwege』에는 횔덜린J. C. F. Hölderlin의 다음과 같은 시 구절이 나온다. "……그리고 궁핍한 시대에 무엇을 위한 시인인가?"
　대선을 앞두니 온 세상이 더 궁핍해진다. 시장통에서 어묵을 먹으며 희희덕대는 정치-몰골들은 언제쯤 사라질까. 한 대선 후보는 대학생들 앞에서 "극빈의 생활을 하고 배운 게 없는 사람은 자유가 뭔지도 모를 뿐 아니라, 자유가 왜 개인에게 필요한지 필요성 자체를 느끼지 못한다."라고 떠들고 나서, "자유의 소중함을 느낄 수 있는 여건을 국가가 보장한다는 취지"에서 한 말이라고 변명했다. 이런 발언은 가난하고 못 배운 사람들을 경멸하는 지배계급의 무의식을 완전히 탈은폐하는 '사건'이다. 그는 변명을 통해 모든 것을 "국가가 보장"할 것이라는 권력-지상주의를 또한 탈은폐했다. 하이데거는 은폐된 존재를 탈은폐하는 것을 '존재사건Ereignis; 生起'이라 부른다. 그렇다면 이 무식한 정치-짐승의 진술은 은폐된 비존재를 탈은폐하는 것이므로 역-존재사건이다. 존재 같지 않은 것(비존재)들이 그것을 겁도 없이 드러내는 것을 우리는 무지, 혹은 폭력이라고 부른다. 문제는 이런 비존재-권력 담론이 시대의 에피스테메episeme을 구성한다는 사실이다.

하이데거는 위의 책에서 "이 시대는 궁핍하다. 왜냐하면 이 시대에 고뇌와 죽음, 그리고 사랑에 대한 본질의 비은폐성이 결여되어 있기 때문이다."라고 말한다. 정작 탈은폐, 비은폐되어야 할 것은 "고뇌와 죽음, 그리고 사랑"(존재)이다. 글쓰기는 무의식처럼 은폐되어 있는 고뇌와 죽음, 그리고 사랑을 계속 건드려 드러나게 하는 작업이다. 황량한 겨울에 무지와 폭력이 난무하는 세상을 바라보며, 골방에 앉아 '존재사건'의 글쓰기를 하는 작가는 그러므로 외롭기 그지없고, 행복하기 그지없다.

난로의 장작불은 저 홀로 타며 저 먼 원시의 기억을 일깨운다. 불이 신비였던 시절에 문학은 불필요했다. 신비가 사라지는 공간에서 그리움의 글쓰기가 시작된다. 그러므로 "모든 문학은 불의 상실에 대한 기억"(조르조 아감벤, G. Agamben)이다. 권력과 편견과 무지가 불의 신비를 지웠다. 교만이 신비를 없앤다.

그러므로 횔덜린의 질문, '……그리고 궁핍한 시대에 무엇을 위한 시인인가?'에 대한 대답은 명확해진다. 시인은 '불의 상실'을 기억하며 천박한 교만과 싸운다. 시인은 고뇌 없는 세상에 고뇌를 탈은폐하고, 죽음을 망각한 세계에 죽음을 선사하며, 사랑을 잃은 세계에 사랑의 폭탄을 던진다. 시인의 이 모든 행위는 사라진 신비의 복원을 지향하며, 교만한 짐승의 머리에 번개를 때린다. 무無신비의 겨울 들판에서 정복의 찬가를 외치는 짐승들에게 시인의 이런 행위는 얼마나 가소로울까. 그러나 사라지는 것은 거짓이며, 끝없이 회귀하는 것은 진실이다.

난로가 점점 따뜻해지고, 잠을 깨는 숲 위로 태양이 빛난다. 마당의 목련은 얼음 속에서도 탱글탱글 꽃-폭탄을 키우고 있다. 이 궁핍한 시대에 자판을 두드리는 이 약하고 약한 작업은 무엇을 향하고 있는가. 그러나 보라. "오직 책만이 폭발한다."(말라르메, S. Mallarmé)

제2부

거대 서사의 뒤안길
— 기후 위기 시대에 읽는 박경리의 시

1.

2022년 현재 박경리의 시집은 『우리들의 시간』(2022, 마로니에북스)과 유고 시집 『버리고 갈 것만 남아서 홀가분하다』(2008, 마로니에북스) 두 권으로 정리되어 있다. 앞엣것은 『못 떠나는 배』(1988), 『도시의 고양이들』(1990), 『자유』(1994), 『우리들의 시간』(2000, 나남) 등 유고시를 제외한 박경리의 시들을 모두 모아놓은 합본이다. 『못 떠나는 배』 서문의 첫 문장에서 박경리는 "견디기 어려울 때 시는 위안이었다."고 말한다. 20여 년 동안 『토지』라는 산맥을 홀로 헤쳐 오면서 그녀는 얼마나 많은 내면의 분투를 거쳤을까. 위의 고백이 보여주다시피 그녀의 시집은 거대 서사의 이면에 있는 박경리의 내밀한 속살을 보여준다. 그녀는 허구-서사에서 내뱉지 못한 '하고 싶은 말'들을 그녀의 시에서 자유롭게 쏟아낸다. 여기에서 "자유롭게"란 그녀가 시를 쓸 때 그만큼 형식에 크게 구애를 받지 않았음을 의미한다. 내가 볼 때, 박경리에게 시는 자기 말을 들어주고 위로해주는 '친구' 같은 장르였다. 그녀에게 소설이 최고의 성취를 이루어야 할 격전의 공간이었다면, 시는 속내를 드러내도 좋고, 허물을 드러내도 좋은 오랜 벗과도 같은 것이었다. 그런 점에서 그녀의 시들은 거대 서사의 뒤안길에서 한 줄 한 줄 써 내려간 고백록이다. 독자들은 그녀의 소설에서는 볼 수 없는 작가의 '사적 삶'을 그녀의 시에서 만날 수 있다. 거기에는 인간관계에서 오는 배신과 분노, 당대의 사회, 역사적 현실에 대한 개탄, 가족들에 대한 사랑의 기억, 홀로 산 긴 세월의 고독, 반문명, 생명사상에 대한 탐닉, 글쓰기의 고통과 피로, 자연과의 대화 등, 일상생활의 전모가 생생하게 들어 있다. 그 내밀성과 직접성 덕분에 우리는 소설에서보다 더 가까이 인간 박경리의 생각과 정동情動을 만날 수 있다. 그녀에게 있어서 소설이 예술의 인위적이고도 특수한 장치라면, 시는 그것의 숙달과 완성의 강박에서 잠시 빠져나와 한숨 돌릴 수 있는, 그녀의 말대로 "위안"의 장르였다.

> 그대는 사랑의 기억도 없을 것이다
> 긴 낮 긴 밤을
> 멀미같이 시간을 앓았을 것이다
> 천형天刑 때문에 홀로 앉아
> 글을 썼던 사람
> 육체를 거세당하고
> 인생을 거세당하고
> 엉덩이 하나 놓을 자리 의지하며
> 그대는 진실을 기록하려 했는가
>   ―「사마천司馬遷」 전문

궁형宮刑의 치욕을 선택하고 글쓰기의 길로 나아갔던 사마천에게서 박경리가 읽어낸 것은, 다름 아닌 "진실"의 기록이다. 박경리는 진실의 기록을 위해 몸과 삶의 거세를 마다하지 않았던 사마치의 자리에 자신을 앉힌다. 그러므로 사마치는 박경리 본인의 메타포이다. 그렇다면 박경리가 생각하는 진리란 무엇인가.

> 붓끝에
> 악을 녹이는 독이 있어야
> 그게 참여다
>
> 붓끝에
> 청풍 부르는 소리 있어야
> 그게 참여다
>
> 사랑이 있어야
> 눈물이 있어야
> 생명
> 다독거리는 손길 있어야
> 그래야 그게 참여다
>
> ―「문필가」 전문

사마천에게 있어서 '진리'가 사회·역사적 진리였던 것처럼, 박경리가 기록하려던 진리 역시 사회적 관계 속에 존재한다. "참여"란 「문필가」가 이와 같은 관계 속으로 진입함을 의미하고, 이 시는 그런 참여의 올바른 벡터vector에 대하여 이야기하고 있다. 그것은 크게 다음과 같이 정리할 수 있다. 첫째, 참여는 악에 대한 승리("악을 녹이는 독")를 지향한다. 둘째, 참여는 문명을 넘어선, 혹은 문명 이전의 자연을 호명("청풍 부르는 소리")해내야 한다. 셋째, 참여는 대상에 대한 통감과 애정("사랑", "눈물")

을 전제로 한다. 넷째, 참여는 그 무엇보다도 생명성을 지향("생명/다독거리는 손길")해야 한다. 이런 입장은 세계를 대하는 박경리의 시적 격자 poetic grid이고 박경리의 시는 그것에 포착된 세계의 풍경들이다.

2.
18세기 이후 가속화된 근대적 이성은 지구에서 자연과 신화를 몰아냈다. 자연은 생명의 너른 품이 아니라 분석과 전유, 나아가 착취의 대상이 되었으며, 상상력과 신화는 맹목의 미신으로 계몽의 대상이 되었다. 세계가 하나라는 생각은 점차 미망이 되었으며, 모든 사물은 낱낱이 쪼개져 숭고한 전체성을 상실했다. 효율과 이윤은 최고의 가치가 되었으며, 보존과 유지 대신 개발과 변화가 최고의 덕목이 되었다. 근대 이후 전 지구를 원료로 삼아 세계를 상품 시장으로 만드는 데 가장 많이 사용된 원료는 화석연료였다. 산업혁명과 2차 대전을 거치면서 석탄과 석유와 가스는 산업의 가장 지배적인 연료로 자리 잡았다. "화석 자본주의"라는 용어는 산업혁명 이래 자본주의가 화석연료의 가속적인 활용과 분리 불가능한 체제임을 보여준다. 화석연료는 정확히 자본주의라는 괴물의 연료이고, 이것은 만족을 모르고 더욱 비대해지며, 갈수록 더 많은 먹이를 필요로 한다. 이 거대한 괴물이 내뿜는 탄소 바람은 이제 지구의 숨결을 위협하는 수준까지 왔다. '기후 위기'라는 말은 이 괴물이 뿜어대는 검은 연기 앞에서 무력하게 죽어가는 지구의 풍경을 지칭한다.

강자의 발을 핥는 자는
반드시 패도覇道를 꿈꾸고
그가 치는 승전고는
피바다를 예고한다

> 욕망의 계곡을 누비며
>
> 연민도 없이
>
> 눈물도 없이
>
> 채워도 채워도 허기진 자
>
> 그들로 인하여
>
> 역사는
>
> 민초의 피로 얼룩져왔다
>
> ―「피」 부분

이 글의 서두에서 밝혔다시피 박경리 시의 스펙트럼은 매우 넓다. 그러나 그녀의 시세계가 사적 삶의 고백으로 끝나지 않는 것은, 자기 '위안'으로서의 시를 쓸 때조차도 그녀의 촉수가 이렇게 세계 속으로 뻗쳐 있기 때문이다. 그녀에게 진정한 '위안'은 폐쇄적 골방에서 이루어지지 않는다. 그녀는 사적 공간에서도 늘 공적 영역을 사유한다. 그녀의 용어를 빌자면, 구원은 세계에의 "참여"를 통해 성취된다. 그녀에게 사적인 것과 공적인 것의 관계는 상대가 없이는 존재할 수 없는 상호내주相互內住적 관계이다. 그것들은 서로를 조건 짓는다. 골방이 썩을 때 광장이 무너지며, 광장이 타락할 때 골방도 병에 든다. 위 시에서 탄탈로스 Tantalos처럼 영원한 갈증과 허기에 시달리는 개인은 결국 자본주의라는 공적 시스템이 만들어낸 것이다. 망가진 개인들이 역사를 "민초의 피"로 물들게 하며, 피의 역사가 "연민도" "눈물도" 없는 개인들을 만들어낸다. 이렇게 타락한 개인과 시스템을 연결하는 순환의 통로가 바로 '악'이다. 기후 위기는 화석 자본주의라는 공적 시스템과 그것의 이데올로기에 충실한 개인들이 만들어낸 합작품이다. 박경리의 (시적) 참여는 바로 이런 "악"과 싸우며 그것을 "녹이는 독"의 역할을 하는 것이다.

돌팍 사이
시멘트로 꽉꽉 메운 곳
바늘구멍이라도 있었던가

돌바닥에 엎드러서
노오랗게 편 민들레 꽃
씨앗 날리기 위해
험난한 노정路程
아아 너는 피었구나

—「민들레」전문

"붓끝에/청풍 부르는 소리 있어야" 하는 이유는 개발이 지구를 "시멘트로 꽉꽉" 메우기 때문이다. 시멘트로 꽉 찬 지구는 폐섬유화증에 걸린 환자처럼 숨을 헐떡인다. 굳어가는 지구의 허파에 숨을 불어넣는 유일하고도 마지막인 자원은 자연이다. 박경리의 시적 실천에 자연이 당연한 항목으로 들어가는 이유이다. 시는 현실보다 먼저 재난의 냄새를 맡는다. 기후 위기는 지구의 허파에 푸른 바람이 들어갈 "바늘구멍"마저 사라질 미래의 도래를 예고한다. 자연의 편인 문학은 그 "돌바닥"과 싸우는 자연의 "험난한 노정路程"을 포착한다. "아아 너는 피었구나"는 그 선하고 장한 싸움에 보내는 감동의 찬사이다.

1)
아아
굶주림 같은 풍요로움이여
쓰레기 더미 같은 풍요로움이여

죽음에 이르는 풍요로움이여
눈물이 배어들 땅 한 치가 없네
　　　　　—「현실 같은 화면, 화면 같은 현실」 부분

2)
희말라야에서
짐 지고 가는 노새를 보고
박범신은 울었다고 했다
어머니!
평생 짐을 지고 고달프게 살았던 어머니
생각이 나서 울었다고 했다
　　　　　—「희말라야의 노새」 부분

1)에서 보다시피, 화석 자본주의의 세계는 '눈물 없음'의 현실이고 굶주림과 쓰레기와 죽음이 풍요를 이루는 역설의 세계이다. 문학은 역설의 현실에 등치$_{等値}$의 언어로 맞선다. 2)에 등장하는 소설가 박범신은 "짐 지고 가는 노새"와 "평생 짐을 지고 고달프게 살았던 어머니"를 같은 자리에 놓는다. 시적 은유란 이렇게 이질적인 것들 사이의 유사성을 찾는 것이다. 여기에서 은유는 단지 수사로 끝나지 않는다. 그것은 노새와 어머니를 동일시함으로써, 노새를 어머니의 위치로 높인다. 은유 때문에 자연은 전유의 대상이 아니라 통감과 사랑의 대상으로 격상된다. 이런 점에서 시적 언어는 자연 친화적이고, 근대적 이성이 파괴한 총체성의 신화를 복구하는 언어이다. 은유는 세계의 모든 생물을 인간의 자리로, 인간을 다른 생물의 자리로 호출한다. 이렇게 동일시의 언어가 확장될 때, 아프고 병든 자연은 동시에 아프고 병든 인간으로 지각된다. 이 완벽한 동일시의 자리에서 사라졌던 "눈물"이 배어난다. 이런

점에서 문학은 눈물의 언어이고, 곡비哭婢의 언어이며, 사랑의 언어이다. 시는 "눈물이 배어들 땅 한 치가 없"는 현실에 눈물의 봇물을 댄다. 시는 눈물로 가짜 풍요를 애도한다.

>뙤약볕 아래
>밭을 매는 아낙네는
>밭 안에 있는 것이 아니다
>온 밭을 끌어안고 토닥거린다
>
>밭둑길 논둑길이 닳도록 오가며
>어미새가 모이 물어 나르듯 오가며
>그것이 배추이든 고추이든
>보리 콩 수수 벼 어느 것이든 간에
>모두 미숙한 생명들이니
>아낙에게는 가슴 타게 하는 자식들이다
>
>…(중략)…
>
>밭을 끌어안은 아낙네는
>젖줄 물려주는 대지의 여신과 함께
>번갈아 가며
>생명을 양육하는 거룩한 어머니다
>　　　　　　　　　―「농촌 아낙네」 부분

겉으로 보기에 간단한 것처럼 보이는 이 작품은 박경리의 세계관 혹은 우주관을 잘 축약하고 있다. 이 시에는 세 개의 고리가 존재한다. 가장 먼 외곽에는 신("대지의 여신")의 고리가, 중간에는 인간("아낙네"), 그리고 마지막엔 자연(농작물)의 고리가 있다. 박경리가 볼 때, 세계는 이 순환고리들의 연쇄로 이루어져 있다. 그것들은 각기 따로 노는 것이라, 공동의 운명선을 타고 도는 공통의 궤도들이다. 이 세 개의 순환고리를 이어주는 핵은 바로 "생명"이다. 신은 인간을 통해 생명성을 부여하고, 인간은 신과 함께 자연의 생명성을 "토닥거린다". 이 거시적 동일시의 사상이 자연과 인간과 우주를 하나의 거대한 생명체로 본다. 근대적 이성은 계몽, 합리, 과학의 이름으로 이들 사이의 고리를 끊어버렸다. 분석적 이성이 하는 일은 이 신성한 총체성을 분자화하고 입자화하는 것이다. 총체성이 사라진 곳에 생명도 없다. 총체성은 부분이 전체를 부르고, 전체가 부분을 부르는 관계의 총화이다. 루카치G. Lukács가 『소설의 이론』에서 사라진 서사시의 시대를 "하늘의 빛나는 별빛이 우리의 갈 길을 비추던 시대"라 말할 때, "하늘"은 우주(자연)이고 "우리"는 인간이다. 총체성이 살아 있는 시대에 자연과 인간의 길은 하나였고, 인간은 자연의 신호에서 자신들의 갈 길을 찾았다. "밭을 끌어안은 아낙네"는 인간과 자연 사이의 이 고리를 악착같이 붙드는 "생명을 양육하는 거룩한 어머니"이다. 생명 경시와 파괴 혹은 생명 부재의 시대에 문학은 사라진 생명의 총체성을 복구한다. 박경리는 내밀한 고백과 위안의 시간에도 이렇게 공공의 운명을 다룬다. 그녀에게 있어서 개체의 행복은 전체의 행복 없이 존재할 수 없기 때문이다. 그리고 그녀에게 부분과 전체를 행복하게 해주는 최종의 무게중심은 생명에 있다. 그녀가 골방에서 광장의 사유를 할 수 있는 것은 바로 이런 세계관 때문이다.

3.
기후 위기는 복합적 기의를 가지고 있다. 그것은 단지 기상氣象의 문제가 아니다. 박경리의 "참여"적 격자에 의하면, 그것은 1) 악(자본)의 승리이고 2) 자연의 패배이며 3) 통감과 사랑의 사라짐이고 4) 생명성의 죽음이다. 그러므로 기후 위기적 맥락에서 본 박경리의 시적 실천은 이런 기의들과 대척점에 있는 가치들을 지속해서 소환하는 것이다.

> 산야와 논두렁 밭두렁 거리마다
> 빈 병 쇠붙이 하나 종이 한 조각
> 찾아볼 수 없었고
> 어쩌다가 곡식 한 알갱이 떨어져 있으면
> 그것은 새들의 차지
> 사람에게나 짐승에게나
> 목이 메이게 척박했던 시절
> 그래도 나누어 먹고 살았는데
>
> 음식이 썩어 나고
> 음식 쓰레기가 연간 수천 억이라지만
> 비닐에 꽁꽁 싸이고 또 땅에 묻히고
> 배고픈 새들 짐승들
> 그림의 떡, 그림의 떡이라
> 아아 풍요로움의 비정함이여
> 회촌 골짜기는 너무 조용하다
>
> ―「까치설」 부분

평범한 진술처럼 보이는 이 작품은 자본과 자연이 어떻게 정반대 방향으로 가는지를 잘 보여준다. 마르크스K. Marx가 「임금 노동과 자본」에서 명목 임금, 실질 임금, 상대적 임금 등의 개념을 들어 노동자의 임금과 자본가의 이윤이 어떻게 정반대로 가는지를 설명했던 것처럼, 박경리가 볼 때, 자본과 자연 역시 동일한 역학 속에 있다. 자본가의 이윤이 상승하면 노동자의 (상대적) 임금이 하락하고, 노동자의 임금이 상승하면 자본가의 이윤이 하락하는 것처럼, 자본주의가 성장할수록 자연은 더욱 가난해진다. 자본이 가장 약했을 때, 자연은 가장 강했으며, 자본이 가장 풍성해졌을 때, 자연은 가장 가난해졌다. 이 역설적 상황을 시인은 "풍요로움의 비정함"이라 부른다. 자본이 배부를수록 자연이 더 배고파지는 현실 앞에서 시인이 할 일은 자본이 파괴한 모든 것들의 편에 서서 자본과 싸우는 것이다. 시는 "그림의 떡"이 얼마나 많은 생명을 배고프게 만드는지를 적시하고, 인간과 자연이 함께 "나누어 먹고" 사는 공동체의 중요성을 주목한다. 그런데 박경리는 이 모든 공적 발언을 "정월 초하루"에, 혼자 기거하는, "너무 조용"한 "회촌 골짜기"에서 한다. 그녀의 사적 시공간chronotope은 사적/공적의 이분법 너머에 있다. 그녀에게 모든 사적인 것은 공적인 것이며, 모든 공적인 것은 사적인 것이다. 이런 점에서 그녀의 사유는 총체성의 사유이다. 그녀에게 모든 부분은 전체의 부분이며, 모든 전체는 부분의 전체이다. 지구가 병들면, 어떤 개체도 행복할 수 없다는 진단은 이런 사유에서 나온다. 기후 위기 시대에 박경리의 시들이 보여주는 메시지는 바로 이런 의미의 총체성을 회복해야 한다는 것이다. 근대적 이성과 분석적 지성이 끊어놓은 신과 인간과 자연 사이의 고리를 동시성과 동일성의 원리로 다시 회복하는 것이야말로 박경리가 골방에서 외치는 광장의 목소리이다.

> 박정희 군사정권 시대
> 사위는 서대문 형무소에 있었고
> 우리 식구는 기피 인물로
> 유배지 같은 정릉에 살았다

천지 간에 의지할 곳 없이 살았다
수수께끼는
우리가 좌익과 우익의 압박을
동시에 받았다는 사실이다
그리고 인간이
얼마만큼 추악해질 수 있는가를
뼈가 으스러지게
눈앞에서 보아야 했던 세월
태평양전쟁 육이오를 겪었지만
그런 세상은 처음이었다
악은 강렬했고 천하무적이었다
　　　　　　　　　―「어머니의 사는 법」부분

박경리의 고통스러운 가족사 일부를 보더라도 개체의 행복은 시스템과 절대 무관하지 않다. 에드워드 사이드E. Said는 『지식인의 표상』에서 지식인은 자신을 경계 밖으로 계속 내몰면서 "현 상황에 대한 거의 영원한 대립 상태에 있어야 한다."고 말했다. 진정한 지식인은 "좌익과 우익"의 경계 너머에 존재한다. 이것의 전제는 그 어떤 쪽에도 무오류의 특권을 부여하지 않는 것이다. 진정한 지식인은 지식과 실천의 완결성을 부정하는 지점에서 탄생한다. 그러므로 지식인은 세계와 "영원한 대립 상태"에 있을 수밖에 없다. 그리고 이러한 운명은 시인에게도 예외가 아니다. 괴테의 말마따나 "모든 이론은 회색이고, 푸르른 것은 오로지 푸르른 생명의 황금 나무이다." '생명의 황금 나무'는 입력자에 따라 그 내용이 달라지겠지만, 박경리에게 그것은 생명성을 핵으로 삼는 총체성의 세계이다. 그녀의 시는 이것을 파괴하는 강렬한 악, "천하무적"인 악과 싸우는 언어이다.

장르 너머의 장르
— 밥 딜런

1941년생 밥 딜런은 지금도 매년 평균 100회에 달하는 '월드 투어'("네버 엔딩 투어") 콘서트를 계속하고 있다. 미네소타 주 광산 도시 히빙의 평범한 유대인 가정 출신이었던 로버트 알렌 짐머만 Robert Allen Zimmerman 은 1961년 2월 말 뉴욕의 그린위치에 처음 발을 들여놓았다. 그는 자신이 좋아하던 시인 딜런 토마스를 따라 이름을 밥 딜런이라 바꾸고, 자신을 산전수전 다 겪은 '부랑아'로 꾸며냈다. '부랑아'라는 이미지는 '시골 출신의 평범한 얼치기 소년'이라는 정체성을 숨기고 자신을 신비화하려는 전략이었지만, 그대로 예술가로서의 밥 딜런의 정체성을 평생 대변하는 기표가 되었다. 그는 그 어느 곳에도 정착하지 않으며 끝없이 새로운 지평을 찾아 헤매는 '노마드' 예술가이며, 실제로 그가 만든 수많은 노래 가사에 가장 많이 등장하는 인물은 떠돌이, 부랑아 hobo, drifter, floater 이다. 그는 자신을 범주화하고 규정하려는 모든 시도와 싸우며 자신을 끝없는 '되기 becoming'의 과정에 세운다.

첫 앨범에는 이 노래 외에도 〈고속도로 위에서 Standing on the Highway〉,

〈길 위의 남자 Man on the Street〉, 〈걷다 죽게 해주오 Let Me Die in My Footsteps〉, 〈집시 루 Gypsy Lou〉, 〈오랫동안 떠나 돌아가지 않으리 Long Time Gone〉, 〈떠돌이 노름꾼 윌리 Rambling, Gambling Willy〉 같은 노래들이 실려 있는데, 제목에서도 드러나다시피 일관되게 국외자, 아웃사이더, 부랑자들의 '길 위의 삶'을 소재로 하고 있다. 첫 앨범에서의 이런 징후들은 그가 출발부터 정처 없는 '유목의 공간 nomadic space'에 자신을 밀어 넣고 있음을 잘 보여준다. 이런 점에서 그가 지금까지 내놓은 38개의 스튜디오 앨범들은 '반복'이 아니라 '차이'의 생산이었으며, 정주定住를 거부하는 유목의 예술가가 거쳐 온 수많은 고원高原들이다. 〈떠돌이 노름꾼 윌리〉의 마지막 후렴 "어디서 노름을 하건 그대를 제대로 아는 이 아무도 없지"처럼 밥 딜런이 어떤 주제로 어떤 장르의 음악을 할지 그것을 제대로 아는 사람은 없었다. 첫 앨범에서 그가 포크, 발라드, 블루스로 뿌리 뽑힌 부랑자들의 삶과 죽음을 노래했다면, 이어지는 앨범들을 통하여 그는 언플러그드 unplugged 포크를 무기로 하는 저항음악의 상징으로 부상하였고, 대중들이 그의 저항에 열광하며 최고의 찬사를 보낼 무렵 갑자기 일렉트릭에 플러그(접속)함으로써 많은 사람들을 실망시켰다. 록으로 전환해 환상적인 기타 연주와 폭발적인 사운드로 다시 기세를 올린 딜런은 이번에는 기독교의 '전도사'로 갑자기 변신함으로써 수많은 사람을 놀라게 했다. 60년대 초반에 밥 딜런의 연인이었으며 그와 함께 저항의 상징이었던 존 바에즈 Joan Baez가 팔순이 된 지금까지도 포크의 전설로 일관되게 남아 있는 것과 매우 대조적이다. 한마디로, 존 바에즈가 '범생이' 가수라면, 밥 딜런은 끝없는 '되기 becoming'의 과정에 있는 '생성'의 예술가이다. 1941년생 동갑인 존 바에즈가 포크계의 모범적이고 건실한 교장 선생님이라면, 밥 딜런은 고통과 번민으로 일그러진, 예민하고도 신경질적인 예술가이다.

1.

1962년 첫 앨범 《밥 딜런》을 낸 이후 첫 3년 동안 밥 딜런의 음악적 장르는 포크였고, 그 콘텐츠는 저항 가수였다. 흑인 인권운동, 반전운동과 맞물리면서 딜런은 짧은 기간에 저항의 상징으로 부상되었다. 이 시기 밥 딜런의 멘토는 우디 거스리(Woody Guthrie 1912~1967)이었다. 첫 앨범의 〈우디에게 바치는 노래Song to Woody〉는 그의 음악적 출발이 거스리에서 시작되었음을 알고 있다. 우디 거스리는 우리가 잘 아는 〈이 땅은 너의 땅This Land is Your Land〉으로 유명한 포크 가수로 진보적 '포크 운동'의 기수였다. 밥 딜런이 활동을 시작할 무렵 거스리는 죽음을 앞둔 병석에 있었고, 밥 딜런은 거스리를 대체할 새로운 저항의 상징으로 떠올랐다. 이 짧은 3년 동안 〈바람 속에 불고 있어Blowing in the Wind〉, 〈두 번 생각하지 마, 됐어.Don't Think Twice, It's All Right〉, 〈거센 비가 내릴 거예요A Hard Rain's A-Gonna Fall〉, 〈세상은 변하고 있어The Times They Are A-Changin〉를 발표하면서 딜런은 일약 스타덤에 오른다.

오 그때가 오리라
바람이 멈출 때
그리고 미풍이 숨쉬기를 멈출 때
허리케인이 불기 전
바람 속의 고요처럼
배가 들어올 그 시간에

오 바다들은 갈라지리
그리고 배는 물결을 치리
그리고 바닷가의 모래들은 흔들리리

그러면 조수는 울려 퍼지고
그리고 바람은 마구 두드리리
그리고 아침이 밝아오리

오 물고기들이 웃으리
그들이 길 밖을 헤엄칠 때
그리고 갈매기들이 미소 지을 때
그리고 모래 위 바위들은
자랑스레 서 있으리
배가 들어올 그 시간에

그리고 배를 혼란시키기 위해
사용되는 말들은
말해지는 순간 이해되지 않으리
왜냐하면 바다의 사슬이
밤새 부서져 그것들은
대양의 밑바닥에 묻힐 것이므로

(······)

오 적들은 일어나리
아직도 잠에서 덜 깬 눈으로
그리고 그들은 침대에서 벌떡 일어나 꿈을 꾸고 있다고 생각
하리
그러나 자기 살을 꼬집어보고 나서 꽤액 비명을 지르리
그리고 알리 이게 모두 현실이라는 것을

배가 들어올 그 시간에

그러면 그들은 양손을 들어 올리리
당신들의 모든 요구대로 하겠다고 말하면서
그러나 우리는 뱃머리에서 외치리 너희들은 이제 끝장이라고
그리고 파라오의 부족처럼
그들은 조수에 빠져 죽으리
골리앗처럼, 그들은 정복당하리
　　　　　─〈배가 들어올 때When the Ship Comes in〉 부분

2.

통기타에 기반한 포크 음악만이 유일한 저항음악의 상징이 되고, 딜런이 포크의 대부로 각인될 무렵인 1965년 7월 25일, 뉴포트 포크 페스티벌Newport Folk Festival에서 밥 딜런은 통기타를 버리고 일렉트릭을 들고 나타난다. 밥 딜런 뒤에는 일렉트릭으로 무장한 폴 버터필드 블루스 밴드Paul Butterfield Blues Band가 서 있었다. 그는 마지막 음향 체크 때 입고 있던 폴카polka 물방울 셔츠를 벗고, 대신에 가죽 잠바로 무장을 한 채 무대에 올랐다. 포크 시절의 하모니카는 여전히 목에 건 상태였다. 그가 마치 "군중들과 결투라도 하듯 자신의 펜더 스트라토캐스터Fender Stratocaster 기타를 검劍처럼 휘두르며" 강렬하고도 현란한 일렉트릭 사운드로 〈매기 농장Maggie's Farm〉을 부를 때, 청중들은 미국 대중음악사에서 록의 새로운 역사가 써지기 시작했음을 몰랐다. 포크 음악의 열렬한 신도들은 밥 딜런의 '배반'(?)을 눈치채고 야유와 고함을 날렸다. 그러거나 말거나 밥 딜런은 "다시는 매기 농장에서 일하지 않을 거야, 노우, 다시는 매기 농장에서 일 안 해"라고 큰소리로 외치며 록큰롤의 대로로

거침없이 걸어 나갔다. 그것은 그를 포크 음악의 황제, 저항의 아이돌로 못 박으려는 대중들에게 보내는 장렬한 고별사였다. 딜런은 대중들이 그에게 씌워주었던 저항 가수의 가면을 이렇게 한순간에 찢어버렸다. 대중들은 당혹했으며 당시 포크의 대부였던 피트 시거Pete Seeger가 머리끝까지 화가 나서 도끼로 전선을 끊으려 했다는 소문까지 나돌았다. 그러나 피트 시거는 한 티브이 인터뷰에서 자신이 "도끼로 전선을 끊고 싶었던 것은 딜런이 일렉트릭으로 돌아섰기 때문이 아니라, 음향 상태가 너무 좋지 않아 〈매기 농장〉과 같은 훌륭한 노래의 가사가 전혀 들리지 않았기 때문"이라고 말했다. 딜런은 이어서 〈구르는 돌처럼Like a Rollng Stone〉, 〈웃으려면 많은 것이 필요해, 울고 싶으면 기차를 타면 되지It Takes a Lot to Laugh, It Takes a Train to Cry〉를 부르고 무대에서 내려왔다. 이 두 노래는 뉴포트 공연 바로 며칠 전에 나온 여섯 번째 스튜디오 앨범 《다시 찾은 61번 고속도로Highway 61 Revisited》(1965)에 실린 것들이다. 이 중에서도 〈구르는 돌처럼〉은 일반적인 싱글 트랙보다 두 배나 더 길어 (6분 이상) 라디오 방송에도 적절치 않은데다가 무겁고 부담스러운 일렉트릭 사운드 때문에 콜럼비아 레코드사도 출시를 망설였던 노래이다. 그러나 뉴포트 페스티벌에서 포크 음악의 신도들에게 '배반'의 음악이었던 이 노래는 빌보드Billboard 차트 2위까지 오르며 공전의 대 히트를 쳤고 미국 대중음악의 흐름을 크게 바꾸어놓았다. 포크는 그럭저럭 60년대 말까지 명맥을 이어갔지만 더 이상 주류는 아니었다. 뉴포트 포크 페스티벌에서 그는 대중들을 둘로 분열시켰다. 어느 기자의 말대로 1965년 7월 25일, 일요일 밤, 딜런은 대중의 "절반을 전화電化시켰고, 나머지 절반을 감전사感電死시켰다."

그렇다면 딜런이 어쿠스틱에서 일렉트릭으로 넘어간 것은 당시에 그에게 분노했던 사람들의 주장처럼 그가 포크의 사회 비판 정신을 버린 것으로 이해해도 될까. 그렇지 않다. 딜런의 전기 중 가장 신뢰할 만한 것으로 평가되는 『집으로 가는 길은 없네: 밥 딜런의 삶과 음악 No Direction Home: The Life and Music of Bob Dylan』(1986)에서 로버트 셸턴Robert Shelton은 다음과 같이 말한다. "딜런은 그 이전의 3년보다 훨씬 더 복잡한, 새로운 종류의 표현을 창조하고 있었다. 딜런의 "포크-록folk-rock"의 창조는 대중문화에 있어서 하나의 전환점이었다. 딜런의 새로운 작업이 시작되기 전에, 비틀즈The Beatles를 포함한 대부분의 록 뮤지션들은 활기도 없고, 보잘 것 없는 가사들을 사용하고 있었다." 셸턴의 주장대로 문제는 가사이다. 딜런은 일렉트릭으로 전환한 이후에도 데뷔 초부터 보여주었던 포크 성향의 가사를 계속 사용하고 있다. 다만 그는 포크 스타일의 가사에 록의 사운드를 입힌 것이다. 그리하여 그는 한편으로는 전통적인 포크로부터 멀어지면서, 다른 한편으로는 록의 새로운 길을 개척한 것이다. 게다가 같은 해(1965) 《다시 찾은 61번 고속도로》 직전에 나온 다섯 번째 스튜디오 앨범 《그것을 모두 가지고 돌아오다Bringing It All Back Home》에서 그는 앨범의 한 면은 어쿠스틱으로, 다른 한 면은 일렉트릭으로 배치함으로써 이미 과도기를 거쳤다. 사회나 정치 문제만을 다루지 않고 인간의 내면으로 시야를 확대한 것은, 이미 네 번째 앨범인 《밥 딜런의 또 다른 면Another Sideof Bob Dylan》(1964)에서 시작되었다. 이렇게 보면 1965년 뉴포트 포크 페스티벌에서 밥 딜런이 보여준 변신은 갑작스러운 것이 아니라 이미 예고되고 준비된 것이었다. 일렉트릭으로 전환하면서 딜런은 목욕물을 버리면서 아기까지 버리는 오류를 저지른 것이 아니라, 자기 세계를 확대하고 확산한 것이었다. 딜런에게 데뷔 초부터 최근까지 일관되게 중요한 것은 가사와 가사의 효과적 전달이다. 그의 음악이 문학과 '친족 유사성family resmeblance'을 가지고 있는 이유가 바로 이것이다. 밥 딜런의 대부분의 가사가 대중들이 암송하기 힘들 정도로 길고, 게다가 스토리를 담은 내러티브가 자주 등장하는 경향이 있는데, 이는 '말word'에 대한 딜런의 강박적 욕망에서 기인하는 것이다.

3.

1966년 7월 26일, 우드스탁의 그의 집 근처에서 일어난 오토바이 사고 덕분에, 그는 당시에 그가 그렇게 원했던 '고요한 침잠의 생활'로 돌아갈 수 있었다. 1965년 뉴포트 포크 페스티벌 이후 그는 자기만의 독특하고도 강력한 로큰롤의 세계를 앞세우며 더욱 주목을 받았고, 그 주목의 정점에서 1966년에는 찬사와 비난을 감수하며 월드 투어 콘서트를 감행했다. 데뷔한 후 불과 4~5년 사이에 저항의 아이돌에서 로큰롤의 새로운 기수로 세계적인 주목을 받으면서, 사실상 20대 중반의 청년 딜런은 지칠 대로 지쳤으며 대중들의 '혹독한' 관심에서 벗어나기를 간절히 원했다. 1967년에 발매된 여덟 번째 앨범《존 웨슬리 하딩John Wesley Harding》은 바로 그 오토바이 사고로 그가 본의 아니게 얻은 '고요한 칩거'의 시기에 만든 것이다.

> 꿈에서 성 아우구스티누스를 보았네
> 불같은 숨을 쉬며 살아 계셨지
> 그리고 난 꿈에서 그들 중의 하나였네
> 그분을 죽음으로 내몬 자들
> 오, 난 화가 나서 잠에서 깼네
> 너무 외롭고 두려웠네
> 난 손가락을 거울에 대고
> 머리를 숙이고 울었다네
> ―〈나는 꿈에서 성 아우구스티누스를 보았네 I Dreamed I Saw St. Augustine〉부분

이 작품에서 그는 매우 진지하게 자신이 "성 아우구스티누스"를 "죽음으로 내몬 자들 중 하나"가 되어 있었다는 성찰을 한다. "난 손가락을 거울에 대고/머리를 숙이고 울었다네"는 표현은 자기성찰의 진정성을 잘 보여준다. 이 작품은 어쿠스틱과 하모니카로 시작하여 일렉트릭과 드럼을 뒤에 가볍게 깔고 있는 곡이다. 중간 반주 부분은 일렉트릭과 하모니카의 아름다운 합주가 돋보이는, 부드럽고 따뜻하며 평안한 곡이다. 이런 분위기 때문에 에릭 클랩튼Eric Clapton 등 다른 가수들도 이 노래를 즐겨 불렀다. 이 앨범엔 이 곡 외에도 〈프랭키 리와 유다 사제의 발라드The Ballad of Frankie Lee and Judas Priest〉, 〈사악한 전령The Wicked Messenger〉과 같이 『성경』에서 직접 소재를 차용하고 그것을 사회적 현실에 빗댄 곡들도 함께 실려 있다. 이런 종교적 메시지의 곡들은 또한 〈지주여Dear Landlord〉, 〈나는야 외로운 부랑자I Am a Lonesome Hobo〉와 같은 사회 비판적인 곡들과 나란히 실려 있어서, '플러그인' 이전과 이후에도 그에게 계속 '지속'되고 있는 것이 무엇인지를 잘 보여준다. 그가 노골적인 기독교 복음주의의 전도사로 나간 것이 이로부터 무려 10년 후라는 점을 감안하면, 그에게 있어서 기독교 역시 갑작스럽고도 돌출적인 '사건'이 전혀 아님을 알 수 있다.

이제 우리는 불가피하게도 그가 "가스펠 시대"에 부른 작품들에 대하여 이야기하지 않을 수 없다. 그의 가스펠 시대(1979~1981)를 대표하는 앨범들은 《느린 기차가 와Slow Train Coming》(1979), 《구원 받은Saved》(1980), 그리고 《Shot of Love》(1981)이다.

당신은 무대 위를 깡충거리며 뛰어다니는 로큰롤 중독자일
수도 있어
당신은 여자들을 우리에 가둬놓고 멋대로 마약을 하는 사람

일 수도 있지

당신은 사업가거나 아니면 어떤 지체 높은 도둑놈일지도 몰라
사람들이 당신을 의사 양반 혹은 회장님이라고 부를 수도 있지

그러나 당신은 누군가를 섬겨야만 할 거야, 진짜야
당신은 누군가를 섬겨야만 할 거야
글쎄, 그것이 악마일지도 아니면 주님일지도 몰라
그러나 당신은 누군가를 섬겨야만 할 거야

당신은 주 경찰관일 수도 있고, 대변혁을 지향하는 젊은이일 수도 있지
당신은 어떤 거대한 티브이 네트워크의 우두머리일 수도 있어
당신은 부유할 수도 가난할 수도 있어, 당신은 장님이거나 절름발이일지도 몰라
당신은 다른 이름의 다른 나라에 살고 있을지도 모르지

그러나 당신은 누군가를 섬겨야만 할 거야, 진짜야
당신은 누군가를 섬겨야만 할 거야
글쎄, 그것이 악마일지도 아니면 주님일지도 몰라
그러나 당신은 누군가를 섬겨야만 할 거야
—〈누군가를 섬겨야만 할 거야Gotta Serve Somebody〉부분

이 곡은 《느린 기차가 와》의 첫 번째 트랙에 실린 곡이다. 이 노래는 '가스펠 시기'의 도래를 선언하는 곡이자, '기독 전도사'로서의 자기 선언문과도 같은 곡이다. 이 곡은 빠른 비트와 강력한 록 사운드, 그리고 랩

처럼 흥얼거리는 멜로디를 가지고 대중들에게 매우 공격적으로 다가갔다. 1965년 일렉트릭으로 전환함으로써 포크 지지자들과의 일대 전쟁을 치룬 딜런은 이번에는 기독교 메시지를 노골적으로 들고 나옴으로써 자유로운 영혼의 록 뮤지션으로 그를 고정하려는 대중들과 다시 불화한다. 이 노래는 직업이나 사상, 처해 있는 상황들과 무관하게 모든 사람이 '믿음 혹은 불신'의 양자택일을 해야 한다는 강력한 메시지를 담고 있다. 중간지대란 없으며 "악마"를 섬기거나 "주님"을 섬기거나 결단을 내려야 한다고 외치는 이 노래는 밥 딜런을 신화화했던 수많은 대중을 격앙시켰다. 그들이 볼 때 '자유의 전사'였던 밥 딜런은 이제 '범생이', '깡보수 예수쟁이'가 되었으며, 이로서 그의 뮤지션 혹은 예술가로서의 삶도 끝장났다는 것이 그를 비판적으로 바라보는 사람들의 대체적인 시각이었다. '예수'에게 밥 딜런을 빼앗긴 대중들은 분노하였으며, 분노한 대중들 앞에서 밥 딜런은 주눅이 들기는커녕 1979~1981년의 3년 동안 '복음의 전도사'로서 자신의 과업에 철저하게 충실했다. 그는 이 기간에 수많은 콘서트를 통하여 기독교 이념을 노골적으로 전파하였으며 과거에 그를 아이돌로 만들었던 히트곡들을 거의 부르지 않았다. 콘서트 도중에 그는 종종 설교가로 돌변했으며, 1979년 애리조나 주에서 열린 한 콘서트에서는 대중들의 반응이 시큰둥해 보이자 "세상에는 단 두 종류의 사람들, 즉 구원받은 사람들과 구원받지 못한 사람들밖에 없다. 예수님이 주님이시다. 모든 사람은 그 앞에 무릎 꿇어야 한다."고 말했는데, 이런 입장은 위 노래의 후렴에 나오는 주장과 완전히 일치하는 것이다.

밥 딜런에 대한 대중들의 저항과 평론가들의 비판은 그가 지금까지처럼 기독교 담론을 그의 음악에 일부 섞은 것이 아니라, 그가 과거의 자신을 모두 부정하고 그 자리를 '예수'로 채워버렸다고 생각했기 때문이었다. 게다가 위의 곡에서 드러나는 것과 같은 '예수 천국, 불신 지옥'식의 과격한 이분법은 사실상 그를 '기독 근본주의자'로 간주할 만한 충분한 이유와 명목을 주었다. 그러나 사람들이 비판하는 것은 이 시기 딜런 음악의 가사였지 사운드가 아니었다. 가령 기독 전도사로서의 자기 선언에 가까운 위의 노래 〈누군가를 섬겨야만 해〉를 담은 앨범 《느린 기차가 와》는 딜런에게 1979년 "남성 베스트 록 보컬" 그래미상 Grammy Award을 안겨주었다. 실제로 저명한 격주간 대중문화잡지 『롤링 스톤 Rolling Stone』의 평론가였던 잔 웨너 Jann Wenner는 "이 새 앨범을 들으면 들을수록 나는 이 음반이 지금까지 딜런이 만든 최고의 음반 중의 하나라는 느낌을 더욱 더 갖게 된다."고 하였다.

그룹 〈롤링 스톤즈 Rolling Stones〉의 기타리스트인 키스 리차즈 Keith Richards는 딜런이 가스펠로 돈벌이를 하려고 한다면서 그를 "이윤의 예언자 the prophet of profit"라고 비꼬았다. 실제로 딜런이 연이어 세 장의 가스펠 음반을 내면서 얼마나 많은 "이윤"을 얻었는지는 불분명하다. 그러나 분명한 것은 이런 작업들이 대중가수로서 그의 경력에는 일종의 자살 행위 career suicide였던 것은 분명하다. 세 장의 가스펠 음반을 낸 후 딜런은 이 음반이 보여준 세계에 대한 아무런 '작별' 혹은 '포기'의 언급도 없이 또 다른 자신만의 음악의 세계로 넘어갔다. 어쨌든 이 시기는 대중가수 딜런에게 있어서 격심한 통증의 시기였고, 그 고통이 심해서였는지 자신의 자서전 『연대기들』에서도 이 시기에 대한 언급은 슬쩍 건너뛴다. 그러나 1984년 6월 21일 잡지 『롤링 스톤』과 가진 다음의 인터뷰는 그가 여전히 '진지한' 크리스천임을 잘 보여준다.

기자: 《느린 기차가 와》, 《구원 받은》, 《Shot of Love》, 이 세 앨범들은 일종의 다시 태어난 종교적 경험 born-again religious experience에 영감을 받아서 만든 것들인가요?

딜런: 전 그것을 절대 그렇게 부르고 싶지 않아요. 나는 다시 태어났

다고 말한 적이 결코 없거든요. 그것은 미디어가 만들어낸 용어입니다. 나는 내가 불가지론자agnostic라고 생각하지 않아요. 나는 항상 어떤 초월적인 힘을 가진 존재a superior power를 생각해왔어요, 즉 이 세상은 진짜가 아니고 앞으로 도래할 세상이 있다고 말이지요. 즉 어떤 영혼도 죽지 않았으며 모든 영혼은 신성holiness 안에서든, 불꽃 안에서든 살아 있다고 생각해왔어요. 물론 아마도 많은 중간 지대middle ground가 있을지도 모르지만 말입니다.

(······)

기자: 당신은 문자 그대로 『성경』을 믿는 사람입니까?
딜런: 네, 분명히요. 나는 성경을 문자 그대로 믿는 자입니다.
기자: 『구약』과 『신약』은 둘 다 똑같이 정당한 것인가요?
딜런: 저에게는요.
기자: 당신은 어떤 교회나 교회 모임(회중synagogue)에 속해 있나요?
딜런: 그렇지는 않아요. 어, 독한 마음의 교회the Church of the Poison Mind에 속해 있지요. (웃음)

이런 인터뷰를 보면 딜런이 돈벌이를 위해 가스펠을 했다는 주장은 거의 근거가 없다. 실제로 《느린 기차가 와》는 백만 장 이상이 팔렸고 (돈벌이가 되었고) 딜런에게 그래미상을 안겨줌으로써 명예까지 보너스로 가져다주었지만, '돈벌이' 자체가 그의 목적은 아니었다. 오히려 이 음악은 미국 크리스천 음악의 중대한 전환점이 되었으며, 딜런이 세 장의 음반을 낸 후 그 자리를 떠나자, 기독교 음악 산업은 아미 그랜트Amy Grant, 마이크 스미스Michael W. Smith 등 그들만의 본격적인 크리스천 음악가들을 양성한다. 그러나 딜런의 "크리스천 시기Christian perios"가 없었다면, 그들이 그렇게 주목을 받게 되었을지는 의문이다.
"크리스천 시기"의 이전에도 그리고 그 이후에도 기독교적 주제는 딜런에게 있어서 사실상 새로운 것이 전혀 아니다. 『밥 딜런: 영적인 삶Bob Dylan; A Spiritual Life』(2017)의 저자인 스캇 마샬Scott M. Marshall의 분석에 따르면, 밥 딜런은 그가 공식적으로 기독교의 전도사로 나서기 전인 1961년에서 1978년에 이르는 시기에도 자신의 노래에 무려 89번이나 성경의 구절을 언급했다. 이런 점에서 크리스천 담론은 딜런의 변수變數가 아니라 상수常數이다. 그는 언제나 그 안에 있었고, 지금도 그 안에서 영혼의 피를 흘리고 있다.

4.

딜런에게 지속되고 있는 것과 변화하고 있는 것은 크게 다음과 같다. 그에게 지속되면서 그의 '세계'를 이루는 것은, 첫째 '거리의 비평가'로서의 사회적 발언들이다. 딜런은 어쿠스틱을 버리고 일렉트릭을 집어든 이후에도 (대중의 오해와 달리) 평생 '길거리의 사유street thinking'를 버리지 않았다. 그는 개인의 실존적 고뇌와 시스템의 문제가 불가분의 관계에 있음을 잘 인지하고 있다. 그러므로 그를 저항 가수로만 보려는 모든 시각과 그가 저항 가수로서의 사회적 책임을 버렸다는 지적은 둘 다 잘못된 것이다. 그는 협애한 '무리 짓기'가 또 다른 '진리 독점'임을 잘 알고 있으며, 진리를 유예하는 편을 선택한다. 그리고 그에게 있어서 이 유예는 '포기'가 아니라 '신중한 탐구'이다.

그렇다면 딜런의 나라에는 누가 사는가? 딜런의 『가사집The Lyrics 1961~2012』을 처음부터 끝까지 훑다 보면, 우리는 다음과 같은 다양한 인물들이 딜런의 세계에 거주하고 있음을 확인하게 된다. 워낙 많은 인물이 등장하지만 중복되는 것들을 제외하고 열거하면 다음과 같다.

떠돌이, 노름꾼, 광부, 경찰, 공산주의자, 빨갱이, 흑인 소년, 배심원, KKK 단원, 노예, 왕, 집시, 집시 여인, 지도자, 기차 승객, 강도, 살인자,

의사, 학자, 엄마, 아버지, 군인, 창녀, 판사, 간호사, 링컨 대통령, 케네디 대통령, 범죄자, 변호사, 저글링 하는 사람juggler, 사기꾼, 점쟁이, 작가, 비평가, 상·하원의원, 아들, 딸, 인디언, 인권운동가, 정치가, 보안관, 장군, 정치계 거물, 부랑자hobo, 무법자, 폭도, 빨갱이 사냥꾼, 인종차별주의자, 해고당한 노동자, 지방 검사, 주 방위군, 카우보이, 천사, 아기, 집시 여왕, 극빈자, 전도자, 교사, 현자, 고아, 성자, 도박꾼, 선원, 방랑자, 경비병, 해적, 부랑자, 광대, 공주, 나폴레옹, 최고사령관, 베토벤, 곡예사, 교수, 문둥이, 사기꾼, 스콧 피츠제럴드, 난장이, 하나님, 아브라함, 경찰국장, 폭동진압대, 신데렐라, 로미오, 노트르담의 꼽추, 착한 사마리아인, 오필리아(햄릿의 애인), 노아, 로빈 후드, 아인슈타인, 성직자, 보험회사 직원, 네로 황제, 에즈라 파운드, T. S. 엘리엇, 칼립소 가수, 모나리자, 마약 판매상, 백작 부인, 하모니카 연주자, 장의사, 객실 청소부, 셰익스피어, 철도 인부, 사교계 신참 여성, 신앙인, 선교사, 예언자, 농부, 사업가, 전당포 주인, 흉악범, 성 아우구스티누스, 조커joker, 도둑, 왕자, 하인, 유다 사제, 지주, 이민자, 전령, 제사장, 지명수배자, 음유시인, 소년, 무용수, 흑인 인권운동가, 교도관, 금발 여자, 칭기즈칸, 호메로스, 전화 교환수, 사냥꾼, 늙은 창녀, 수학자, 목수, 바텐더, 이방인, 가톨릭 신부, 인질, 니체, 빌헬름 라이히, 수녀, 성모 마리아, 투우사, 장군, 광대, 백만장자, 집주인, 선한 목자, 대위, 배교도 여사제, 독재자, 사자, 메뚜기, 양, 마법사, 재향군인, 대사, 사교계 인사, 악마, 로큰롤 중독자, 회장, 급진파 청년, 방송국 사장, 부자, 가난뱅이, 맹인, 앉은뱅이, 공사장 인부, 시의회 의원, 모하메드, 부처, 예수, 아랍 족장, 사탄, 혁명가, 엉터리 치유자, 여성 혐오자, 노예상, 불신자, 바보, 칼 마르크스, 헨리 키신저, 간통자, 갱스터, 위선자, 니코데모, 루저, 미켈란젤로, 소총수, 병자, 절름발이, 불량배, 늙은 여자, 총통 각하, 인도주의자, 박애주의자, 교황, 클라크 케이블, 순교자, 총잡이, 흑인, 가난한 백인, 꼽추, 베트남전 참전군인, 이교도, 성 베드로, 마르다, 오셀로, 데스데모나(오셀로의 부인), 밀주업자, 노동자, 노상강도, 요정, 과부, 고아, 기둥서방, 걸인, 행상인, 모조 천사, 경비원, 주교, 존 레넌…….
 딜런의 음악에 대해 이런 식의 접근을 하는 경우가 거의 전무하기 때문에 독자들은 놀랄 수도 있다. 소설가도 아닌 한 대중가수의 노랫말에 이렇게 다양한 인물 군들이 출현한다는 것을 상상이나 하겠는가. 딜런의 노래를 취향대로 골라 들으며 딜런의 세계를 전체적으로 조망하지 않으면 이런 풍경을 절대 볼 수 없다. 문제는 이렇게 다양한 인물들의 배치 자체가 아니라 그 이면에 있는 구조이다. 1)군: 지배계급과 그들의 지배를 돕는 인물들 2)군: 그들의 지배를 받고 있는 하위 주체들(서발턴 subaltern)들이 존재한다. 이들은 사회 안에서 직·간접적인 긴장과 대립의 관계에 있으며, 마주치는 공간에서 이들의 이해관계는 늘 충돌한다. 다음으로 3)군: 이 두 계급 사이의 갈등에 직접적으로 연루되어 있지 않고 계급적 대립으로부터 상대적으로 자유로우며, 대체로 하위 주체들의 편에 서 있는 인물들이 있다. 4)군: 이 모든 관계로부터 일정 정도 초월해 있으나 궁극적으로 선善의 편에 서 있는 '종교적' 인물들이 있다.
 둘째, 딜런은 또한 그 모든 진정한 사유의 끝장이 신에 대한 성찰임을 잘 알고 있다. 그것의 한 분출로 1970년대 말에서 1980년대 초에 걸쳐 그가 가스펠 음반을 연이어 냈을 때, 사람들은 그를 "예수쟁이Jesus freak"라고 비난했고, 이 시대를 소위 "가스펠 시대Gospel period"라고 괄호에 넣어버렸다. 어떤 팬들에게 딜런의 이 시대는 그 자체 '악몽'이었으며, 그들은 이 시대를 그들의 기억에서 지워버리기를 원했다. 그러나 가스펠 시대 이전이나 이후나 그는 단 한 번도 신에 대한 사유를 멈춘 적이 없다. 딜런에게 있어서 신에 대한 사유는 '변수變數'가 아니라 '항수恒數'이다. 신에 대한 모든 사유는 인간이 자신을 '약한 존재'로 인식할 때에만 가동된다. 오만한 인간은 절대 신에 대해 사유하지 않는다. 딜런은 인간이 근본적으로 결핍의 존재임을 잘 알고 있으며, 그리하여 늘 '저 너머'의 존재에 대하여 사유한다.

5.
이런 '지속성'에도 불구하고, 밥 딜런은 특정한 범주 혹은 하나의 고정된 의미에 갇히는 것을 거부했다. 부랑자 이미지로 가득한 첫 앨범을 냈을 때(21세)부터 평생을 정신적 유목민으로 살아왔으니 어쩌 보면 이것은 그의 타고난 성격인지도 모른다. 한 인터뷰에서 고등학교 시절을 회상하면서 그는 다음과 같이 말했다. "학교에서 선생님들은 나에게 모든 게 다 괜찮다everything was fine고 가르쳤지요. 그것은 생각하고 받아들일 만한 것이었어요. 교과서에 다 나와 있던 이야기이니까요. 그러나, 보세요. 모든 게 다 괜찮지는 않았거든요. 수많은 거짓말이 난무했고 그것들을 다 참아야 했지요. 다른 친구들도 나처럼 느꼈지만 아무도 떠들지 않았어요. 그들은 규범에서 벗어나는 것이 두려웠거든요. 그렇지만 난 그게 두렵지 않았어요."
네 번째 스튜디오 앨범인 《밥 딜런의 다른 면》(1964)을 제작할 무렵 밥 딜런은 동료에게 이렇게 말한다. "난 이제 사람들을 위해서 더 이상 노래를 쓰고 싶지 않아. 당신도 알잖아, 난 대변인이 되고 싶지 않다고. 이제부터 내 안에서 나오는 것을 쓰고 싶어. 내가 쓰고 싶은 방식은 내가 이야기하거나 걷는 것처럼 내 안에서 자연스레 흘러나오는 것이기 때문이야. (……) 난 그 어떤 운동의 일부가 아니야. 어떤 조직과도 함께할 수가 없다고."
밥 딜런은 한 인터뷰에서 "나는 사물들을 규정하는 데defining 익숙하지가 않아요. 그 노래가 어떤 것에 관한 것이라고 말할 수 있을 때조차도 난 그러고 싶지 않거든요."라고 말한 적이 있는데, 이 말이야말로 밥 딜런이 세계를 대하는 태도를 잘 요약해준다. 사물을 '규정'하는 순간 지식과 정보의 위계가 생겨난다. 모든 형태의 규정은 중심을 설정하는 행위이며 어떤 것을 '중심'으로 설정하는 순간, 다른 것들은 '주변'으로 밀려난다.

사실 이런 입장은 딜런이 저항 가수로서 절정에 있을 때 부른 노래인 〈바람 속에 불고 있어 Blowing in the Wind〉에도 이미 나와 있다. 그는 유목민의 동물적인 감각으로 한 고원의 절정에 있을 때 이미 다른 고원으로의 이동이 불가피함을 알고 있었던 것이다.

> 얼마나 많은 길을 걸어 내려가야
> 인간은 사람이 될 수 있을까?
> 그래, 그리고 흰 비둘기는 얼마나 많은 바다를 항해해야
> 모래 속에 잠들 수 있을까?
> 그래, 얼마나 자주 포탄들이 날아가야
> 영원히 전쟁을 멈출 수 있을까
> 내 친구여, 대답은, 바람 속에 불고 있지
> 대답은 바람 속에 불고 있어
> ―〈바람 속에 불고 있어 Blowing in the Wind〉 부분

밥 딜런의 노래 중 세계적으로 가장 널리 알려졌으며 수많은 가수의 커버 버전cover version들을 양산했던 이 노래의 후렴처럼, 딜런에게 있어서 정해진 진리는 없다. 진리란 불어오는 바람처럼 유동적이며, 바람을 독점할 수 없듯이 그 누구도 진리를 독차지할 수 없다. 사실 이 노래는 밥 딜런을 저항음악의 기수로 만들었던 두 번째 스튜디오 앨범(《자유분방한 밥 딜런》, 1963)에 발표되었지만, 실제로 이 노래가 만들어진 것은 1962년 초봄이었고, 이 노래를 초연할 당시 딜런은 "지금 부를 이 곡은

저항곡이 아니며 그런 식의 무엇도 아니다. 왜냐하면 나는 저항곡을 쓰지 않기 때문이다."라고 하였다. 그는 저항의 한가운데에 있을 때부터 이미 저항이 자기 음악의 '전부'는 아니라고 생각하고 있었던 것이다.

2016년 밥 딜런이 〈노벨문학상〉을 받았을 때, 그의 작품들이 과연 '문학상'에 적절한 대상인지 논란이 일었다. 그를 옹호하는 자들은 시의 기원이 음악이며 오히려 현대시가 시의 '심장'인 음악성을 상실해왔음을 지적했다. 반대자들은 음악과 문학의 범주를 분명하게 구분하면서 딜런의 '문학'이 과연 노벨상에 버금가는 성취인지 의문을 제기했다. 스웨덴 아카데미는 딜런에게 〈노벨문학상〉을 수여하는 이유를 그가 "위대한 미국 노래의 전통 안에 새로운 시적 표현들을 창조해왔기 때문"이라고 설명했다. 사실 딜런의 '음악'과 '시적 표현들'은 분리 불가능하다. 그것은 마치 밀가루 반죽에서 그 안에 뒤섞인 물과 우유와 밀가루와 설탕을 따로 분리해낼 수 없는 것과 같은 이치이다. 스웨덴 아카데미가 밝힌 노벨상 수여 이유는 이 분리 불가능성을 교묘하고도 정확하게 표현하고 있다. 딜런의 작품들은 장르를 떠나 혹은 장르를 넘어서 하나의 '세계'이며, 그 세계에는 음악과 문학과 철학과 사상이 뒤범벅되어 있다. 단지 노래 가사만을 따로 떼어놓고 그것을 딜런의 '문학'이라고 부른다 해도, 내가 볼 때 그것은 결코 〈노벨문학상〉의 권위에 밀리지 않는다. 그는 말을 조합하고 배열해 '시'를 만드는 탁월한 '기술'의 소유자이다. 나는 그가 고도의 시적 언어의 생산자일 뿐만 아니라, 거기에 음악과 퍼포먼스까지 더해 누구도 넘보기 힘든 하나의 '세계'를 구축한 자라고 본다. 그러므로 그의 예술은 우리가 그냥 '딜런의 세계'라고 부를 수밖에 없는 장르 너머의 장르이다.

몸의 언어, 상처의 언어
— 이재무論

1.

메를로 퐁티M. Ponty에게 있어서 주체는 "몸–주체body-subject"이다. 그의 말대로 주체는 몸 앞에 있지 않고, 몸 안에 있다. 더 정확히 말하면 주체는 몸이다. 그에게 있어서 지각이란 오로지 "감각 덩어리mass of the sensible"인 몸을 통해 이루어진다. 그러므로 지각을 이야기하는 사람은 이미 몸을 사유하고 있다. 지각이란 몸이 몸을 해석하는 것이다. 그러나 몸 안엔 감각 덩어리의 적들인 이성, 관념, 그리고 개념이 들어와 있다. 개념과 관념이 감각 덩어리를 억압할 때, 몸–주체는 몸을 잃는다. 시는 개념과 관념 아래서 신음하며 그것에 저항하는 몸의 언어이다. 시는 지식이 아닌 지각의 길을 걷는다. 그러나 시 안의 몸–언어는 다양한 스펙트럼을 가지고 있다. 어떤 시는 몸의 옷을 입고 개념에 대하여 말하며, 어떤 시는 몸의 언어로 몸에 말을 건다. 이런 점에서, 이재무의 언어는 후자에 가깝다. 한국 서정시의 전통 속에서 이재무처럼 몸에서 나온, 혹은 그 자체 몸인 언어를 사용하는 시인도 드물다. 이재무를 이해하는 지름길은 그를 몸으로 해석하는 것이다.

> 숫돌에 벼린 낫을 들고 나가
> 시뻘겋게 독 오른 해의 모가지를
> 댕강댕강 잘라 들판에 던져 두고
> 흐르는 피는 모아 두었다가
> 강물에 쏟아 버렸다
> 물컹물컹 풀이 치솟고
> 부글부글 물은 끓기 시작하였다
> 밤이 오면 누군가 우물 속
> 달을 퍼 올려 온 산야에 뿌려대었다
> 숲속에서는 살찐 적막이 구렁이처럼
> 줄기와 가지를 칭칭 감아올리고
> 반성을 모르는 풍경은 날마다 번성하였다
> ―「풍경」 전문

서정시의 주체가 대체로 사물에 스며 들어가 그것을 주관성의 색채로 물들인다면, 그리하여 주체와 대상 사이의 평화로운 공감대에 도달한다면, 이재무는 마치 들짐승처럼 대상에 달려든다. 그는 사물을 낫으로 자르고, 그것의 속내를 끄집어낸다. 그러면 대상은 치솟고, 번성하며, 끓어오른다. 대상에 대한 이 거침없는 돌격 자세는 이재무의 야생성에서 비롯된다. 그가 이렇게 대상을 절단할 때, 대상의 속살이 우렁우렁 흘러나온다. 이재무의 시에서 주체와 대상은 늘 활발한 운동성의 상태에 있다. 그것들은 들끓는 생성의 기운 속에 있다. 그에게 있어서 시를 쓰는 일은 자기 몸에서 일어나는 활발한 세포 증식 운동을 사물 속에서 재발견하는 것이다. "적막이 구렁이처럼" 살찌는 모습을 보라. 모든 술어는 주어 안에 이미 내재해 있다는 들뢰즈G. Deleuze의 말은 다음과 같이 바뀌어야 한다. 이재무 시의 모든 주어엔 이미 운동성이 내재해 있다. 이재무의 술어는 형용사가 아니라 동사이다. 얼핏 김수영의 "풍경이 풍경을 반성하지 않는 것처럼"(「절망」)을 연상시키는, 이재무의 "반성을 모르는 풍경"이란 무엇인가. 김수영에게 있어서 풍경은 "반성"하지 않으므로 "절망"의 대상이다. 이재무에게 있어서 "반성을 모르는 풍경"은 모든 형태의 억압과 코드와 훈육과 규율을 거부하는 '몸'이다. 그것은 권력의 반대편에 있는 욕망이고, 규범을 거부하는 자유이며, 멈춤을 조롱하는 운동이고, 끊임없이 "번성"하는 생명의 힘이다.

> 몸의 굴 속 웅크린 짐승
> 눈뜨네 아직 길들여지지 않은
> 수성, 몸 밖의, 죄어오는 무형의
> 오랏줄에 답답한 듯
> 발버둥 치네 그때마다 가까스로
> 뿌리내린 가계의 나무 휘청거리네
> 오랜 굶주림 휑한 두 눈의
> 형형한 살기에 그대가 다치네
> 두툼한 봉급으로 쓰다듬어도
> 식솔의 안전으로 얼러보아도
> 도박, 여자, 술로 달래보아도
> 오오, 마음의 짐승
> 세운 갈기 숙이지 않네
> ―「마음의 짐승」 전문

이 작품은 이재무의 시를 끌고 가는 동력이 무엇인지를 단번에 보여준다. 그것은 바로 "몸의 굴 속 웅크린 짐승"이다. 그것의 출처는 몸이며, 그것은 몸의 어딘가 잘 보이지 않는 곳에 감추어져 있다. 그것은 출생과 동시에 몸의 어떤 부위에서 생성된 채, 규범과 통념의 검열을 피해 숨어 있는 어떤 것이다. 이재무는 그것을 '수성獸性'이라 부른다. 그것은 몸의 원리에 충실하며 규범, 권력, 문명과 사사건건 부딪친다. 시스템은 생존에 필요한 각종 '뇌물'로 그것을 어르기도 하고 협박하기도 하지만, 그것은 (최종적인 의미에서) 단 한 번도 고개를 숙이지 않는다. 그 "형형한 살기"는 오로지 주체가 생물학적 죽음을 맞이할 때 사라질 뿐이다. 그것은 온갖 회유와 공갈 앞에서도 웅크릴 뿐 물러서지 않는다. 그것은 채워지지 않는 허기로 배부르다.

2.

여기까지 이야기하면 이미 짐작하겠지만, 이재무 시의 지평은 결국 이 몸의 언어와 시스템의 언어, 욕망과 규범, 자유와 코드(권력) 사이에 펼쳐져 있다. 그의 시는 이 대립항들의 길항이 내는 소리이며, 그의 영혼은 늘 그 틈에 끼어 끙끙 앓는다. 사실 이런 갈등은 보편적 인간의 보편적 경험이기도 하지만, 문제는 그가 몸, 욕망, 자유의 주체를 적극적으로 전경화하며 시스템, 규범, 권력에 대해 강력한 싸움을 걸고 있다는 것이다.

1)
   타락을 꿈꾸는 정신 발광하는 짐승을 몸 안에 가둬
   순치시키기 위해 나는 오늘도 한강에 나가 걷는 일에 몰두한
다
   내 일상의 종교는 걷는 일이다

―「내 일상의 종교」 부분

2)
후생은 마도로스로 살아가리라
가정 같은 건 꾸리지 않으리라
각 나라 항구마다 안개처럼 나타나서

염문을 뿌리고 고양이처럼 사라지리라
무엇에도 얽매이지 않고
바람처럼 떠돌다가 거품처럼 사라지리라
―「후생後生」 부분

1)에서도 이재무는 자기 안의 "발광하는 짐승"을 주목한다. 그것은 "타락을 꿈꾸는 정신"이다. 그러나 엄밀히 말해 타락을 꿈꾸는 짐승은 정신이 아니라 몸이다. 그는 그것을 "순치시키기 위해" 걷는다. 산책은 그가 자기 안의 짐승을 다스리는 한 방법이다. 그것은 영혼의 높은 곳에서 육체의 낮은 것을 아우르고 달래는 "일상의 종교"이다. 그는 자기 안의 짐승을 훈육하며 시스템 안으로 다시 들어가려 한다. 짐승의 상태는 늘 위험하므로 그는 몸의 명령에 따라 체제의 국외자가 될 때마다 산책의 조용한 채찍으로 자신을 돌려놓는다. 그에게 산책은 혼망昏忘을 깨우는 죽비竹篦이다.
　그러나 규범의 문법 안으로 복귀할 때마다 그는 다시 일탈을 꿈꾼다. 2)는 그런 욕망의 '낭만적인' 표현이다. "가정 같은 건 꾸리지 않으리라"는 진술은 그의 내면에 항상 넘친다. 그는 야생의 기후를 언제든 노출할 수 있는 위험한 짐승이다. 그는 초자아의 빈틈을 안개처럼 빠져나가고, 통념을 비웃는 풍문을 퍼뜨리며, "고양이처럼" 사라지는 "후생"을 꿈꾼다. 후생은 현생을 거부하는 자리에서 그려진다. "무엇에도 얽매이지 않고/바람처럼 떠돌다가 거품처럼 사라지"는 꿈은 모든 형태의 정주定住를 거부하는 사람의 지도地圖이다. 아나키스트에게 가정 같은 공간은 없다. 아나키스트는 모든 형태의 시스템을 끝까지 거부한다는 점에서 욕망-주체이고 몸-주체이다. 몸-욕망은 절대 채워지지 않으므로 정서적 유목민들은 늘 허기에 시달린다.

늦은 밤 취해 걷다가 가로수와 부딪쳤습니다. 나무가 엄청 화를 냈습니다. 넌 하는 일이 뭐냐? 불만 토로밖에 더 있냐? 왜 내 잠자리까지 방해하느냐? 난 미안하다, 할 말 없다, 하면서 때마침 참을 수 없는 요기를 느껴 오줌을 갈겼습니다.

—「만취」 전문

만취 상태에서 자아와 초자아의 검열은 매우 느슨해진다. 전복의 기회만을 노리던 리비도는 드디어 고삐 풀린 망아지가 된다. 그러나 이 욕망의 범람 상태에서도 화자는 여전히 자기 검열을 한다. 이것은 두 가지를 암시한다. 첫째, 규범의 사회학은 얼마나 막강한가. 둘째, 주체들은 그 아래에서 얼마나 혹독한 매를 맞는가. 두들겨 맞은 길은 욕망의 해방 공간에서도 습관처럼 자기를 검열한다. 그런데도 이재무는 관습적인 검열의 순간에도 배설의 파괴본능을 억제하지 않는다. 오줌을 '갈기는' 행위는 규범의 문법을 파괴하는 몸의 힘에서 나온다. 그는 규범과 욕망의 길항 속에 존재하지만, 늘 욕망의 궤도로 돌아가길 원한다. '억압된 것의 회귀'야말로 몸의 언어, 야생의 언어가 지향하는 목표이다. "불만 토로"는 만족을 모르는 주체의 특권이다.

가스 불 위에 놓은 주전자 뚜껑이 들썩거리고 있다. 비등점

에 오른 주전자 속 물방울들, 저 들끓는 분노의 수증기가 주전
자 뚜껑을 확 열어젖힌 적은 없다. 절정의 한순간 정점을 찍은
물의 알갱이들은 뚜껑 안에서 시나브로 휘발되거나 바닥을 태
웠을 뿐이다. 불 위에 놓인 주전자에서 나는 우리가 막 통과해
온 근현대사를 읽고 있다.

—「근현대사」 전문

자고로 완성된 역사란 없다. 역사는 유토피아 욕망이 실현되는 과정
이지만, 유토피아는 끝내 오지 않는다. 완성된 유토피아는 없다. 유토
피아 욕망은 최선의 상태에서 더 나은 것을 꿈꾸기 때문이다. 유토피아
는 현실이 되는 순간, 도래할, 오지 않은 미래로 바뀐다. 그러므로 "역
사는 늘 우리를 해친다!History hurts!"(프레드릭 제임슨 F. Jameson) 몸의 언
어를 구사하는 시인답게 이재무는 역사의 이런 발전 법칙도 욕망의 방
정식으로 풀어낸다. "들끓는 분노의 수증기"는 인민의 넘치는 리비도
이다. 그러나 그것은 정점에 이르러서도 끝장을 보지 못한다. 시스템은
절대 만만하지 않다. 통념의 규율을 파괴하고 훈육의 이데올로기를 조
롱하며 저항의 에너지가 폭발할 때도, 시스템은 그것의 김을 빼는 방법
을 잘 알고 있다. 그러므로 역사는 "시나브로 휘발되거나 바닥을 태웠
을 뿐"인 것 같은 바로 그 자리에서 항상 다시 시작된다. 역사는 인민을
해치고, 상처받은 인민은 거절당한 무의식처럼 전복의 기회를 다시 노
린다.

너와 더불어 이 밤 내
서둘러 가야 할 곳 있는 양
몸 안에 짐승이 들어와서
발바닥 뜨거워지고 팔뚝에 피 솟는다

> 눈발이여, 님은 어제의 냇물 되어
> 저만큼 흘러갔는데
> 몸에 피는 꽃
> 이 더운 숨을 어이할거나
>
> ―「눈」부분

몸의 언어는 모든 현재를 과거로 만든다. 그것은 도래한 현재를 지우며 도래할 미래를 욕망하므로 항상 결핍의 상태에 있다. 그것은 "님"을 순식간에 "어제의 냇물"로 만들고, 안 보이는, 오지 않은 미래를 꿈꾸며 "더운 숨"을 내쉰다. 그것은 "서둘러 가야 할 곳"에 도착하는 순간 거기에서 떠난다. 몸의 언어는 완성의 순간에 다시 "발바닥 뜨거워지고 팔뚝에 피 솟는" 언어이다. 그것은 채워지지 않는 본능의 언어, 짐승의 언어이므로 동시에 유토피아의 언어이다.

3.

이재무를 읽을 때마다 나는 상처받은 짐승의 모습을 떠올린다. 저항이 클수록, 욕망이 비대할수록 주체는 더욱 많은 상처의 가능성에 노출된다. 싸우지 않고, 불만을 품지 않으며, 현실에 안주하는 자는 상처 받을 일이 없다. 시스템은 가장 온순한 자에게 가장 관대하다. 가장 강력한 욕망이 가장 강력한 좌절을 부른다. 그의 언어가 몸의 언어이고 욕망의 언어이기 때문에, 그 언어의 이면은 더욱 많은 상처로 얼룩져 있다. 그 상처는 개체의 일상적 경험, 가족사, 공동의 근현대사에 걸쳐 폭넓게 각인되어 있다.

> 명사에는 진실이 없다

진실은 동사로 이루어진다
신이나 진리를 명사로 가두지 마라

—「눈」 부분

움직이지 않는 자는 다치지 않는다. 이재무는 명사가 아닌 동사의 시를 쓴다. 그는 움직이고, 생성하고, 번성하며, 넘쳐흘러 세계와 부딪힌다. 저항하지 않는 자에게 검열이란 없다. 시스템은 움직이지 않는 자를 먼저 공격하지 않는다. 통념은 보호색의 명사 안에 갇혀 있다. 통념은 상처받지 않는다. 오직 짐승의 언어만이 정상성normality을 비웃으며 상처를 자처한다.

나는 오늘도 한 인간을 죽였다
사는 동안 얼마나 더 인간을 죽여야 할까?
매번 이것이 마지막이라 다짐하지만
결의를 무위로 돌리는 인간이 나타나
철옹성 같은 각오와 인내를 굴복시킨다
사람이 아닌 인간을 죽인 피 묻힌 손으로
시를 쓰고 밥을 먹고 술잔을 잡고 기도를 올린다
…(중략)…
인간을 죽인 날은 죽은 자들보다
내가 더 아프고 괴로웠다
…(중략)…
죽음을 저지를 때마다 죽음은 나를 훈육한다

—「악몽」 부분

이재무의 상처는 세계와의 불화에서 비롯된다. 불화는 퇴행을 용납하지 않는 정신에서 발생한다. "사람" 종이 "인간" 종으로 바뀔 때, 그는 세계와 불화한다. "인간"이 다시 "사람"으로 격상되기를 소망하지 않는 자는 분노하지 않는다. 그는 "사람"이기를 포기한 "인간"과 싸우며 상처받는다. 그에게 상처는 고통스러운 "훈육"이다.

> 그러나 수상한 세월은 내 꿈을 앗아갔다.
> 나는 내 뜻과 상관없이 살아왔다.
> 이러구러 시간은 살같이 흘러
> 어느새 하산의 생을 살고 있는 나는,
> 분노를 학습시킨 서울시 주민이 되어
> 조석으로 한강 변을 걷고 있다.
> 어릴 적 내가 단 한 번도 상상한 적이 없는
> 운명에게 멱살을 잡힌 채 살아가고 있는 것이다.
> ─「운명」부분

앞의 시에선 "훈육"이, 이 작품에서는 "학습"이라는 단어가 나온다. 그의 "몸의 굴 속 웅크린 짐승"은 그와 세계의 관계가 훈육/전복의 관계라는 것을 안다. 코드는 개체의 일탈을 용납하지 않으며 개체를 그것의 문법에 가장 잘 맞는 것으로 만든다. 일탈은 코드에 대한 도전이므로, 코드 안의 모든 개체는 코드의 관습에 의해 철저하게 "훈육"되고 "학습"된다. 나이 들어 "하산의 생을 살고 있는" 화자는 자신의 "분노"가 철저하게 "학습" 당했으며, "멱살 잡힌 채" 끌려온 것이라는 자각을 한다. 그가 그것을 "운명"이라 부를 때, 우리는 규범과 통념과 코드의 무섭고도 막강한 힘을 본다.

> 아버지로부터 도망 나와

아버지를 지우며 살아왔지만
문신처럼 지워지지 않는 아버지
몸 깊숙이 뿌리내린,
캐내지 못한 아버지
여태도 나를 입고 사신다
아버지로부터의 도피
아버지로부터의 해방
나는 평생을 꿈꾸며 살아왔으나
나는 여전히 아버지의 식민지
불쑥, 아버지 튀어나와
오늘도 생활을 뒤엎고 있다

—「아버지」부분

무릇 시의 '다의성'을 이해하는 독자라면 이 작품의 아버지를 단지 생물학적 아버지로만 읽지는 않을 것이다. 그것은 생물학적 아버지이면서 동시에 초자아이고 통념이며 시스템의 문법이다. 그것은 상징계를 지배하는 '대문자 아버지의 법칙Father's Law'이라 불러도 무방하다. 이렇게 읽을 때, 이 시의 의미 폭은 훨씬 더 넓어진다. 몸의 언어는 오이디푸스의 언어이다. 그것은 아버지의 언어, 독재, 독점, 권력, 권위, 폭력, 가부장의 언어에 저항한다. 몸의 언어는 아버지의 학습과 훈육을 거부하며, 그것으로부터 가능한 한 멀리 벗어나기를 원한다. 그렇게 볼 때, 이 작품은 처절한 자기반성을 보여준다. 화자는 아버지를 거부하고 아버지로부터의 해방을 꿈꾸었으나 현재의 자신이 여전히 "아버지의 식민지"임을 발견하고 경악한다. 그것은 마치 혁명을 외치다가 자아와 초자아의 검열 몽둥이에 고분고분해진 무의식처럼 처참하다. 이 대목에서 "괴물과 싸우는 사람은 그 싸움의 과정에서 괴물이 되지 않도록 조심해야 한다. 네가 심연을 오랫동안 들여다본다면, 그 심연 또한 너를 들여다볼 것이기 때문이다."는 니체의 전언은 유용하다. 시스템은 무의식의 전복 운동을 그냥 놔두지 않는다. 욕망이 통념의 심연을 들여다볼 때, 통념도 욕망의 심연을 들여다본다. 그러므로 아버지의 법칙과 싸우는 일은 절대 녹록하지 않다. 시스템은 전복의 욕망, 해방의 무의식을 "뒤엎고" 있는 청동 지붕이다. 이재무의 몸-주체와 몸-언어는 불통의 청동 지붕에 끊임없이 머리를 부딪친다. 그 아픈 울림, 패배의 메아리, 조종弔鐘 속 생명의 소리가 이재무의 시다.

파열의 언어
— 포루그 파로흐자드

압바스 키아로스타미 감독의 영화 〈바람이 우리를 데려다 주리라〉를 보다가 우연히 이란 시인 포루그 파로흐자드(Forugh Farrokhzad 1935~1967)를 만났다. 영화의 제목은 파로흐자드의 동명의 시에서 따온 것이다. "페르시아 문학 천년 역사에서 가장 중요한 여류 시인"(샤피 카드카니), "20세기 페르시아 시의 정점"(카리미 하카크)이라 불리기도 하는 파로흐자드의 시는 아마도 이 영화를 통해 국내에 처음 알려진 것 같다. 이란 시인이므로 그의 시를 읽으려면 번역본이 필요한데, 다행히 그의 시선집이 이미 한국어로 번역되어 있다. 나로서는 원문과의 대조가 불가능한 상황이라 장담할 수는 없지만, 번역이 매우 자연스러워서 외국 시를 읽는다는 느낌이 거의 들지 않는다.

덕분에 모처럼 좋은 시들을 읽었다. 그런데 '좋은 시'란 어떤 시인가. 한마디로 말해 현상과 본질의 경계에서 '깔짝대는' 시는 좋은 시가 아니다. 좋은 시는 뻔한 윤리로 포장하지 않는다. 규범과 공리公理, axiom의 실내 수영장에서 헤엄치며 위태로운 바다 이야기를 할 수는 없다. 좋은 시는 상징계the Symbolic의 극단에서 자신을 찢으며 실재계the Real로 몸을 던진다. 기표가 실재 아래에서 끊임없이 미끄러질 때, 아버지의 법칙 Father's Law을 거부하며 기표 밖으로 몸을 삐쭉 내미는 것, 그리하여 죽음의 바람을 느끼는 순간, 좋은 시는 온다. 좋은 시는 이런 점에서 상식과 금기를 넘어 극단까지 자신을 몰아붙이는 시이다. 랭보의 『악의 꽃』에서도 우리는 이런 '반란'을 목격한다. 그 추악하고 더러운(?) 목소리에 사람들은 전율하지 않을 수 없다. 『도덕의 계보학』에서 니체가 말한 것처럼 '유용성utility'을 넘어 "단순하고, 씁쓸하며, 추하고, 역겨우며, 비종교적이고, 비도덕적인" 진리들도 있다. 시인은 착하고, 비非이기적이며, 윤리적인, 그리하여 고분고분 말을 잘 듣는 범생이가 아니다. 시인은, 검열을 거친 후 의식의 표면에서 아무런 소음도 없이 유통되는 담론에 다시 딴지를 거는 자이다. 진리는 그런 면에서 이성의 밝은 태양이 아니라, 욕망의 음습한 늪 속에 있다. 아무도 그 어둠을 들여다보려 하지 않는다. 그러나 시인이 하수구 같은 인간의 바닥을 직시하며 그것을 끄집어 올릴 때, 우리는 파열의 언어를 만난다. 고통과 절망을 경유하지 않고 진리의 정거장에 도달할 수 없다. 「전도서」의 말대로 "지혜로운 사람의 마음은 초상집에 가 있고 어리석은 사람의 마음은 잔칫집에 가 있다."

> 나는 기억해 내리라
> 한때는 내 두 손에서 피에 물든 시가
> 뜨겁게 타오르던 것을
>
> ―「훗날」부분

"피에 물든 시"는 시인이 상징계에서 실재계로 건너뛰는 지점에서 발생한다. 시인이 그렇게 몸을 던지는 순간, 실재계는 시인에게 죽음을 선사함으로써 자신에게 다가오는 것을 불가능하게 한다. 그러므로 시

는 시인이 상징계의 마지막 문턱인 죽음(=막판의 사유)과 마주치는 순간
에 온다. 한 경계에서 다른 경계로 뛰어넘는 그 찰나에 시는 피로 물든
다. 파로흐자드의 시에 사람들이 몸을 떠는 것은 그가 이 사투 속에서
시를 쓰기 때문이다.

> 심장의 불로 이 폐허를 밝히는
> 나는 촛불
> 그 불을 끄리라 마음먹는 순간
> 이 둥지는 무덤으로 변하리라
>
> ―「포로」부분

시인은 세계의 "폐허"를 목숨("심장")으로 밝힌다. "그 불"을 끄는 순간
시인은 상징계의 "포로"에서 벗어나지 못한다. 대타자the Other의 법칙에
갇힌 채 "심장의 불"을 끌 때, 세계는 "무덤으로 변"한다.
파로흐자드의 시에는 죽음이 넘쳐난다. 그는 이란의 가부장제와 싸
웠고, 버림받았고, 32세의 나이에 자동차 사고로 죽었다. 그는 상징계
의 끝에서 자유를 외쳤고, 사랑으로 폐허를 덮으려 하였으나, 스스로 폐
허가 되었다.

> 오, 순박한 밤이여, 안녕
> 야생 늑대의 눈들을
> 신앙과 믿음의 뼈 가득한 동굴과 바꾼 밤이여, 안녕
> 당신의 강가에서는 버드나무 영혼들이
> 도끼들의 친절한 영혼 냄새를 맡고 있다
> 나는 생각과 말과 소리에 무관심한 세상에서 왔다
> 그리고 이 세상은 뱀들의 소굴 같다

―「추운 계절의 시작을 믿어 보다」부분

파로흐자드는 남성 중심의 이란 사회에서 히잡hijab 아래 억압되었던 성적 욕망을 고통스럽게 표현하였고, 통념에 저항하였으며, 절망과 죽음을 오랜 친구처럼 몰고 다녔다.

낮인가 밤인가
아니다, 친구여
이것은 영원한 황혼
두 개의 하얀 관 같은
두 마리 비둘기가 바람을 가로지르고

…(중략)…

나는 좌절에 대해 생각한다
검은 바람의 약탈에 대해
밤마다 창문에서 기웃거리는
의혹 가득한 빛에 대해
그리고 갓난아기처럼 작은 무덤에 대해
―「영원의 황혼 속에서」부분

상황에 따라, 싸워야 할 통념과 규범은 다르다. 파로흐자드가 이란의 대타자와 싸웠다면, 다른 시인들은 저마다 상이한 상징계의 거대한 팔루스Phallus들을 가지고 있다. 그것을 뛰어넘는 싸움이 없을 때, 시는 클리셰cliché로 전락한다. 클리셰로 전락한 기표들은 시가 아니라 상징계의, 흔해빠진, 텅 빈 무덤들이다. 시인은 텅 빈 무덤들의 연쇄 속에서

"영원한 황혼"을 읽는다. 시인은 '영원한 황혼'이 영원한 가치로 굳어지는 것을 거부한다. 세계는 '영원한 황혼'이 만드는 "작은 무덤"들로 가득하다. 시인이 구하는 것은 무덤의 피안彼岸에 있는 푸르른 생명이다.

> 오, 머리부터 발끝까지 온통 푸르른 이여
> 불타는 기억처럼 그대의 손을
> 내 손에 얹어 달라
> 그대를 사랑하는 이 손에
> 생의 열기로 가득한 그대 입술을
> 사랑에 번민하는 내 입술의 애무에 맡겨 달라
> 바람이 우리를 데려다 주리라
> 바람이 우리를 데려다 주리라
> ―「바람이 우리를 데려다 주리라」 부분

주체가 세계의 무덤을 거부하고 "머리부터 발끝까지 온통 푸르른 이"를 찾을 때, 요지부동의 상징계는 주체에게 죽음으로 협박한다. 왜냐하면 "나와 너의 도시는 이미 악마의 둥지가 된 지 오래"(「너를 위한 시―미래를 희망하며 내 아들 컴여르에게」)이기 때문이다. 같은 시에서 파로흐자드는 "나는 검은 문에/고통으로 얼룩진 이마를 부볐다"고 고백한다. "내 분노의 불꽃이 날아오르는 곳/아, 아프게도 그곳은 캄캄한 감옥"이라고 말한다. 시인은 스스로 이 "캄캄한 감옥"에 들어가 "고통으로 얼룩진 이마" 부비는 자이다. 편안한 시, 안락한 시, 장식의 시, 취미의 시들이 너무 많다. 이제 시는 시의 무덤들 사이를 지나야 하는 쓸쓸한 운명에 처해 있다. 저 무덤들 사이에서 어떻게 "머리부터 발끝까지 온통 푸르른" 시를 쓸까. 상징계의 마지막 절벽까지 자신을 몰고 가서 실재계로 건너뛰는 순간, 파열의 언어가 빛난다. 그것이 시다.

상징계에서 살아남는 법
― 권혁웅論

　권혁웅은 언어가 현실을 있는 그대로 재현한다는 판타지를 믿지 않는다. 언어가 현실의 거울이라는 미신을 거부하므로 그는 거울상 단계의 먼 요람을 그리워하지도 않는다. 그는 마치 언어의 감옥에서 일거에 뛰쳐나온 "마징가 Z"처럼 경쾌하다. 그는 상징계의 제왕에게 실재계로 건너가는 방법을 알려달라고 구걸하지 않는다. 불가능한 것을 불가능한 방법으로 애면글면 해결하려고 징징거리는 것이야말로 권혁웅 시인에게는 수치이다. 그렇다고 해서 그는 먼 섬나라의 낭만주의자들처럼 현실을 버리거나 그것으로부터 도망치지도 않는다. 엄연히 존재하는 객관적 현실에 시뮬라크르의 딱지를 붙이며 호들갑을 떨지도 않는다. 말하자면, 그는 현실을 현실대로, 기호의 세계를 기호의 세계대로 인정한다. 현실은 거부할 수 없는 실물이므로 그는 결코 그곳을 떠나지 않는다. 기호 지배의 상징계에서 살아남으려면 기호의 속성과 상징계의 법칙을 누구보다 잘 알아야 한다. 감옥에 갇혀서도 유쾌하게 잘 살려면, 우선 감옥의 규칙을 잘 알아야 한다. 간수와 죄수들에게 허락된 동선, 창살의 구조, 햇빛이 들어오는 길, 감시의 스펙트럼, 죄수라는 기호들 사이에 의미가 발생되는 방식 등을 잘 알아야 감옥을 "자기만의 방"으로 만들 수 있다. 그는 현실에서 야만과 굴욕을 읽고, 왜곡과 감시의 기호들을 거꾸로 이용해 현실을 (재현이 아니라) 재생산한다.

> 집주인이 2년 만에 엄마더러 나가라고 했다
> 계약갱신청구권? 그런 거 다 휴짓조각이라고
> 자기가 들어와 살 거라고
> 이사 나가는 날, 마스크 쓰고 들어와 휘 둘러보더니
> 화장대 위에 못 박은 자리 하나를 짚었다
> "사람이 말이야, 남의 집 살면서⋯⋯"
> 그예 벽지 긁힌 값 20만원을 받아갔다
> 엄마야 누나야
> 난 지금도 날마다 부동산 사이트를 검색해본다
> 집주인이 정말로 자기 집에 들어와 사는지 보려고
> 엄마도 누나도 나도 집은 성북구
> 내 직장은 성동구
> 말하자면 우리 일가는 카프카처럼
> 성城에는 끝내 들어가지 못한 셈인데
> K는 바둑의 축머리 같은 것일까
> ⋯(중략)⋯
> 그런데 그레고르의 부모와 여동생은 그 벌레가
> 자기 아들이거나 오빠라는 걸 어떻게 알아보았을까
> 엄마, 부르며 다가오는 거대한 다지류多肢類는
> 집주인 같았을까
> 엄마야 누나야

새로 이사한 집에서 등우량선_{等雨量線}을 그으면
장롱 뒤 벽을 타고 창문으로 넘어간다
도둑 같다, 목 아래가 보이지 않는다
"나는 지금 모든 불안에도 불구하고 내 소설에 매달리고 있
다. 마치 동상의 인물이 먼 곳을 내다보면서도 그 동상의 받침
대에 의지하고 있는 것처럼."*
시 쓰는 동안에만 목 위가 살아있는
이 거북목의
실존처럼
지문에는 물과 약간의 염화나트륨과
아미노산, 요소, 암모니아, 피지가 섞여 있다
2년 안에 집주인은 자기 집 게이트맨에
아미노산과 피지를 묻혀야 한다
그렇지 않으면 내가 도둑같이 임하리라
요는 그때까지 내가 기다릴 수 있을 것인가다
그레고르의 가족이 소풍 갈 날을 기다리듯
엄마야 누나야 그런데 우리,
강변 못 산다
강 조망권 있는 집은 너무 비싸다

*카프카의 일기, 1912년 5월 9일

―「엄마야 누나야 카프카야」부분

이 시의 앞부분은 세입자와 집주인 사이에 벌어지는 야만과 굴욕의 서사이다. 그러나 그는 이런 현실의 정동affect에 말려들지 않는다. 그에게 있어서 센티멘털리즘은 패배의 증표이기 때문이다. 그는 짐승 같

은 현실을 슬쩍 떠나 카프카의 텍스트들을 끌어들인다. 그는 화자의 가족과 소설 『성城』의 K와 『변신』의 그레고리 가족을 환유적으로 중첩시킨다. 이 인접성에 토대한 상호텍스트성의 전략 덕택에, 현실은 텍스트로, 텍스트는 현실로 환치된다. 현실을 텍스트화함으로써 그는 굴욕의 정념(혹은 감상)에서 벗어나고, 텍스트를 현실화함으로써 그는 텍스트에 실물성을 부여한다. 마지막 세 행 역시 '엄마야 누나야 강변 살자'는 동요를 상호텍스트화함으로써, 동요의 나이브한 서정성(이제 그런 시대는 끝났다!)을 거부하고, 현실에 유머의 창틀을 끼워 신파의 함정에서 벗어난다.

예수가 미래의 직업을 예견했다는 걸 아십니까?
이르시되 나를 따라오너라
내가 너희로 사람을 낚는 어부가 되게 하리라 (『마태복음』 4장 19절)

[Web 발신] 엄마 나 폰 액정 나가서 매장에 수리 맡기러 왔어 이 번호는 잠시 사용하는 거라 문자만 가능해 나 부탁 하나 해도 될까
분유도 못 뗀 애가 언제 한글을 뗐니
폰은 언제 산 거니, 자동이체 걸어둔 통장은 아빠 거니
너는 나를 보고서야 믿느냐 보지 않고 믿는 사람은 복되도다
(『요한복음』 20장 29절)
공자가 열평형 상태에 이른 사회를 목표로 제시했다는 것은요?
남이 알아주지 않아도 열 내지 않으면 군자가 아니겠는가?
(『논어』 「학이편」)
뒷목 잡고 내리는 앞차의 운전자여 그리고 동승자여

나란한 유붕有朋이여, 먼 데에서 와서 먼 데로 가는 여행자여
길에서 듣고 길에서 말하면 덕을 버리는 짓이다 (『논어』「양
화편」)
장자는 사물인터넷의 원리를 제시했지요
사물은 저것 아닌 것이 없고 이것 아닌 것도 없다 (『장자』「제
물론」)
―「4차 산업혁명 위원회」부분

이 작품이야말로 기호의 속성을 잘 아는 시인이 상징계의 규칙을 자유자재로 '가지고 노는' 모습을 보여준다. 그는 누구보다도 기표/기의 관계의 자의성arbitrariness을 잘 알고 있다. 그에게 재현representation의 논리는 먼 구석기 시대의 유물이다. 그는 상징계의 법칙을 역으로 이용하여, 기표가 얼마나 많은 기의의 리좀rhyzome들을 주렁주렁 매달고 있는지 잘 보여준다. 그는 무한대의 기의를 개구리 알처럼 까놓는 기표의 증식력에 기죽지 않는다. 그는 그런 기호의 속성을 전략적으로 이용하여 현실을 건드린다. 이런 작업을 통해 현실은 기호로, 기호는 현실로 스며든다. 상징계가 사물의 세계와 '무관하게' 기호들 사이의 관계와 차이에 의해 의미를 생산한다는 언어학의 신화를 그는 깡그리 무시한다. 말하자면, 그에게 있어서는, 기호도 사물이고, 세계이며, 현실이다. 그러므로 권혁웅 시인에게 있어서 현실과 기호는 '따로'가 아니라 '따로 또 같이'이다. 위 시에서도 그의 무기인 유머 전략은 여지없이 등장한다. 그는 질질 짜면서 현실과 기호의 제왕에게 굴복하는 것을 혐오한다.

이야기는 가상의 땅 이스테로스Easteros에서 벌어지는 일곱 왕국Seven Kingdom의 전쟁과 휴전, 동맹과 배신의 이야기다 일곱 왕국은 다음과 같다

동쪽 바다를 지배하는 트럼프 가문의 문장紋章은 파를 든 거대한 오리이며, 가언家言은 '화염과 분노Fire and Fury'이다 수도에는 트럼프 타워라 불리는, 자본으로 쌓아올린 높은 탑이 있어 이 이름으로 수도 이름을 지었다 왕은 매드 킹The Mad King이라 불리는데 의외로 제정신이란 이야기도 있다

서쪽 대륙의 지배자는 시Xi 가문이다 표의문자를 쓰는 나라답게 단음절로 말하길 좋아하며, 문장은 쿵푸를 하는 팬더다 유목민족들에게 오래 지배를 받았으나 이를 머릿수로 극복해 마침내 그들 전부를 백성으로 삼았다 장사에 능하여 허리띠만 졸라매면 어디든 판로를 개척할 수 있다 하여 가언이 '허리띠 하나에 길 하나One belt, one road'다

북쪽의 지배자는 '벽 너머의 왕'이라 불린다 쇄국을 오래 해서 스스로 쌓은 벽 안에 숨은 지 수 세기가 흘렀다 말과 제도가 조금씩 달라져서 이 나라 백성을 아더Other라 부른다 최근 왕위에 오른 화이트마운틴 3세는 '멀다고 말하면 안 된다Don't say it's far away'는 성명을 내어 대외개방을 천명하였다 가언은 '겨울이 가고 있다Winter is Going'이다

남쪽의 지배자는 지루박 1세에서 지루박 2세로 이어지는 동안 여섯 왕을 더 거쳤는데, 그들은 지루박 1세의 부하(그는 '솔직한 학살자'Bald Slayer라 불린다), 그 부하의 친구(그의 별명은 '물귀신'이다), 그 친구에게 항복한 경쟁자(그는 숫자로 자기 이름을 불렀다), 그 경쟁자의 경쟁자(그의 영혼은 위로 받으시

라), 그 경쟁자의 후계자(그의 영혼은 위로 받으시라), 근본을 알 수 없는 장사꾼(그는 사기와 협잡으로 왕위에 올랐다)이다 머리는 빌리면 된다고 큰소리쳤던 선왕이 실정을 거듭해 강철 은행에서 고리대금을 써야 하는 처지에 몰리자, 두 명의 선군이 잇달아 일어나 나라를 구했다 그러나 뒤를 이은 장사꾼 왕이 국고를 비워 사고를 채웠다 다스 1세(장사꾼 왕의 이름이다)와 지루박 2세의 치세에 나라에 변고와 우환이 그치지 않았다 마침내 백성이 들고 일어나 폭군들을 자리에서 끌어내렸다 그동안 가문이 바뀜에 따라 문장도 가언도 여러 차례 변했다 지금의 문장은 종이컵에 담긴 촛불이며 왕은 촛불왕The Candle King이라 불린다 가언은 '나라를 나라답게Country as a Country'이다
―「왕좌의 게임―세븐 킹덤」 부분

이 작품도 실물의 역사를 기호로 '재생산'하는 시인의 기술을 잘 보여준다. 그는 상징계의 법칙에 구속당하지 않고, 그것을 역이용하여 현실을 끌어들인다. 그는 현실과 기호를 용접하는 기술자이다. 문학이 재현인 시대는 끝났다. 재현은 투명한 매체로서의 언어에 대한 환상을 가진 자에게만 실재한다. 권혁웅은 언어가 평면거울이 아니라 찌그러진 거울 혹은 깨진 거울(테리 이글턴Terry Eagleton)이라는 사실을 누구보다 잘 알고 있다. 그는 왜곡의 프리즘(r기호) 안으로 현실을 끌어들여 언어의 제국에서 쫓겨난 현실을 다시 살려낸(재구성한)다. 말하자면, 그는 상징계의 법칙을 준수하면서 상징계에서 살아남는 법을 궁구하고, 언어의 감옥에서 '자기만의 방'을 만드는 시인이다. 그는 그것을 울면서 하지 않고 유쾌하게 한다. 이것이 재현이 아니라 생산하는 자의 자긍심이다.

복수적 주체의 서정시
―루이즈 글릭

1.

2020년 〈노벨문학상〉은 미국 시인 루이즈 글릭(Louise Glück; 1943~)에게 돌아갔다. 루이즈 글릭은 지금까지 열두 권의 시집과 한 권의 시 선집을 출판하였으며, 퓰리처상, 볼링겐 상Bollingen Prize 등 유력한 문학상들을 받았을 뿐만 아니라, 2003~4년엔 미국의 계관시인이기도 했다. 그러나 세계 문학의 단위에서 볼 때 루이즈 글릭은 널리 알려진 시인이 아니었고, 그래서 그녀의 〈노벨문학상〉 수상은 문학 애호가들에게 상당히 놀라운 소식으로 다가왔다. 스웨덴 한림원은 그녀가 "꾸밈없는(소박한) 아름다움을 갖춘 확실한 시적 목소리로 개인적 존재를 보편적인 것으로 만든다."라고 평가했다. 모더니즘과 포스트모더니즘의 온갖 세련된 실험을 통과해온 현대 세계 문학의 추세로 볼 때, 심사위원들이 "꾸밈없는(소박한) 아름다움"에 주목한 것도 새삼 놀랄 만한 일일 수 있다. 물론 〈노벨문학상〉이 문학에 대한 평가의 절대적인 기준은 아니지만, 루이즈 글릭에 대한 이런 찬사는 문학을 대하는 한 가지 유구한 원칙이 세계 문학 마당에서 여전히 유효함을 확인해준다. 그것은 바로 예술 형식을 그 자체가 아니라 진정성의 표현을 위한 매개medium라는 각도에서 읽는 것이다. 따라서 아무리 새롭고 세련된 형식일지라도 '진정성이 없는 꾸밈'은 훌륭한 예술이 아니라는 '상식'이 여전히 통용되고 있음을 알 수 있다.

루이즈 글릭의 시들은 한림원의 평가대로 실험적이라기보다는 소박할 정도로 장식이 없다. 그러나 그녀의 작품들은 고통과 욕망으로 점철된 인간의 삶을 정확하게 포착하여 독자들의 정념을 찌른다. 그녀는 특히 삶의 고통에 매우 민감한데, 이는 널리 볼 때, 그녀의 개인사와 무관하지 않다. 그녀는 자신이 태어나기 전에 죽은 언니에 대한 강박적 사유의 소유자였으며, 고등학생 때에는 거식증으로 정상적인 학교생활을 할 수 없었고, 그로 인해 근 7년간에 걸쳐 정신과 치료를 받았다. 뒤늦게 고등학교를 졸업한 이후에 그녀는 사라 로런스 대학Sarah Lawrence College과 콜롬비아 대학Columbia University을 다녔지만, 그것도 비학위 과정의 시 창작 관련 강좌와 워크숍에 참여한 것이 전부였다. 1980년, 그녀의 세 번째 시집 『하강하는 형상Descending Figures』이 나온 해에는, 화재로 집이 전소되기도 했다. 그녀의 시들은 대부분 개인적 삶의 경험과 기억에서 시작되는데, 이는 그녀의 이런 고통스러운 개인사와 일정한 연관이 있다. 그녀의 시들은 대부분 일인칭으로 이루어져 있으며, 겉으로 보기에는 일종의 자기 고백처럼 들리기도 하고, 그리하여 종종 '자서전적'이라는 평가를 듣는다.

내가 말해줄게, 그것은 달이 아니야.
마당을 비추는 것은
이 꽃들이야.

나는 그것들이 몹시 싫어.
나는 그것들이 섹스처럼 너무 싫어
내 입을 밀봉하는
남자의 입, 마비시키는
남자의 몸—

그리고 항상 달아나는 비명
그 저급하고, 굴욕스러운
결합의 약속—

오늘 밤 내 마음속으로
나는 듣지, 질문과 추구하는 대답을
하나의 소리 속에 섞인
오르고 또 오르고 나서
낡은 두 개의 자아로 쪼개진
피로에 지친 적대감들을. 당신은 보여?
우리는 농락당했어.
그리고 가짜 오렌지 나무 향기가
창문을 통하여 떠다니지.

내가 어떻게 쉴 수가 있겠어?
내가 어떻게 만족할 수가 있겠어
세상엔 여전히
그 냄새가 있는데?
—「가짜 오렌지 나무(고광나무)」전문(오민석 역. 이하 같음)

이 작품은 페미니즘 관련 시선집anthology들에 단골로 실리는 시들 중의 하나이다. 이 시의 원어 제목은 "Mock Orange"인데, 우리말로 '고광나무'이다. 그러나 '고광나무'로 번역하면 이 시의 의미가 제대로 전달되지 않는다. 원어의 뉘앙스를 살려서 옮기면 "Mock Orange"는 '가짜 오렌지 나무'라 해야 더 좋다. 오렌지 나무처럼 생겼고 향기로운 꽃냄새를 자랑하지만, 실제로는 오렌지 열매가 열리지 않는 나무라는 말이다. 이 시의 화자는 이런 '가짜 오렌지 나무'에 빗대어, 사랑이 없는 이성 간의 "섹스"에 대한 반감을 노골적으로 '고백'한다. 여성으로 짐작되는 화자에게 남성의 몸은 여성-존재를 "밀봉"하고 "마비시키는" 것으로 묘사된다. 여성의 몸이 "농락" 당하는 이런 현실은 "가짜" "냄새"가 지배하는 세계이다.

루이즈 글릭은 이렇게 개인의 정념을 노골적으로 드러내는 일인칭 화자를 주로 동원하기 때문에, 1950년대 말에서 1960년대 말에 미국에서 유행했던 고백 시confessional poetry의 전통을 이어받고 있는 시인으로 종종 오해받기도 한다. 게다가 그녀는 주로 '나'의 느낌에 대하여 말하는 서정시의 오래된 전통 속에 서 있다. 니체의 말대로 "서정 시인은, 모든 시대의 경험에 따르면, 항상 '나'를 말하고, 자기의 열정과 욕망의 반음계 모두를 우리 앞에서 부른다."(『비극의 탄생』) 그러므로 서정시는 늘 주관적 자기 고백이라는 한계 혹은 함정을 가지고 있다. 그러나 루이즈 글릭의 특징과 성과는 자전적인 서정시로 "개인적인 존재를 보편적인 것"을 만드는 데에 있다. 그녀의 고백은 주로 고통과 상실의 개인적인 경험에서 나오지만, 그 고백은 개인사로 끝나지 않고 보편적인 것으로 전화된다. 헬렌 벤들러Helen Vendler는 그녀의 시들이 "반론의 여지없이 개인적이면서도, 완곡하고도 신중하게 일인칭 '고백'에 대한 대안을 제시한다."라고 지적한다.

2.

그렇다면 루이즈 글릭은 서정 시인을 자처하면서도 어떻게 자기 고백의 주관성이라는 서정시의 한계에서 벗어나는가. 마이클 로빈스 Michael Robins는 글릭의 시가 실비아 플래스Sylvia Plath 혹은 존 베리맨John Berryman의 고백 시와 달리 "사적인 것의 픽션fiction of privacy에 의존한다." 라고 말하는데, 여기에서 주목할 것은 '픽션'이라는 용어이다. 글릭의 일인칭 화자는 글릭이 고안해낸 인위적 장치로서의 '픽션'이다. 이론적으로 볼 때 시인과 서정시의 화자를 동일시해서는 안 되지만, 실제로 대부분의 서정시에서 화자는 시인 본인과 일치하는 경우가 많다. 그러나 루이즈 글릭의 시에서 "나"는 단수가 아니라 복수이다. 그녀의 일인칭 화자는 본인뿐만 아니라, 자연물, 정원사, 신적인 존재, 화가 등 무수한 '복수적 주체plural subject'들로 이루어져 있다. 그녀는 주체를 하나가 아닌 무수한 것들로 대체함으로써, 일인칭 화자의 목소리를 다성화多聲化한다. 한마디로 말해, 그녀의 일인칭 화자는 탈중심화된 주체이다. 그녀는 초점이 잘 잡힌 주체의 단일성을 인정하지 않는다.

  내 말을 듣지 마세요; 내 가슴은 상처투성이거든요.
  나는 어느 것도 객관적으로 보지 못해요.

  난 나 자신을 알아요; 나는 정신과 의사처럼 듣는 법을 배웠어요.
  내가 열정적으로 말할 때,
  그때가 바로 내가 가장 신뢰받지 못할 때에요.

  정말로, 매우 슬퍼요; 나는 평생 칭찬을 들어왔어요

내 지성에 대해, 나의 언어 능력과 통찰력에 대해서 말이지
요.
결국엔, 다 낭비되고 말았지요—

난 나 자신을 결코 보지 못해요,
현관 계단에 서서, 내 언니의 손을 잡고서도 말이에요.
그것이 바로 내가, 소매가 끝나는 곳
그녀의 팔목에 난 상처를 설명할 수 없는 이유예요.

내 마음속에서, 나는 보이지 않아요: 그것이 바로 내가 위험
한 이유예요.
나 같은 사람들, 자아가 없어 보이는 사람들,
우리는 불구자들, 거짓말쟁이들이에요;
우리는 진실을 위하여
인수분해 되어야만 하는 사람들이에요.

내가 조용할 때, 그때가 진실이 떠오르는 때에요.
맑은 하늘, 흰 섬유질 같은 구름들.
그 아래에, 작은 회색 집, 빨간 그리고 연분홍색의
철쭉꽃들.
—「신뢰할 수 없는 화자」 부분

이 작품에서 보듯이 글릭에게 있어서 서정시의 주관적 주체는 "신뢰할 수 없는 화자"이다. 시인이 "상처투성이"이거나 "열정적으로 말할 때"일수록 주관성은 더욱 강화된다. 그런 "나는 어느 것도 객관적으로 보지 못"한다. 주관적 주체는 "지성"과 "언어 능력"과 "통찰력"을 "낭비"

한다. 루이즈 글릭은 그런 주체들을 "불구자들, 거짓말쟁이들"이며 따라서 "인수분해 되어야만 하는 사람들"로 지칭한다. 그녀가 볼 때 오히려 주관적 주체가 "조용할 때", "진실이 떠오"른다. 그리고 일인칭 화자를 사용하면서도 주관적 주체의 단성성單聲性에서 벗어나는 길은 주체를 탈중심화, 즉 "인수분해" 하는 것이다.

글릭은 일인칭 화자에 다양한 목소리들을 집어넣음으로써 "나"의 초점이 아니라 복수적 주체의 시각으로 세계를 읽는다. 이런 특징은 루이즈 글릭의 전체 시세계를 지배하지만, 특히 퓰리처상 수상작인 여섯 번째 시집 『야생 붓꽃The Wild Iris』(1992)에서 집중적으로 드러난다. 이 시집은 정원의 다양한 식물(꽃)들에 대한 관찰을 통하여 삶과 죽음, 그리고 재생의 문제들을 다루고 있는데, 이 시집을 출판한 후에 "(내가) 원예사도 아닌데, 원예에 대해 수많은 질문을 받았다."라고 고백할 정도로 꽃과 원예에 대해 전문가 수준의 지식을 보여준다. 이 시집에서 일인칭 화자는 '나'뿐만 아니라, 자연(다양한 정원의 식물들), 정원사, 신적인 존재들의 목소리를 들려준다.

내 고통의 끝에는
문이 있었어.

내 이야기를 끝까지 들어줘: 당신이 죽음이라 부르는 것을
나는 기억해.

내 머리 위에는, 소음들, 소나무 가지들의 일렁이는 소리.
그리곤 아무것도 없지. 나약한 태양은
메마른 땅 위에서 깜박거리지.

어두운 대지에 묻힌
의식으로
생존한다는 것은 끔찍한 일이야.

그러더니 끝나버렸어: 당신이 두려워하는 것이,
영혼이면서 말할 수
없는 상태가, 갑자기 끝나버렸지, 뻣뻣한 대지는
약간 굽었지. 그리고 내가 새라고 여기는 것들이
키 작은 관목들 속으로 휙 뛰어들었어.
―「야생 붓꽃」 부분

이 시의 '나'는 제목의 "야생 붓꽃"이다. 이 시의 일인칭 화자는 야생 붓꽃이 되어 죽음을 의식하며 사는 것의 아픔을 이야기한다. "어두운 대지에 묻힌/의식으로/생존한다는 것은 끔찍한 일이야"라는 고백이 바로 그것이다. 그러나 야생 붓꽃은 그런 고통의 끝에도 항상 출구가 있음("고통의 끝에는/문이 있었어")을 청자에게 말한다. 루이즈 글릭은 다나 레빈Dana Levin과의 인터뷰에서 "시란 입과 귀 사이의 소통"이라고 말했는데, 이 시에서 '입'은 "야생 붓꽃"이고, '귀'는 시인 자신, 독자들, 혹은 정원의 다른 꽃들이다. 시인은 '야생 붓꽃'이라는 타자를 일인칭 화자로 내세우면서 자신과 독자, 그리고 다른 꽃들에게 죽음을 넘어서는 생명의 힘에 관해 이야기하고 있다. 같은 시집의 다음 시를 보라.

태양은 빛나고; 우체통 옆, 갈라진 자작나무의 잎들은
지느러미처럼 접히고 주름져 있지요.
그 밑에는, 흰 수선화들, 아이스 윙즈, 캔터트리스의 텅 빈 줄기들;

야생 제비꽃의 검은 잎들. 노아가 말하기를
우울증 환자들은 봄을 아주 싫어한다네요, 내면과 외부 세계
의
이 불균형을 말이에요. 그래서 나는 다른
예를 들었지요—그래, 우울할 땐 그렇지, 그러나 어떤 의미로
살아있는 나무와 열정적으로 하나가 되면, 내 몸은
실제로 갈라진 나무 몸통 속에 웅크리고 앉게 돼, 거의 평화
롭게 말이지, 그리고
저녁에 비가 올 때는 거의 느낄 수 있어
수액이 거품을 물고 올라오는 것을: 그러자 노아가 말하네요
이것이 바로 우울증 환자들의 오류라고요,
나무와 자신을
동일시하는 것 말이에요, 반면에 행복한 가슴은
정원을 마치 떨어지는 이파리처럼 부유한다는 거예요,
전체가 아니라 부분의 형상으로 말이지요.

—「아침 예배」 전문

이 시에서 노아Noah는 시인의 실제 아들의 이름이고, 아이스 윙즈Ice Wings, 캔터트리스Cantartice는 흰 수선화의 다른 종류들이다. 『야생 붓꽃 The Wild Iris』에는 "아침 예배Matins"라는 동일 제목의 시들이 여러 편 나오는데, 이 시는 그중의 하나이다. 앞에서 인용한 시의 화자가 "야생 붓꽃"이었다면, 이 시의 화자는 시인이다. 이 시는 아들과의 대화를 통하여 자연을 대하는 두 가지 태도를 비교하고 있다. 이 시의 화자(시인)는 자연을 마치 마틴 부버M. Buber의 '나–너I-Thou'처럼 전유의 대상이 아니라 자신과 분리 불가능한 하나의 몸으로 대한다. 반면에 아들은 하나가 아닌 부분들의 집합으로 세계를 읽는다. 중요한 것은 앞의 시나 이 작품

이나 화자가 여전히 일인칭이라는 사실이다.

내가 너희를 만들었을 때, 나는 너희를 사랑했다.
이제 나는 너희들을 측은히 여긴다.

나는 너희에게 너희들이 필요로 하는 모든 것을 주었다:
대지의 침대, 푸른 대기의 담요—

내가 너희와 거리를 가질수록
나는 너희들을 더욱 분명히 보게 되지.
너희의 영혼은 지금쯤 엄청난 것이 되었어야만 해,
지금 너희의 모습,
조잘대는 작은 것들이 아니라—

나는 너희에게 모든 선물을 주었다,
너희가 어떻게 사용할 줄을 몰랐던 시간,
봄날 아침의 푸르름—
너희는 더 많은 선물을 원했다, 다른 피조물을
위해 예비된 선물까지.

너희가 무엇을 희망했든,
너희는 정원에서, 자라나는 식물들 안에서,
너희 자신을 발견하지 못할 것이다.
너희의 삶은 식물들의 삶처럼 순환하는 것이 아니거든:

너희의 삶은 새가 나는 것처럼

고요 속에서 시작해 고요 속에서 끝나지—
시작하고 끝난다, 메아리치는 모습으로
이것은 흰 자작나무에서
사과나무까지 둥글게 펼쳐져 있지.
　　　　　　　—「물러가는 바람」 전문

　마찬가지로 일인칭 화자인 이 시의 '나'는 신 혹은 신적인 존재이다. 그는 인간을 포함한 피조물들을 만든 존재로서, 자신이 만든 인간들에게 그들이 필요로 하는 모든 것을 주었고, 그들이 엄청난 존재가 되기를 기대했으나, "조잘대는 작은 것들"이 되어 "다른 피조물을 위해 예비된 선물"까지 탐내는 인간들을 동정하고 있다. 루이즈 글릭은 신을 일인칭 화자로 끌어들여 자신을 포함한 인류에게 할 말을 하고 있다.
　그렇다면 일인칭 화자를 이렇게 복수적 주체로 만드는 글릭의 전략은 무엇을 의도하고 있을까. 앞에서 말했다시피, 그녀는 일인칭 화자의 목소리를 다성화함으로써 주관적 독백이라는 서정시의 한계에서 벗어나고 있다. 그는 서정시의 극적 독백이라는 장치를 사용하여 한편으로는 진술의 '진정성'을 확보하면서, 다른 한편으로는 그 목소리를 다성화하여 진술의 주관성에서 벗어난다. 그리하여 그녀의 서정적 주체는 그녀의 시들을 자전적 고백을 넘어 보편성의 반열로 끌어올린다. 또한 그녀의 복수적 주체는 초점이 잘 잡힌 '통합된 주체unified subject'의 개념을 거부하고, 그 자리를 '분열된 주체split subject' 혹은 '탈중심화된 주체decentered subject'로 채운다. 이런 점에서 루이즈 글릭의 주체관은 포스트구조주의poststructuralism의 주체관과 유사하다. 그녀는 다원화되고 탈중심화된 주체의 앵글로 세계를 읽음으로써, 세계를 비결정성indeterminacy의 상태로 놔둔다. 이것이 그녀가 종교, 인종, 젠더 등의 다양한 주제들을 다룸에도 불구하고, 그녀의 시를 종교 시, 사회비판 시, 혹은 페미니즘 시라는 협애한 범주로 가둘 수 없게 만드는 요인이다.

3.

루이즈 글릭의 서정시가 갖는 또 다른 힘은 그것의 정확함과 간결함, 그리고 압축성에 있다. 미국 시인 크레이그 모간 타이처Craig Mrgan Teicher에 의하면, 그녀에게 있어서 "단어들은 항상 최소한만 사용되고, 어렵게 얻어지며, 낭비되지 않는다." 로라 퀴니Laura Quinney에 의하면, 그녀의 시는 "극심하도록 서정적인 압축"으로 이루어져 있다.

> 내 자리 건너편 기차 전체엔
> 거의 아무런 움직임이 없었지: 팔걸이 건너편엔
> 불모의 두개골을 가진 아저씨만이 있었고 아이는
> 제 엄마의 다리 사이에 머리를 처박고 잠들어 있었어. 독毒이
> 공기 대신 차지하고 있었지.
> 그리고 그들은 앉아 있었어—마치 죽음 이전의 마비가
> 그들을 그곳에 못 박기라도 한 듯이. 기차는 남녘으로 향했
> 지.
> 나는 그녀의 사타구니에 뛰는 맥박을 느꼈어……머릿니들이
> 그 아기의 머리카락 속에 뿌리를 내렸지.
> ―「시카고행 열차」 전문

루이즈 글릭이 어떤 인터뷰에서 말한 대로, 이 시는 스물여덟 번이나 거절당한 끝에 겨우 출판되었던 그녀의 첫 시집 『맏이Firstborn』(1968)의 첫 번째 시이다. 말하자면 이 시는 글릭이 세상에 내어놓은 최초의 신호탄 같은 시인데, 놀랍게도 이후 그녀의 시적 경향을 일목요연하게 보

여준다. 우선 이 시는 그녀의 시선이 주로 세상의 불행, 상실, 비극, 욕망, 유한성에 가 있음을 알려준다. 불행과 욕망과 죽음의 맥락과 배경은 이 시에서 완전히 삭제되어 있다. 미동도 없이 남녘 시카고로 달려가고 있는 열차 칸에서 시인은 한 가족으로 보이는 사람들의 풍경을 냉혹할 정도로 단순하게 묘사한다. 시점은 여전히 일인칭이며, 그의 시선에 보이는 "아저씨"는 대머리인데, 그것을 그녀는 'bald head'라 하지 않고 "불모의 두개골barren skull"이라고 부른다. 그것은 단지 머리카락이 없는 상태가 아니라, 생성이 중단된, 메마른 '해골'이다. 그의 아이는 엄마의 사타구니에 "머리를 처박고" 잠들어 있는데, 이런 분위기를 글릭은 "독이 공기를 대신"하고 있다고 묘사한다. 이것에도 역시 아무런 설명이 없다. 단지 "죽음 이전의 마비" 상태에 못 박혀 있는 것 같은 한 가족의 풍경은 마치 모든 것이 끝장난 상태의 정지 화면 같다. 그러나 놀랍게도 이 시의 일인칭 화자는 이 죽음 같은 풍경 속에서도 욕망의 기미를 읽어낸다. 아이 엄마의 "사타구니에 뛰는 맥박"은 죽음 속에서도 아우성치는 욕망의 기표이다. "아무런 움직임"이 없었다던 첫 번째 문장은 마지막에 와서 어떤 요동의 '징후'를 제시함으로써 반전된다. 그것이 더욱 충격적인 것은, 마지막 구절 때문이다. 그 사타구니에 처박은 아이의 머리카락 속에서 "머릿니들"이 뿌리를 내렸다는 표현은 얼마나 처연한가. 이 시는 아무런 설명 없이 죽음과 욕망의 팽팽한 긴장을 "극심하도록 서정적인 압축"을 통해 보여주고 있다.

정리하자면, 루이즈 글릭의 세계는 서정시의 유구한 전통을 이어받고 있다는 점에서 세계 시문학사의 보편적 궤도에 들어가 있다. 그녀가 〈노벨문학상〉 수상 기념 강연에서 자기 시의 뿌리들로 윌리엄 블레이크William Blake와 에밀리 디킨슨Emily Dickinson을 언급한 것은 이런 사실을 확신하게 해준다. 그러나 그녀는 (고백에 가까운) 내밀한 진정성의 표현 매체로서 서정시의 장점을 최대한 활용하되, 서정시의 주관적 주체를 복수적 주체로 바꾸어놓음으로써 서정시의 한계를 뛰어넘는다. 그는 일인칭 화자를 다성화함으로써 다양한 각도 혹은 관점에서 세계에 말을 건다. 이런 전략이 사실상 자전적 고백에서 시작하는 그녀의 시들을 보편성의 반열에 올려놓는다. 그녀는 또한 말을 최대한 아끼고 압축함으로써 서정시의 감정 과잉 상태를 경계한다. 그녀는 화려한 실험보다 간결하고 절제된, "꾸밈없는(소박한) 아름다움"으로 서정시의 새로운 지평을 열고 있다.

타자 지향의 윤리학
― 전인론

1.

근대적 주체는 크게 두 방향의 궤적을 보여준다. 그 하나는 봉건적 미망迷妄과 싸우는 계몽주의의 길이다. 근대적 개인은 이성의 햇불을 들고 비이성적, 비과학적 그림자와 싸웠으며, 세계를 해석하고 전유하는 주체가 되었다. 그들에게 있어서 타자는 지배와 해석, 그리고 전유의 대상이었다. 칸트와 데카르트를 거쳐 후설의 현상학에 이르는 근대적 주체는 타자를 지우고 그 자리를 '나'의 의식으로 채운다는 점에서 폭력적이다. 근대적 주체의 또 다른 궤적은 객관 현실로부터 도피하여 무의식과 욕망의 내면으로 침잠하는 것이다. 문학적 모더니즘을 이루는 대부분의 주체는 이렇게 '현실의 희석화'(G. 루카치)를 대가로 형성되었다. 이에 반하여 탈근대적 사유는 '분열된 주체split subject'를 내세우며 (근대의 통합된) 주체의 해체와 죽음을 선언한다. 탈근대적 주체는 동일성의 초점을 상실했으므로 타자(대상)를 전유하지도 않지만, 그렇다고 해서 타자성에 대한 사유를 하기도 힘들다. 타자에 대해 사유할 수 없으므로 탈근대적 주체는 윤리학의 시선을 끌어들일 수 없다. 이 근대, 탈근대의 주체학에서 우리에게 요긴한 일은 타자를 전유하지 않으면서, 타자를 환대하는 새로운 윤리적 주체를 생산하는 것이다. 레비나스E. Levinas나 이글턴T. Eagleton의 '타자의 윤리학'은 이런 점에서 탈근대 이후 새로이 부상한 윤리적 주체 담론으로 우리의 시선을 끈다.

한편으로는 근대적 주체의 폭력성을 배제하고, 다른 한편으로는 탈근대적 주체의 무기력 상태에서 벗어나는 방법은, 주체가 타자와의 관계적 상상력을 잃지 않되, 타자의 "얼굴을 환대welcome of the face"(레비나스)하거나 혹은 타자를 위해 자신의 몸을 찢는 "신성한 테러holy terror"(이글턴)의 길로 들어서는 것이다. 우리가 '윤리적 전회ethical turn'라고 부르는 이러한 사유들은 탈근대 이후 새로운 주체의 모색 과정에서 드러난 희미한 광채 같다. 중세의 억견臆見, doxa을 부정했던 근대의 이성reason이 그 동력을 잃고 탈근대 시대에 와서 해체의 운명을 겪을 때, 어떻게 이러한 지적, 정서적 아포리아aporia에서 벗어날 수 있을 것인가. 우리는 그 해답을 "선이야말로 모든 행위의 목적이다."는 소크라테스의 오래된 전언에서 겨우 발견한다. 그리고 모든 선은 타자와의 관계에서 생성된다. 이런 점에서 우리는 조르조 아감벤G. Agamben의 다음과 같은 말에 주목하게 된다. "랭보의 계획을 내포하고 있는 감탄, 〈나는 타자다〉는 문자 그대로 해석되어야 한다. 사물들의 구원은 사물이 '된다는' 조건 없이는 불가능하다." 그의 말마따나 예술가는 "또 다른 누군가를 향해 끊임없이 팔을 뻗는 살아 있는 시체가 되어야 한다." "살아 있는 시체"란 폭력성을 스스로 배제하고("시체"가 됨) 타자에게로 넘어가는("살아 있는") 레비나스적 주체와 공분모를 갖고 있다. 다시 말해, 구원은 주체가 타자가 "'된다는' 조건 없이는 불가능하다."

전인 시인의 시들을 꿰뚫는 일관된 동력은 그의 '타자 지향성'에서 나온다. 그는 무려 40여 년의 시력詩歷을 가지고 있으나 작년(2020년)에 비로소 첫 시집을 낸 시인이자, 그동안 교육 운동과 관련해 두 차례의 해직을 경험한 교사 출신이기도 하다. 그가 타자를 향해 끊임없이 팔을 뻗지 않았다면 해직을 당했을 리가 만무하다. 현대 한국 사회에서 해직 교사로서의 그의 이력은 그가 자신을 죽이고 타자 지향의 삶을 살았다는 증거일 수 있다. 그리고 이런 경향은 교육이 아닌 '시'의 현장에서도 여실히 드러난다.

> 내가 사무실에서 업무를 볼 때
> 누군가는 바닥을 닦는다.
>
> 내가 방에서 책을 읽을 때
> 누군가는 변기를 닦는다.
>
> 내가 밥을 먹을 때
> 누군가는 설거지를 한다.
>
> 나는 그동안
> 누군가의 산 생명을 먹어온 거다.
>
> 생전 무수한 밥 축낸 뒤에야
> 이 사실 알았다.
>
> ―「누군가는」 전문

이 시의 화자는 무슨 일을 하든 "누군가"를 떠올린다. "나"는 "누군가"를 소환할 때 비로소 온전한 주체가 된다. "누군가"들은 온전한 "나"를 만드는 "산 생명"들이다. 전인의 자아는 이렇게 타자를 호명함으로써 온전한 존재가 되는 타자 지향적 주체이다. "무수한 밥 축낸 뒤에야/이 사실 알았다."는 고백은 타자를 전유하지 않는 윤리학적 주체만이 할 수 있는 겸허한 고백이다. 하이데거의 '존재'가 시간 속에 놓일 때 비로소 '현존재Dasein'가 되는 것처럼, 전인의 존재는 타자와의 사회적 관계 속에 놓일 때 비로소 추상성에서 벗어나 '거기Da'에 있는 (현)존재가 된다. 그러므로 전인 시인에게 있어서는 관계성이야말로 윤리와 정의가 생성되는 공간이다.

> 단지, 들어만 주는 것이
> 그렇게도 어려웠을까
> 토 달지 않고 얘기 그냥 들어주는 것이
> 정말 그렇게도 어려웠을까
> 아내 말에 나는 언제나
> 따지고 결론 내리며 내 말을 했다.
> 말없이 기댈 어깨가 되지 못했다.
>
> 저녁이 슬며시 어깨를 내주는
> 해 질 무렵.
> ―「어깨」 전문

"들어만 주는 것"이야말로 타자의 외재성exteriority과 무한성infinity(레비나스)을 침해하지 않는 주체의 태도이다. 타자의 외재성은 주체에 의해서 환원되지 않으며, 무한성은 주체에 의해 규정되지 않는다. "토 달지 않고 얘기 그냥 들어주는 것"이야말로 타자의 현현, 얼굴의 나타남에 대해 철저한 수동성의 원리를 가동하는 것이다. 히브리어로 "얼굴"은 "누군가를 향함"의 의미가 있다. 윤리적 주체는 타자의 얼굴을 향하고, 그에게 "기댈 어깨"를 제공함으로써 윤리적 응답을 한다. 타자의 가까이 옴(근접성)에 대하여 "따지고 결론 내리고 내 말을" 하는 자아("나")는 타자를 규정하고 전유하는 주체이다. 이 시의 화자는 타자를 전유하고 규정함으로써 윤리적 주체-되기에 실패한 "나"를 반성하고 있다. 윤리적 주체는 자아가 타자의 고통에 "말없이 기댈 어깨"가 될 때 만들어진다. 이 시의 마지막 두 행은 자연 속에서 발견한 윤리적 주체의 형식과 내용을 보여준다.

2.
전인의 타자 지향적 윤리학은 그의 내부에서 '보편적' 원리로 가동되고 있다. 그것은 그가 사람들 사이의 관계에서뿐만 아니라, 자연 현상에서도 그런 원리를 읽어내고 있기 때문이다.

고구마 캐내고 나서
텅 빈 밭 바라보니
갈 것은 제각기 갈 데로 가고
돌아갈 것은 모두 돌아가
고구마 밭 텅 빈 게 아니구나
돌아가 곳곳에 가득 차 있구나

되돌아보면,
이제까지 하늘 땅 사이 산목숨들
고구마 넝쿨 이랑 넘듯
우리 모두 이 한 세월 넘어 왔구나
정육점 갈고리에 걸려

그 서슬 시퍼런 자본과 맞서
뚜욱,
뚜욱,
생피 흘리는 고깃덩이처럼
진땀 흘리며 넘고 있구나

지금도

—「고구마 밭에서」 전문

자아는 타자의 요구에 부응할 때 윤리적 주체로 전화轉化한다. 자아가 자신의 자리에 남아 타자에게로 넘어가지 않을 때 윤리적 존재는 탄생하지 않는다. 윤리적 주체는 자아가 자신의 리비도를 타자에게 전이시켜 자신을 스스로 텅 비게 만들 때 생겨난다. 타자의 결핍을 채워주기 위해 "제각기 갈 데로 가고/돌아갈 것은 모두 돌아가" 고구마 밭이 스스로 "텅 빈 밭"이 될 때, 타자 지향의 윤리학이 완성된다. 그렇게 자신을 비우고 대신에 타자의 "곳곳에 가득 차" 있는 것이야말로 윤리적 주체의 삶이다. "목숨"들은 이렇게 타자가 되거나 타자에게로 넘어갈 때 비로소 "산목숨"이 된다. 윤리적 주체들에게는 공통의 적이 있다. 그것은 소유와 전유를 가장 큰 미덕으로 아는 "시퍼런 자본"의 문법이다. 윤리적 주체들은 자신을 찢어("정육점 갈고리에 걸려" "생피 흘리는 고깃덩이") 타자에게 자신의 모든 것을 주면서 공통의 적에게 맞선다. 이것이야말로 "신성한 테러"로서의 윤리적 삶이다.

전인의 타자 지향적 윤리학은 형이상학을 거부한다. 시간이 존재를 형이상학의 감옥에서 끌어내듯이, 전인은 '몸'의 윤리학으로 윤리를 추상적 규율에서 해방한다. 그에게 있어서 타자에게 가는 길은 지극히 구상적具象的이며 유물론적이다.

밥은 길이다
밥을 같이 먹으면서
그 사람에게 가는
길이 생겨났다
그 길 가다보면 때로
버스 정류장도 있어
거기 낡은 나무의자에 앉아
오지 않는 사람을 기다리며
슬픔으로 슴배인 나무가
몇 그늘이다

이제까지
사람들과 같이 먹었던
밥은 몇 끼였는가
그 밥 이제
몇 끼나 남았는가

―「밥」 전문

 "밥이 길이다"는 진술이야말로 유물론적 윤리학의 선언문이다. 그에게 있어서 "밥"은 자아가 타자에게로 넘어가는 "길"이다. 그 길에 "버스 정류장"도 있고, "나무 의자"도 있고, 슬픈 기다림도 있다. 위 시의 화자는 자신이 그 길을 얼마나 자주 건넜는지 물어본다. 그리고 이 생애에서 그 길로 가는 일이 얼마나 남았는지 물어본다. 그리하여 밥의 유물론은 시인의 철학이고, 세계관이고, 인생관이다. 자아에 멈추어 있는 자는 그리움을 모르는 자이고, 타자에게로 열린 길을 모르는 자이다. 때로 그 길은 "슬픔으로 슴배인" 나무 그늘 같기도 하다. 그러나 타자의 윤리학은 슬픔마저도 "같이" 나눈다. 그 길에서 함께 나눈 밥그릇의 수만큼 사랑과 연대의 강밀도intensity도 커진다. 우리가 타자의 얼굴을 외면하지 않는 것은, 그 타자가 약한 자, 버림받은 자, 억압받는 자, 배고픈 자의 얼굴을 하고 있기 때문이다. 레비나스의 말마따나 그런 타자의 '근접성'이 우리에게 타자들을 외면할 수 없게 만든다. 이러할 때 주체와 타자와의 관계는 상호 동등의 대칭적 관계가 아니라, 비대칭적 관계이다. 왜냐하면, 나에게 환대와 연대와 사랑을 요구하는 타자의 얼굴이 나보다 훨씬 높은 곳에 있고, 나는 자아에 대해 최대한의 수동성을 견지하며, 그의 요구에 겸손히 굴복해야 하기 때문이다. 전인의 시들은 추상과 형이상학을 거부하며, "밥"의 길을 통해 타자에게로 가는 구상적, 유물론적 사랑의 윤리학을 보여준다.

자연, 일상, 그리고 그 너머
— 토마스 트란스트뢰메르

1.

토마스 트란스트뢰메르(Thomas Tranströmer 1931~2015)는 스웨덴 출신으로 2차 대전 이후 스칸디나비아반도에서 가장 중요한 시인 중의 하나로 평가되고 있다. 2011년 스웨덴 한림원 노벨상 위원회는 그가 "응축된, 반투명의 이미지들을 통하여 현실에 대한 신선한 접근법을 제공한다."고 노벨상 수상 이유를 밝혔다. 트란스트뢰메르는 1993년 이래 한 해도 빼놓지 않고 노벨상 후보에 올랐고, 노벨상을 받기 전에도 유럽의 유명 문학상들을 휩쓸 정도로 그 성과를 인정받았으며, 그의 시집들은 현재 전 세계 60여 개 이상의 언어로 번역되었다. 지명도에 비해 그리 많지 않은 작품을 출판했음에도 불구하고, 그가 이런 평가를 받는 데는 그만한 이유가 있다. 그는 서정시의 낡고도 유구한 전통 위에 서 있지만, 서정시에 "신선한 접근법"을 부여함으로써 클리셰cliche에서 벗어났다. 그의 시들은 일상에서 시작하지만, 일상으로 끝나지 않는다. 그는 전통 서정시에 초현실주의surrealism적 상상력을 부여함으로써 한편으로는 수천 년의 문화적 유산을 이어가고, 다른 한편으로는 '옛것'을 '새것'으로 만들어냈다. 게다가 그는 일상에 대한 관찰과 묘사에 그치지 않고, 그 안에서 그것 너머에 있는 세계로 이어지는 길을 찾아냈다. 그가 볼 때, 자연이든 일상이든 모든 현실은 그것 자체로 존재할 수 없다. 그것의 배후에는 그것을 창조한 어떤 다른 존재, 존재 자체인 존재, 혹은 어떤 기원, 결과가 아닌 유일한 원인으로만 존재하는 원리가 있다. 트란스트뢰메르를 읽는 평론가들은 이것을 대체로 '현실 너머에 있는 신비'로 읽는다. 그것에 '신비'라는 이름이 붙여지든, '초월적 존재'라는 이름이 붙여지든, 트란스트뢰메르에게 자연이나 일상은 그 자체 존재가 아니다. 그것들은 존재의 그림자이며, 그는 이 그림자들 안에 길게 드리워져 있는 '존재 자체'의 손길을 읽어낸다.

거대한 나무들 아래에 등을 대고 누워 있는 사람은
또한 그 나무들 속에 올라가 있다. 그는 수많은 작은 가지들
속으로 가지를 뻗는다.
그는 앞뒤로 흔들리며,
천천히 돌진하는 투석기投石機 의자 안에 앉는다.

부두 바닥에 서 있는 사람은 그의 눈을 그 아래 물에 단단히
고정한다.
부두들은 인간들보다 더 빨리 늙는다.
그것들은 뱃속에 은회색의 기둥들과 바위들을 가지고 있다.
현란한 빛이 그대로 밀고 들어온다.

온종일 갑판이 없는 작은 배에서 보낸 사람은
빛나는 만灣들 위에서 움직이다가

마침내 자신의 푸른 램프 그늘 안에서 잠들 것이다
마치 섬들이 거대한 나방들처럼 지구 위에서 기어 다니듯.
—「7월의 공간을 숨쉬기」 전문

위 시 속의 주체는 그 자체로 존재하지 않는다. 그것은 그것보다 높이 있는 어떤 것("나무들")의 일부이며, 그것보다 아래에 있는 어떤 것("물")의 일부이다. "자신의 푸른 램프 그늘 안에서" 잠드는 사람은 거대한 "지구 위"를 기어 다니는 "섬"처럼, 더 큰 어떤 것의 부분으로 존재한다. 이처럼 트란스트뢰메르가 그려내는 자연이나 일상은 항상 그것의 원인이자 계기인 다른 것을 향해 있다. 그에게 있어서 모든 현실은 그것 너머의 어떤 것 때문에 존재하므로, 원인이 아니라 결과이다. 그는 결과인 현실 속에서 원인인 '궁극'을 읽는다. 이런 점에서 그의 시는 '종교적'이다. 이런 이유로 어떤 논자들은 그를 "기독교 시인"이라 부른다. 종교(기독교)의 이름을 붙이지 않을지라도, 그의 시선은 늘 '초현실'적 존재를 향해 있다. 그의 초현실은 부르는 사람에 따라 신일 수도 있고, 신비일 수도 있다.

어떤 글은 내 안에서
나타난다—불 위에 종이를 놓을 때
나타나는
안 보이는 잉크로 쓴 말들.
나는 내가 더 멀리 가야 함을 안다,
똑바로 도시를 지나, 다른
쪽 바깥으로, 그리고서 길 밖으로 나와
숲속으로 한참 걸어 들어가야 함을.
오소리가 다니는 길들로 걸어가면

거의 어두워져 점점 볼 수 없게 되지.

이끼 위에 누워 있는 돌들.

이 돌 중의 하나는 소중해.

그것은 모든 것을 바꿀 수 있어.

그것은 어둠을 빛낼 수 있어.

그것은 온 나라의 전등 스위치야.

모든 것이 그것에 달렸지.

그걸 봐……그걸 만져……

—「더 안쪽으로」 부분

그는 일상의 도시도 "더 멀리", 더 깊이, "더 안쪽"의 존재와 연결되어 있음을 안다. 문명 공간 너머에 자연("숲속")이 있고, 자연 너머에 모든 것을 바꾸고, 어둠을 빛낼 수 있으며, 모든 것이 그것에 달린 그 무언가가 있다. 시인은 "그걸 봐", "그걸 만져"라고 명령한다. 이 작품은 그의 사유의 화살이 어디에서 어디로 날아가는지 잘 보여준다. "더 안쪽으로"라는 제목은 시인이 자신에게 내리는 명령이다. 일상과 자연이 그 자체 스스로 존재하는 것이 아니며, 그 너머에 스스로 존재하는 어떤 것의 결과이며 그림자라는 것, 그러므로 눈앞에 보이는 것에 머물지 말고 '최종 원인'인 절대적 존재로 더 나아가서 그것을 보고, 만지고, 기록하는 것이 그의 시이다. 그러므로 그의 시는 "안 보이는 잉크로 쓴 말들"의 상태를 지향한다. 그러나 안 보이는 잉크로 쓴 말들은, 모든 것의 기원인 "불"을 만날 때 나타난다(보인다). 이런 점에서 그의 시는 저 안쪽에 안 보이는 어떤 것의 현현epiphany이다. 스웨덴에서 트란스트뢰메르는 종종 "말똥가리 시인buzzard poet"이라 불린다. 그는 말똥가리처럼 저 높은 곳, 신비로운 근원의 자리에서 그것의 그림자인 일상과 자연을 내려다본다. 그가 그려낸 일상과 자연은 말똥가리가 들여다본 듯 선명하고 구체적이다.

2.
그는 자주 일상에서 초월의 세계로 넘어간다. 그럴 때마다 이미지들의 초현실주의적 배열이 나타나지만, 그것은 초현실주의 계열의 시들처럼 난해하거나 모호하지 않다. 그는 초현실주의적 기법을 사용하지만, 언제나 그것 위에, 그것 너머에 있다. 그는 초현실주의자들과 달리 최소한의 이미지들로 매우 단순하게 일상이나 자연의 구체성을 포착한다. 말하자면 초현실주의의 다리를 언어의 미니멀리즘 위에 슬쩍 올려놓는 격이다. 게다가 그렇게 그가 건너간 초월의 세계는 복잡한 파편들의 집합이 아니라 (단순한?) 경이와 신비의 공간이다. 이런 조건들이 그의 시에 대한 접근성을 높인다.

나무는 빗속을 걸어 다니다가
우리를 지나 질척질척한 잿빛으로 들어간다.
그것은 할 일이 있다. 그것은 체리 과수원의 찌르레기처럼
비에서 생을 떼어낸다.

비가 그치자마자, 나무도 멈춘다.
그것은 움직이지 않고, 맑은 밤 속에 그냥 서서,
눈송이가 자신을 우주 안에 내던질
그 순간을 우리가 기다리듯 기다린다.
　　　　　　　　　　—「나무와 하늘」 전문

이 작품에서 가장 빛나는 구절은 빗속을 걸어 다니는 나무가 "체리 과

수원의 찌르레기처럼 비에서 생을 떼어"내는 장면과 "눈송이가 자신을 우주 안에 내던질 그 순간"이라는 표현이다. 비가 와서 나무가 흔들리고, 비가 그쳐 나무의 흔들림이 멈추는 지극히 단순한 풍경 속에서 시인은 눈송이가 내던져지는 "우주"를, 그 순간의 '초월'을 그려낸다. "맑은 밤"은 그런 초월이 성취되기에 적절한 시간이다. 제목에서도 그는 "나무"를 그 너머 위쪽에 있는 "하늘"과 연관시킨다. 시를 직조할 때부터 그는 저 하늘 꼭대기에 있는 말뚱가리의 눈으로 저 아래 지상의 사물들을 바라보고 그것을 다시 하늘로 되돌린다. 그러므로 그에게 있어서 지상의 모든 것은 하늘의 현현이다. 지상의 사물들은 하늘의 구현물이므로 하늘과 같은 속성을 가지고 있다. 그에게 있어서 초월은 이미 지상의 사물에 내재해 있는 것이다. 시인은 지상의 사물과 초월적 존재 사이에 '안 보이는' 끈을 '보이게' 만드는 자이다.

그 힘든 몇 달 동안 내 인생은 오로지
　　당신과 사랑할 때만 불타올랐다.
반딧불이도 불을 켜고 나가고, 불을 켜고 나간다
　　―잽싸게 우리는 그 길을 쫓는다
밤의 어둠 속 올리브 나무들 사이로.

그 힘든 몇 달 동안 내 영혼은 게으르고 으깨어진 채
　　앉아 있었다,
그러나 몸은 당신에게로 가는 가장 가까운 길을 취했지.
　　밤의 천국들이 음매 하고 운다.
우리는 우주에서 우유를 훔쳤고 살아남았다.
　　　　　　　　　　　　　―「불의 대본」 전문

그의 사물들은 항상 제자리가 아닌 다른 어느 곳으로 간다. 어두운 밤, 올리브 나무 사이로 반복해서 불을 켜고 나가는 "반딧불이"는 도대체 어디로 가는 것일까. 앞의 시들에서도 살펴보았듯이, 그에게 있어서 사물들은 늘 그것의 원인인 초월적 공간을 향해 움직인다. "밤의 천국들이 음매 하고" 울 때, "우리는 우주에서 우유를 훔쳤고 살아남았다"는 표현은 얼마나 쉬우면서도 얼마나 큰 이야기를 담고 있는가. 지상의 소떼들이 먼 우주의 은하수에 가서 울고, 지상에서 몸의 사랑을 나눌 때만 불타던 "우리"가 그 소들의 우유를 훔쳐 먹고 살아남다니. 그의 상상력의 힘은 이렇게 현실과 초월을 자유롭게 오가는 데 있다. 그러나 그 자유는 기법이 아니라 세계관이다. 그는 만물을 이어주는 거대한 끈의 존재를 안다. 그 거대한 원리와 무관한 현실은 없다. 이런 점에서 트란스트뢰메르의 세계관은 블레이크W. Blake의 신비주의와도 친족 유사성을 갖고 있다.

> 한 알의 모래에서 세계를 보고
> 한 송이 들꽃에서 천국을 보려면
> 그대 손바닥 안에 무한을 담고
> 한 시간 안에서 영원을 보라
> ─윌리엄 블레이크, 「순수의 전조」 부분

부분 안에서 전체를, 전체 안에서 부분을 읽어내는 상호내주相互內住의 철학은 트란스트뢰메르나 블레이크만이 아니라 수많은 문학, 종교, 사상에서 나타난다. 가령, 중세 독일의 신비주의자이자 신학자인 마이스터 에크하르트Meister Eckhart는 신을 "하나One"라 부르면서 "하나" 안에는 그것이 하나인 한 모든 것이 존재한다. 모든 다수성은 "하나" 안에서 "하나"를 통해 하나이다."라고 말한다. 신플라톤주의 성향의 이런 입장은 다수의 사물 안에서 초월적 '하나'를 향해 나아가는 트란스트뢰메르의 세계관과도 매우 유사하다. 트란스트뢰메르의 보편성은 바로 이 '하나', 현실 너머에 있되 동시에 현실 속에 이미 들어와 있는 것의 포획에서 성취된다.

> I.
> 달력은 예약이 다 되어 있고, 미래는 모른다.
> 케이블 티브이는 조용히 어떤 민요를 흥얼거리는데
> 국적을 모르겠다. 눈이 잿빛 바닷속으로 떨어진다. 그림자들이
> 　　　부두 위에서 싸운다.
>
> II.
> 당신의 인생이 절반에 이르렀을 때, 죽음이 나타나
> 그만큼의 생의 크기를 취한다. 우리는 그 방문을
> 잊는다. 인생은 계속된다. 그러나 누군가가 침묵 속에서
> 　　　옷을 짜고 있다.
> 　　　　　　　　　　　　—「검은 엽서들」 전문

그가 그리는 풍경들은 선명하고 구체적이고 간결하다. 이 작품에서 일상은 분주하지만, 일상의 주체들은 앞날을 모른다. 티브이는 국적을 알 수 없는 민요를 흥얼거리고, 무슨 암시처럼 잿빛 바다 위에 눈송이들이 날린다. 그것들은 부두 위에 어지러운 그림자를 남긴다. 그는 이렇게 짧은 몇 개의 행으로 (메시지에서 자유로운) 그림을 그린다. 그가 그리는 일상의 풍경은 특별히 무엇을 지시하지 않는다. 화려한 묘사도 없다. 그것은 추상이 아니라 구상이다. 그 일상에 죽음이 이미 다녀갔음

을 아무도 모른다. 인생은 계속되지만, 일상의 끝엔 죽음이 도사리고 있다. 그러므로 마지막 문장은 "누군가가 침묵 속에서 수의를 짜고 있다."고 읽어도 된다. 죽음도 일상 너머 초월의 세계이다.

3.

일반적으로 초월의 세계는 수직적 상상력으로 그려진다. 그 세계는 대체로 아래가 아니라 위에 있다. 그러나 트란스트뢰메르는 공간의 위계를 무시한다. 그는 위로 오르기도 하고 밑으로 내려가기도 하며, 옆으로 이동하기도 한다. 그에게 초월은 물리적 공간에 있지 않다. 그것은 정신 혹은 영혼의 영역이므로 '어디든지' 있다.

> 흰 태양은 스모그 속에 녹아내린다.
> 빛은 물을 뚝뚝 흘리며, 제 길로 내려가
>
> 지하의 내 눈으로 간다 내 눈은
> 도시 아래에 있다, 그리고 도시를 본다
>
> 아래로부터: 거리들을, 집들의 토대들을—
> 전시戰時 도시의 항공 사진들처럼
>
> 그렇지만 반대로: 두더지가 찍는 사진……
> 우울한 색들의 말 못하는 직사각형들.
>
> 모든 것은 거기에서 결정된다. 그 누구도
> 산 자의 뼈들과 죽은 자의 뼈들을 구분 못한다.

햇빛이 늘어나, 홍수처럼
조종석들과 완두콩 꼬투리들 속으로 넘쳐 든다.
—「지하에서 보기」 전문

이 작품에서 위/아래의 위계는 모두 뒤집힌다. 태양은 아래로 녹아내려 물처럼 뚝뚝 떨어지고, 말똥가리처럼 위에서 내려다보던 눈은 지하에서 거꾸로 세상을 올려다본다. 말똥가리 눈은 "두더지"의 눈으로 뒤집힌다. "모든 것이" "결정"되는 곳은 꼭 먼 위쪽의 하늘만이 아니다. 그것과 대척점에 있는 지하에서도 결정된다. 햇빛은 홍수처럼 아래로 흘러내려 "완두콩 꼬투리"에 넘치지만 동시에 하늘의 "조종석"으로 넘쳐 들어가기도 한다. 이런 작품은 초월의 저 위쪽에 익숙한 상상력에 교란을 일으킨다. 흘러내리는 것은 달리S. Dali의 시계만이 아니다. 태양도 물처럼 흘러내린다. 트란스트뢰메르에게서 초현실주의의 냄새가 나는 것은 이런 분방한 상상력 때문이다. 그러나 보라. 초월의 공간이 어디에 있든, 그것은 일상과 자연의 공간이 아니라 그것들을 바라보는 다른 어느 쪽에 있다. 트란스트뢰메르는 일상과 자연(현실)을 노래하면서도 그것을 바라보는 다른 관점의 공간을 항상 생성한다. 그 다른 관점은 현실의 원인이며 자궁이고 아버지이다. 그는 아래서든 위에서든 최종적인 존재의 시각에서 현실을 들여다본다. 그는 사물 자체가 아니라 사물의 원인의 시각에서 사물을 바라본다. 위든 아래든, 물리적 위계와 관계없이 궁극적인 원인은 사물 밖에서 사물로 들어간다. 그는 이렇게 이중의 시선으로 사물을 바라본다.

예인선은 녹으로 얼룩져 있다. 그것은 여기, 먼 내륙에서 무엇을 하고 있는 거지?

그것은 추위에 꺼진, 두꺼운 램프이다.
그러나 나무들은 야생의 색깔들을 가지고 있다: 누군가가 구
원을 원하기라도 하는 듯이
다른 해변에 보내는 신호들.

집으로 오는 길에, 나는 풀잎을 쑤셔대는 검은 버섯들을 보
았다.
그것들은 도움을 청하는 누군가의 손가락들이다,
어둠 속 그 아래에서 오랫동안 자신을 위에 울었던 누군가.
우리는 대지에 속해 있다.

—「시월의 스케치」 전문

트란스트뢰메르의 시에 익숙해진 독자는 먼 내륙에서 예인선이 갑자기 등장해도 절대 놀라지 않는다. 사물들의 현재 위치는 중요하지 않다. 독자가 읽어내야 할 것은 그 사물들이 보여주는 어떤 '징후'들이다. 태양이 아래로 녹아내리거나 배가 먼 내륙에서 발견되는 것은 모종의 위험, 불안의 신호이다. 그리고 그 신호들은 사물의 작은 움직임들을 통해 감지된다. "풀잎을 쑤셔대는 검은 버섯들"에서 그는 "도움을 요청하는 누군가의 손가락들"을 읽는다. 그에게 있어서 사물들은 징후의 형태로 어떤 궁극적 존재를 소환한다. 이 시에서 그것은 "대지"라는 어머니이다.

그는 별자리처럼 어지러이 흩어진 사물들의 세계를 바라본다. 그의 시에서 그것들의 위계는 중요하지 않다. 사물들은 궁극적 존재가 아니므로 시인에 의해 자유롭게, '초현실적으로' 배열된다. 그렇게 재생된 사물의 세계에서 그가 포획하는 것은 별자리의 배후에 있는 거대한 움직임이다. 그것은, 저 위에, 혹은 저 아래, 혹은 저 멀리에서 사물들의

원인으로 존재하는 그 무엇이다. 그 무엇은 사물들 밖에 있으므로 '초월'로 불리기도 하고, 사물의 질서를 뛰어넘는 것이므로 '신비'라 불리기도 한다.

부유하는 주체들을 궁구하기
—정병근論

1.

정병근 시인은 시집 『눈과 도끼』(2020)에서 사물을 대하는 주체의 시선을 집중적으로 탐구했다. 그것은 무수한 '나'들이 무수한 '너'들을 포착하는 응시의 밀도들intensities과 그것들의 효과에 대한 궁구였다. 그에게 '눈'은 사물을 찍는 "미지의 도끼"(『눈과 도끼』 표4)이다. '미지'의 도끼라는 말에서 알 수 있듯이, 그에게 시선은 사물을 찍어서 앎을 얻어내지 않는다. 그의 응시는 '앎'을 향해 있지 않다. 시선이 한 사물에 오래 머물 때, 앎이 만들어지고 앎으로 사물은 폐허가 된다.

> 내가 아는 것들
> 내 눈에 오래 머문 것들은
> 모두 불타서 폐허가 되었다
> 그것은 나로부터 그리된 것

> 알지 말자, 모름의 하염없는 동지들
> 모르는 것들의 모르는 힘이 나를 퍼 올린다
> 나는 모르는 것들에 실려서
> 동쪽처럼 나아가고 서쪽처럼 돌아온다
> 모르는 것들이 사방팔방으로 나를 돋운다
>
> —「모르는 힘」부분

 시선은 사물을 규정하고 범주화한다. 시선이 한 사물에 오래 머물 때 사물의 의미-밭은 황폐해진다. 시선의 특징은 대상을 전유하는 것이기 때문이다. 그러나 시선은 현상학의 '의식'처럼 항상 무엇을 '향'해 있다. 그러므로 나의 시선 때문에, 즉 나로 인해서 사물이 황폐해지지 않도록 하려면 시선이 하는 일을 '하지 않을 수 있도록' 해야 한다. 그토록 난해한 아감벤G. Agamben의 '무위' 개념이 이해되기 시작하는 부분이 바로 이 지점이다. 아감벤에게 있어서 "'하지 않을 수 있는 힘'이란 할 수 있는 힘의 내부에 존재하는 저항력이고 힘이 단순히 행위로 전이되는 것을 저지하면서 스스로를 돌아보도록, 스스로 잠재력이 되도록, 스스로의 무능력을 거머쥘 수 있도록 만든다."(『불과 글』) 위 시에서 "알지 말자"는 다짐은 바로 시선의 '앎'의 힘에 저항하고, 앎을 하지 않을 수 있는 힘을 증식함으로써, 사물을 '잠재성'으로 풍만하게 만들자는 제안이다. 그리하여 "모르는 것들이 사방팔방"에서 넘칠 때, 즉 '힘의 정지 상태'에 이를 때, 잠재성은 최고조에 이른다. 그러므로 정병근의 '미지의 도끼'는 사물을 찍되 사물을 아는 행위를 하지 않음으로써 스스로의 무능력과 잠재력을 확대하는 시선이다.

2.

최근에 선보이는 정병근의 시들도 바로 이런 '시선'에 대한 탐구를 보여준다. 시선에 의해 구성된 네 가지 주체들은 각각 "사이비", "웃는 사람", "이해하는 사람", "사랑의 거지"로 명명된다.

하루 세 번, 쌓인 말을 부정하고
안온에 깃든 다짐을 털어내고
언제나 발바닥 시린 겨울 마당 같은
맨발을 촉구하는 말의 선생은 누구인가

비애를 자긍하는 벌거숭이를 받았다
걱정 없이 따뜻해지고 싶었지만
가는 곳마다 다른 곳이었고
길은 늘 새로 시작되었다

비바람 눈보라는 소용되는 법이 없고
쌓이지 않는 걸음은 나비처럼 팔랑댔다
명랑의 풍습을 섬기며 쉽게 가벼워졌다
그들보다 먼저 웃고 모르는 척했다

무엇을 숭배하는 이들이 부러웠다
있어도 그만 없어도 그만
써도 그만 안 써도 그만
속말을 받으며 뒷목이 벌겋게 걸어갔다
　　　　　　　　　—「사이비를 위한 시」부분

"쌓인 말을 부정"하는 것이야말로 시선을 앎이 아닌 잠재성으로 열어놓는 일이다. 그것은 규정되고 결정되는 것들에 대한 저항이며 언제나 "맨발"로 돌아가 세계를 새로운 무위의 상태로 열어놓는 것이다. "걱정 없이 따뜻해지"는 것이야말로 저항을 포기하는 것이며, 세계가 시키는 대로 모든 것을 행함으로써 안위의 상태에 이르는 것이다. 이 상태에서 잠재성은 고갈되고 무위는 할 일 혹은 하지 않을 일이 없어진다. 그러나 "사이비"는 걱정 없이 따뜻해지는 일을 하지 않음으로써 "가는 곳마다 다른 곳"을 만든다. 그리하여 모든 길이 늘 "새로 시작"될 때 잠재성은 극치에 다다른다. 화자는 "명랑의 풍습"을 섬기며 쉽게 가벼워지는데, 아마도 세상은 그것을 "사이비"라 부를 것이다. 그러나 진짜 사이비는 "무엇을 숭배하는 이들", 즉 대문자 로고스Logos를 만들고 명증한 진리로 잠재성을 날려버리는 자들이다.

아무도 내 말을 들어주지 않는다

나는 자다가 깨어난 사람
거짓말 같은 기억을 가진 사람
나는 죽었다가 살아났다

팔뚝에는 불로 지진 자국이 있다
위태로운 국경에서 나는 쌀을 지고
하룻밤에 육십 리를 걸었다

너희가 밥을 아느냐
전쟁터에서 지게로 밥을 나르다가
총알이 지게작대기를 맞추는 행운과
죽은 자의 시체를 덮고 살아 돌아왔다

…(중략)…

나는 점점 말을 잃고
입만 열면 또 그 소리라는 이유로
여러 말을 빼앗겼다

거짓말 하나 안 보태고
여러 번 죽었다가 살아난 적이 있는 나는
북극처럼 하얀 입김을 날리며 종착 되어간다
나는 혼자서 웃는 사람이다

—「웃는 사람」 부분

이 시의 화자는 무위를 강제당한 자이다. 그러므로 그는 저항자는 자도, 잠재성을 확대하는 자도 아니다. 무위의 잠재성은 하지 않을 힘과 권리를 스스로 선택할 때 발생하기 때문이다. "나"는 불행의 시스템을 뚫고 지나오면서 말을 빼앗긴 자이며 강제로 비존재가 된 존재이다. 그러므로 여기에서 "혼자서 웃는" 일은 저항도 초월도 아닌 희생이다. 그의 "종착"은 존재에서 비존재로 실컷 잊히며 "혼자 웃는 사람"이 되는 것이다. 이 시는 능동적 무위 이전에 할 수 있는 힘과 권리를 완전히 박탈당한, 그리하여 무위의 자발적 선택을 할 수 없는 층위가 존재한다는 사실을 잘 보여준다.

그는 角 없이 맨들맨들해졌다
기가 다 달아난 모습으로
소파에 묻혀 TV를 볼 땐 있는지 없는지

희미한 이마와 먼지 같은 표정이
하루아침에 이루어지지는 않았을 터
그가 입을 열면 말귀가 닳아서
우이독경이나 마이동풍 같은 맛이 난다

…(중략)…

상식과 합리를 또박또박 섬기며
편견과 치우침 없는 맹물에 이르기까지
불통자들은 술잔을 엎으며 비웃었고
애인들은 재를 뿌리며 저항했다

반쯤 눈을 감고 먼 곳을 보는 자세로
수많은 그들의 경우가 되어보면서
이해의 테두리를 넓혀간 끝에 도달한 경지는
실로 역지사지와 참을 忍의 승리였다

모든 것이 그의 이해 안에 깃들었다
그는 팥으로 메주를 쑨다 해도
그럴 법하다는 생각을 하면서 사통팔달
자애롭고 폭넓은 이해력에 스스로 감탄했다

가끔 방안을 서성대며 마이크를 시험하듯
'아아! 음음!' 혼잣소리를 뱉는 것은
무엇을 삭이는 습벽 같은 것일 텐데

> 요즘은 작은 일에도 화를 내고 신경이 곤두서는 것을
> 그도 조금씩 느끼고 있다
>
> —「이해하는 사람」 부분

앞의 "웃는 사람"이 무위를 강제당한 사람이라면, "이해하는 사람"은 어찌 되었든 무위를 선택한 사람이다. 그가 "角"를 버리고 "희미한 이마와 먼지 같은 표정"이 되었을 때, 불통의 술잔들이 엎어지고 비웃음들이 난무한다. 그것들은 무위로 저항하는 화자에 행위로 저항하는데, 그것은 잠재성을 혐오하고 명료성을 선호하는 자세에서 나오는 것이다. 세계는 "모든 것이 그의 이해 안에 깃"든 상태를 절대 용납하지 않는다. 세계는 신비한 잠재성이 아니라 까발려진 단호함과 명쾌함을 원한다.

> 나의 입은 가볍다
> 숨기고 기다려도 좋을 말을
> 먼저 해버려서 바닥을 보인다
> 가파른 하관과 인중의 박복이 보인다
> 쉽게 뒤통수를 들키는 꼴로
> 비루한 나는 너를 앞에 두고도
> 먼 이야기를 한다 그래야 하는 듯이
> 들킨 자의 표정은 척박하고
> 나는 비밀이 없어서 사타구니에
> 두 손을 싹싹 비비면서
> 명랑하게 웃는다 헤헤는 나의 짬
> 경전 없는 자의 빈궁을 감추려
> 속을 다 내 보인다
> 몰라도 아는 듯이

알아도 모르는 듯이
생각으로 부지런히 견해를 만들면서
웃는다 웃는다 웃는다
표정이 다물어지지 않아
침묵은 참을 수 없어서
먼저 말을 이어놓고 또 웃는다
그러니까, 말하자면 사랑을 얻는 방식인데
웃음 끝의 눈물처럼 찔끔찔끔
버린 것을 주워 먹듯

—「사랑의 거지」 전문

이 시의 화자는 마치 만인의 자화상 같다. 나의 시선이 오래 머물 때 대상이 폐허가 될 것을 알면서도, 우리는 만나는 대상마다 사랑의 '구걸'을 한다. 잘 알지도 모르면서 "몰라도 아는 듯이/알아도 모르는 듯이", 우리는 "숨기고 기다려도 좋을 말을/먼저 해버려서" "박복"해지는 짐승들이다. 침묵과 무위를 참을 수 없어서 "먼저 말을 이어놓고 또 웃"을 때, 주체와 세계는 가난해질 대로 가난해진다. 하지 않을 힘을 버리고 무엇이든지 하지 못해 안달일 때, 무위의 잠재력은 바닥을 친다. 이 시는 그런 가난함의 상태, 가벼운 사랑이 구걸이 되는 상태, 그리하여 주체가 "거지"가 되는 상태를 그린다.

3.

왜 무언가를 하지 않을 권리 혹은 하지 않을 힘에 대해 사유해야 할까. 아감벤은 "잠재력의 무위적인 여분이 사유의 사유를 가능하게 만들고, 회화의 회화, 시의 시를 가능하게 만든다."고 하였는데, 이는 고스란히 "언어가 가지고 있는 힘의 정지와 전시가 시"라는 그의 통찰로 이어진다. 여분이 없다면 사유는 사유로, 회화는 회화로 끝난다. 시의 시, 회화의 회화, 사유의 사유는 "무위적인 여분"에서 생겨난다. 그리하여 사람들이 정확한 선택과 배제를 통해 사유와 회화와 시의 마당에 모든 여분을 없앨 때, 철학자와 화가와 시인은 선택 '하지 않고' 배제 '하지 않음'으로써 잠재력의 여분을 만난다.

> 베란다 화분에 수선화가 피었다
> 꽃이 시들고 뿌리가 쪼그라들어
> 죽은 줄 알고 내쳐두었는데
> 다른 화분에 흩뿌린 곁물을 얻어먹고
> 푸른 촉을 올리더니 그만 피고 말았다
> 꽃은 잊을 때 피지
> 모르는 틈에 피는 꽃이지
> 버린 자식이 살아 돌아온 느낌이랄까
> 거 봐 필 줄 알았어 내 영향이야라고
> 공을 갖다 붙이려는 나 따위는 모르고
> 무슨 좋은 일이 있다는 듯이
> 고개를 오종종 내밀고
> 고맙다고 해야 하나, 장하다고 해야 하나
> 그건 수선화가 밀어올린 일생일대일 뿐
> 나의 예언이나 요행은 아닌 것이다
> 수선화가 피었다
> ―「수선화가 피었다」 전문

수선화가 핀 것은 목적이나 계획이 아니라 얼떨결에 흘린 "곁물" 덕택이다. 그것은 모든 주체의 "영향" 바깥에 있으며, 여분의 우주가 만든 섭리의 결과이므로 "예언이나 요행"이 아니다. 철학과 회화와 문학은 세계가 스스로 "일생일대"를 밀어 올리도록 일정 단계에서 스스로 입을 닫는다. 힘의 정지가 힘을 낳는다. 정병근은 부유하는 주체들을 궁구하면서 힘을 정지하는 것의 효과를 넘보고 있다.

허공을 치는 바람의 은유
— 신용목論

1.

시적 언어의 본질이 은유라면, 신용목의 시들은 은유의 숲이다. 그의 시는 울창한 나무 같아서 가지마다 은유의 새들이 가득 깃들어 있다. 날개를 다친 새, 죽음을 앓는 새, 허공 속에서 길을 잃은 새, 결핍의 새들이 이 가지에서 저 가지로 날아다닌다. 은유를 넘어 때로 기상conceit에 가까운 비유들이 첫 시집에서 최근의 다섯 번째 시집까지 일관되게 이어진다. 그래서 그의 시를 읽는 가장 좋은 방법은 천천히 읽는 것이다. 문헌학자처럼 "천천히 읽기slow reading"를 권장했던 니체의 명령을 따라 그의 시를 읽다 보면, 그 숲에 숨어 있는 바람과 구름과 나방과 벌레들이 조금씩 보이기 시작한다. 그것들은 따로 놀면서 겹쳐지고 찢어지고 사라지고 다시 합쳐지면서 다층多層의 의미를 구성한다. 시가 복잡한 회로를 가지고 있는 것은 그 자체 혐의가 아니다. 넓은 의미에서 시가, 문학이, 세계의 표상 혹은 생산이라는 점을 인정한다면, 그리고 바로 그 세계가 그 자체 배리背理와 모순의 복합체임을 인정한다면, 오히려 단순한 문학이야말로 혐의의 대상이 되어야 한다. 사실 단순성의 시학은 '악몽'의 20세기 이후 사라졌다. 소위 '단순한 진리'란 그런 생각과 태도를 가지고 있는 사람들의 주관성 속에서만 존재한다. 신용목은 세계의 복잡성을 솔직하게 인정하고 그것을 다층적 비유로 치근댄다. 만 개의 칼을 가진 세계에 저항하려면 만 개 이상의 비유를 가져야 한다. 그러므로 시는 명증한 '의미'가 아니라, '시적인 것the poetic'으로 세계를 건드린다. 따라서 시를 '이해'한다는 것은, 시의 '주제'라 불리는 고정된 의미를 찾아내는 것이 아니라, 시의 '시적인 것'을 느끼는 것이다. 그것으로 시의 이해는 가장 풍요로운 상태에 도달한다. 있지도 않은 '고정된 의미'를 시에서 찾는 행위야말로 '없는 것'을 찾는 것이므로 늘 실패의 운명에 빠진다. 시는 정해진 답을 던지는 언어가 아니라, 규정 당함을 거부함으로써 더 많은 '시적인 것'을 포함하는 언어이다.

그럼에도 불구하고 그의 시를 몰고 다니는 몇 개의 표식들이 있다. 그 표식들 중 가장 자주 출몰하는 것은 "허공"이라는 기표이다. 그의 첫 시집(『그 바람을 다 건너야 한다』, 2004)의 첫 시(「갈대 등본」)에도 이 기표가 등장하고, (현재로서는) 마지막인 시집(『나의 끝 거창』, 2019)의 마지막 시(「근육」)에도 이것이 등장한다. 말하자면 허공은 그의 화두이다. 첫 시집에서 마지막 시집의 마지막 시에 이르기까지 수많은 시에 허공이라는 기표가 지속적으로 등장한다. (세어보지는 않았지만) 지금까지 출판한 다섯 권의 시집 중, 이 기표가 가장 자주 등장하는 시집은 정확히 그 중간에 있는 세 번째 시집 『아무 날의 도시』(2012)이다. 그가 앞으로도 계속 시집을 내겠지만, 이렇게 보면 지금까지 그의 시는 "허공"에서 시작해, "허공"을 거쳐, "허공"과 계속 대치 중이라 해도 과언이 아니다.

누추를 입고 저무는 갈대가 있다

어느 가을 빈 둑을 걷다 나는 그들이 통증처럼 뱉어내는 새
떼를 보았다 먼 허공에 부러진 촉 끝처럼 박혀 있었다

─「갈대 등본」 부분

삶은 아니지만 죽음은 이해해
말할 때
목소리를 이해해, 허공은 얼마나 큰 무덤인가?

─「하지만 이해해」 부분

조금씩 사라지는 달 속으로 뼈마디를 분질러 던집니다. 캄캄
합니다
몸속에 숨어 있는 허공은,
불 속에 식고 있는 꿈처럼

얼굴이 밝아오고 있습니다

─「근육」 부분

"허공"은 '비어 있는 공중'이므로 그 자체 '탈중심화된' 기표이다. 내가 '단어'라는 말 대신에 '기표'라는 용어로 이 기호를 설명하는 것도 그런 이유에서이다. 허공이라는 기표는 그의 시에서 무수한 기의를 갖는다. 허공은 그 자체 규정 불가능한, 의미론적 중심을 상실한, 그러나 (비극적이게도) 신용목 시인에게는 사유의 궁극적인 목표인 대상이다. 그의 시적 화살은 지속적으로 탈중심화된 과녁을 향해 있다. 위에 인용된 시들은 순서대로 (앞에서 언급한) 그의 첫 시집, 세 번째 시집, 그리고 마지막 다섯 번째 시집에서 고른 것들이다. 첫 번째 시에서 허공은 "먼 허공"이므로 닿기 어려운, 어쩌면 닿을 수 없는 대상이다. "부러진 촉 끝

으로 은유된 "갈대"는 허공이라는 가상적 실재에 가닿지 못한 그의 화살을 연상시킨다. 그 화살은 실패의 와중에도 "통증처럼" "새떼"를 "뱉어"낸다. 새들은 하나의 죽음 위에서 닿지 않는 허공을 향해 다시 날아가는 잠재적 죽음들이다. 두 번째 시에서 허공은 "큰 무덤"으로 은유된다. 그것은 삶의 끝장이며, 모든 것을 삼켜버리는 블랙홀이다. 세 번째 시에서 허공은 이미 몸속에 들어와 있다, 그것은 몸과 더불어 몸에 의미를 부여하되 궁극적으로 몸을 지배하는 실재이다. 이렇게 보면 허공은 중심 없는 '저쪽'의 실재이되, 아직 그곳에 이르지 않은 '이쪽'과 대비되며, 이쪽 안에 들어와 이쪽을 끊임없는 결핍의 존재로 만드는 거대한 힘이다. 그것은 죽음일 수도, 유한자-인간이 현세에서는 끝내 도달할 수 없는 절대적 실재일 수도 있다. 라캉 식으로 말하면, "허공"은 상징계가 가닿을 수 없는 실재계이며, 오로지 죽음을 경유해서만 도달할 수 있는 대상이다. 그가 날리는 언어의 화살들은 상징계의 무수한 기표들이며, 그것들은 실재계 아래에서 계속 미끄러진다. 이런 풍경은 그 자체 시 쓰기의 과정이면서 동시에 (비극적) 삶의 과정이기도 하다.

2.

"허공" 외에 신용목의 시에 자주 등장하는 기표들은 "바람", "구름", "안개", "연기" 같은 것들이다. 이런 기표들이 한결같이 공유하고 있는 속성은 '유동성'이다. 이것들은 허공을 지상과 연결하기도 하고, 허공을 현세로 끌어내리기도 하며, 허공을 지상의 것과 마구 뒤섞기도 한다. 이것들은 마치 과녁을 향해 날아가는 화살이 (일시적으로) 대기를 뒤흔들 때 발생하는 정신의 윤슬이나 흔들림 같은 것들이다. 이것들은 고유의 액체성으로 저 멀리 있는 실재의 경계를 허물고 지우며 뒤섞는다. 이것들은 정해진 방향도 없이 무차별로 실재를 산개散開시키는, 상징계의 최전방에 있는 화살들이다.

> 바람은 먼 곳에서 태어나는 줄 알았다 태풍의 진로를 거스르
> 는 적도의 안개 낀 바다나 계곡의 경사를 단숨에 내리치는 물보
> 라의 폭포
>   혹은 사막의 천정, 그 적막의 장엄
>   아랫목에 죽은 당신을 누이고 윗목까지 밀려나 방문 틈에 코
> 를 대고 잔 날 알았다
>   …(중략)…
>   소지 한 장도 밀어넣지 못할 문틈에서 바람이 살아나고 있었
> 다 고 고 고 좁은 틈에서 달빛과 살내가 섞이느라 바람을 만들
> 고 있었다
>   육체의 틈 혹은 마음의 금
>   그날부터 한길 복판에서 간절한 이름 크게 한번 외쳐보지도
> 못한 몸에서도 쿵쿵 바람이 쏟아져나왔다 나와 나 아닌 것 삶과
> 삶 아닌 것이 섞이느라 명치끝이 가늘게 번져 있었다
>   ─「틈」 부분

"바람"은 현세와 허공, 삶과 죽음의 경계를 허문다. 그것은 실물의 세계에 구멍을 내고 그것을 균열시키며, 그 "금"을 통하여 이곳과 저곳을 잇는다. 바람을 통하여 실재는 현상의 틈바구니로 끼어들며, 현상이 먼 실재와 이어져 있음을 알려준다. 그리하여 개체에게 돌아올 미래는 이미 떠난 자의 현재가 되고, 현재는 이미 도래할 미래로 가고 있음이 드러난다. "나와 나 아닌 것 삶과 삶 아닌 것이 섞이"는 것은 두 개의 경계에 마구 끼어드는 바람 때문이다.

우럭이 관 속에 누워 있다
몇 마리 우럭들, 우럭의 영혼으로 헤엄친다 산 것들이 죽은 것의 영혼인 물 속
연기의 문장으로 맴을 돈다

한생이 무덤 속이었던 우럭
물속에서 타 죽은 우럭

나도 가끔 창밖을 본다 철 지난 부음처럼 낙엽은 날아와 부딪히고 흘러내리는
손자국, 한 칸씩 허공은 투명하게 질러놓은 관짝들이다
　　　　　　—「나도 가끔 유리에 손자국을 남긴다」 부분

화자는 죽음을 들여다보며 죽음의 이쪽과 저쪽에 대하여 사유한다. "산 것들이 죽은 것의 영혼", "생이 무덤"이라는 말이야말로 존재의 혼종성을 잘 보여준다. 존재의 '삶' 속에 '죽음'이 이미 들어와 있기 때문이다. 모든 삶이 결국 "관짝"인 "허공"으로의 이동이라면, '지금, 여기'의 삶의 의미는 무엇인가. 화자는 삶과 죽음의 경계에서 "연기의 문장으로 맴을 돈다." 화자인 "나"는 경계의 자리에서 경계의 언어로 '죽음'을 만진다. 우럭이 들어 있는 유리관이 결국 관짝이므로 그것에 "손자국을 남"기는 것은, '아직'의 시간이 '오고 있는' 시간을 만지는 것이다. "연기의 문장"은 그러므로 삶과 죽음을 뒤섞는, 이항 대립의 경계를 무너뜨리는 중간 혹은 겹침의 언어이다.

3.

신용목의 시에서 잊을 만하면 가끔 튀어나오는 물상이 있다. 그것은 "까만" 혹은 "검은 봉지"이다. 검고 까만 것이 죽음을 나타내거나 혹은 죽음 가까이에 있는 어떤 존재를 지칭한다면, 봉지는 텅 빈 것, 가벼운 것, 지상과 허공 사이를 정처 없이 떠다니는 존재를 연상시킨다. 또한 검은(까만) 것과 봉지가 합쳐지면 그것은 결핍의 생계 혹은 플라스틱의 일회성으로 이루어진 현재를 떠올리게 하기도 한다.

창문마다 검은 물고기가 서 있다. 까만 비닐봉지에서 쏟아져
나온 비늘 잃은 활어들, 저녁은 꿰맬 수가 없다 귀 터진 넓이로
무엇도 이룰 수 없는 시간이 돌팔매처럼 날아왔다
—「허락 없이 놀러 와서」 부분

모든 그림자를 태우기 위해 밤이 온다고 했다 거리의 검은
봉지를 데려가기 위해
검은 봉지를 뒤집어쓰고

검은 봉지에 갇혀 검은 봉지를 검은 봉지로 만드는
밤

어둠속에서 불안은 어떻게 문을 찾아 두드리는가?
—「허락 없이 놀러 와서」 부분

보다시피 "검은 봉지"는 허공의 최종적 명령을 지시하는 객관상관물이다. 상징계의 주체들은 마치 허공에 정처 없이 떠도는 검은 봉지처럼 가볍고 불안하다. 그것은 기의를 상실한 기표들이며, 그것 옆에는 늘 죽음의 다른 이름, 즉 마지막의 생이 가까이 와 있다. 그러니 '어둠의 어

둠', '검은 봉지의 검은 봉지' 속에서 "불안은 어떻게 문을" 찾나. 이것이 신용목의 시들이 지속적으로 던지는 질문이다. 이런 질문은 최신작에도 여지없이 등장한다.

> 그림자의 무게로 구겨진 바닥에서
> 문득,
>
> 하늘로 솟구쳐 오르는 검은 봉지는
>
> 왜 커지지 않는가
>
> 저렇게 높이 날아오른 생각이라면, 저것은
> 여기서 찢겨져
>
> ―「파이프」 부분

화자는 현상들("그림자")의 "무게로 구겨진 바닥"에 있다. 실재(허공)는 여전히 손에 닿지 않는다. 검은 봉지 같은 인간-주체가 "하늘로 솟구쳐" 올라 봐야 실재의 등불은 켜지지 않는다. 그것은 실재에 채 닿기도 전에("여기서") "찢겨"지고 찢겨진다. 이런 점에서 신용목은 비극적 세계관의 소유자이다. 루시앙 골드만이 『숨은 신』에서 파스칼의 "생각하는 갈대"를 비극적 세계관의 객관상관물로 간주했듯이, 허공과 바람과 안개와 검은 봉지들은 신용목의 세계관이 갖는 비극성의 표식들이다.

> 뿌리를 허공에 던진다. 뿌리가 허공에 쌓인다.
>
> …(중략)…

몸은 허공 속으로 쑥 뽑혀진다

…(중략)…

허공마다 치렁치렁 엉켜 있는 뿌리들,

―「가둬진 어둠」 부분

이 대목은 얼마나 처절한가. 허공이 뽑아간 몸들, 그리하여 허공에 쌓인 생의 "뿌리"들. 그 얽히고설킨 애통의 내러티브들. 그러나 신용목의 시들은 비극을 수많은 은유의 잎사귀들로 칭칭 동여맬 줄 안다. 그리하여 그것들은 감상에 빠지지 않으며, 바람과 함께 허공을 계속 친다. 그 울림들이 그의 시다.

기린처럼 멀리
— 정한용論

1.

90년대 초반에 시와 평론으로 등단한 나는 최근까지 무려 20여 년 동안 문단을 떠나 있었다. 특별한 이유가 있었던 것은 아니고, 그냥 문학이 시시했고 글 쓰는 사람들이 시시했고, 문학과 문인들 사이의 위계가 지겨웠다. 나는 문단을 떠나 새로 생긴 영문학 관련 학회에서 20여 년의 세월을 보냈다. 내가 다시 "나는 문학이다"라는 청년 카프카의 언술에 정신이 화들짝 깨어 지난 4~5년 전부터 시를 쓰기 시작했을 때, 나는 완벽한 무명이었고, 시인도 평론가도 아무것도 아니었다. 불러주는 사람이 없는 나는 〈페이스북〉에 거의 매일 새로 쓴 시를 올리기 시작했고 누군가 '낚이기'를 기대했다. 그래서 청탁도 들어오고 누군가 시집도 내자고 달려들 때를 기다렸는데, 얼마 지나지 않아 그 명민한 눈으로 내 시에 낚인(?) 자가 있었으니 그가 바로 (그때까지 일면식도 없던) 정한용 시인이다. 나는 정한용 시인 덕택에 인세를 제대로 받으며 무려 23년 만에 두 번째 시집을 내고 '그리운 내 고향' 문학으로 돌아올 수 있었다. 이러니 나는 정한용에게 평생 빚을 진 자가 되어버린 거다. 그때까지 정한용 시인을 몰랐다면 간첩이니, 내 서가에는 (언제 샀는지 모르지만) 그의 네 번째 시집 『흰 꽃』(2006) 정도가 꽂혀 있었다. 이번에 이 글을 쓰기 위해 그가 지금까지 출판한 여섯 권의 시집을 다 읽어보니 이 시집은 정확히 정한용 시인의 (지금까지로만 따지자면) 전기와 후기를 가르는 (딱!) 중간 지점에 있는 시집이다. 앞에 나온 세 권의 시집들, 즉 『얼굴 없는 사람과의 약속』(1990), 『슬픈 산타 페』(1994), 『나나 이야기』(1999)가 넓은 의미의 자아와 세계 탐구였다면, 『흰 꽃』 이후의 시집들인 『유령들』(2011), 『거짓말의 탄생』(2015)은 기린처럼 세상을 위아래로 넘겨다보며 확신에 찬 '기획적' 실험성을 보여준 작품들이다. 『흰 꽃』은 이런 점에서 절반의 서정과 절반의 지적 위악僞惡으로 이루어진 시집이다.

민음사에서 나온 첫 번째 시집 『얼굴 없는 사람과의 약속』의 앞표지엔 30대 초반으로 짐작되는 정한용의 흑백 사진이 걸려 있다. 시쳇말로 '꽃미남' 스타일이지만 어딘지 모르게 경계와 불만과 분노로 예리한 그의 눈길을 보면, 우리 모두 시인이었던 과거를 들여다보는 것 같아서 '새삼' 반가워진다. 그의 사진을 보며 나는 '그래, 우리는 시인이었어, 그리고 지금도 시인이지. 우리는 그렇게 (대책 없이) 분노하고, 그렇게 욕하고 좌절하며 더러운 세월을 건너온 거야'라는 공동의 이력서를 쓴다.

> 눈물 젖은 빵을 먹어본 자는 알리라
> 삶이 얼마나 냄새나는 것인가
> 인생에 고스란히 속임수 당하며 하루하루
> 진창으로 빠져들었다는 것
> 다 그게 그거야 다
> (……)

그리하여 알리라 모든 말의 뼈와 살들이
얼마나 헛되이 우리의 주변을 맴돌아왔는가
틀에 박힌 습관에 흘레붙어 떨어질 줄 모르는 놈들
다 내게로 오라
　　　　　―「아침 식사를 하시는 개」부분

우리는 "개"처럼 삐딱하게 세상을 읽었고, (시의 왕국에서 뻔한 것, 자동화된 것들은 박멸의 대상이었으므로) "틀에 박힌 습관에 흘레붙어 떨어질 줄 모르는 놈들"을 경멸했다. 세상은 우리같이 '의심하는' 개들을 얼마나 쉽게 속였는가. 그리하여 우리는 얼마나 한심하게 "하루하루/진창으로 빠져들었"던가. 시란 이렇게 세상에 (대답 없는) 질문을 던진 죄로 얻어터진 자들의 언어이다.

그래 그래도 진창을 빠져나오며
이젠 자유,
그렇게 소리질렀다 나는 목을 따고
미친 놈처럼 그렇게 개새
끼들아, 찢어진 날개 지금 꿰맬 수 없어
무릎으로 낮은 포복으로 가더라도
내일 태양이 안개 사이로 솟아나는 걸 보러
나는 가야겠어
가야, 가야겠어 느티나무 지나
불붙는 들판으로
　　　　　―「느티나무」부분

이제 서로 나이 들어, 세상에 깨지고 "낮은 포복"으로 박박 기는 젊은 화자의 모습을 뒤돌아보는 일이 괴롭지만은 않다. 그렇게 "미친 놈처럼" 살아보지 않고 누가 감히 "불붙는 들판"을 이야기하리. 정한용의 첫 시집은 자신과 세계를 실컷 두들겨 패며 "안개 사이로" "태양이" "솟아나는 걸 보러" 가는 청춘의 아픈 힘으로 가득하다. 그는 그렇게 90년대 초반을 건너간다.

2.

1994년에 나온 두 번째 시집 『슬픈 산타 페』에는 이런 표현이 나온다. "나는 누구인가/십년 전 내 발끝을 따라다닌 질문은 그것이었다/그러나 지금/나를 둘러싼 너는 누구인가"(「대답 없는 메아리여」). 그의 질문은 이제 "나"에서 "너"로, '주체'에서 '세계'로 넘어가고 있다. 이런 확장은 '나'를 알기 위해서도 매우 중요한데, 모든 '나'는 오로지 '너'와의 관계 속에서, 모든 주체는 세계와의 관계와 차이 속에서 해명되기 때문이다. 그가 '나'에게서 '너'에게 넘어갈 때 그의 안테나에 포착되는 것은 주로 "빅토르 하라"(「빅토르 하라의 죽음」), 민통련 사건으로 사형당한 "이수병"(「암장」) 등으로 상징되는 사회·역사·정치적 사건들이다. 빅토르 하라는 정치범 6000여 명이 보는 앞에서 도끼에 "왼손의 손가락들"을 잘린 후 "인민연합의 노래"를 부르다 총살당한다. 이수병은 박정희 시대인 1975년 4월 8일 사형 판결을 받은 바로 다음날 새벽 사형을 집행당한다. "사법사상 암흑의 날"로 기록된 이 날이, 이런 폭력이, 이런 '너'들과의 관계가 '나'를 구성하고 규정한다. 이 시집에서 '정치적인' 주제의 시들이 그렇게 많은 것은 아니다. 그러나 세계는 근본적으로 정치적 공간이다. 세계는 권력이 배분되는 공간이고, 위계의 시스템이 지배하는 공간이며, 단독자의 자유가 (나쁜) 공공성의 이름으로 뭉개지는 공간이다. 『슬픈 산타 페』와 세 번째 시집 『나나 이야기』를 관통하는 정서는 주로 슬픔, 죽음, 초라함, 소멸, 쓸쓸함 같은 것들이고, 이런 목록은 폭력의 세계 속으로 진입한, 혹은 폭력적 위계와의 관계를 자각한 주체에겐 피할 수 없는 것이다.

우리시대의 적들과 싸우다
얻어맞고 살터진 초라한 별
—「별을 센다」부분

네 손끝이 네 입술에 닿자
너는 부서져 가난하고 슬픈 가락이 된다
—「아마존」부분

온 세상이 가라앉는다
갈등과 모순이 묻힌 곳, 씨앗처럼 잠든 그곳이
아름다운 적멸이 된다
—「가을/겨울 사이에서」부분

죽은 뿌리 다시 솟궈내는
저 아름다운 울음의 극치, 차마 마주보지 못하고
스산한 먼지 속에 돌아서네
—「哀絕陽」부분

자유·평등·진리는
밥숟가락 하나의 무게도 지탱하지 못할까
그리고 왜 체제의 적
빵처럼 부푼 식욕의 아우성인 저 공룡을 우리는

　　　　때려눕히지 못하는 것일까

　　　　　　　　　　—「공룡에 대한 기억·1」 부분

위에 열거한 것들은 실존적 불안angst뿐만 아니라 혹독한 정치적 무력
감까지 자각한 단독자의 내면을 스쳐 간 정동affect들의 리스트이다. 이
런 정서들은 세 번째 시집인 『나나 이야기』까지 지속된다. 다만 이 시집
에서 화자는 좌절과 분노보다는 풍경으로 세계를 대하는 모습을 보여
준다. 사실 이런 태도는 이미 첫 시집에 해설 대신 실린 시론 「있는 것
과 있어야 할 것 사이의 먼 길」에 언급되어 있다. 여기에서 그는 다음과
같이 말한다. "나는 시를 쓰지 않고 대상을 그린다. 풍경을 그리듯, 사
람 인생살이도 그리고, 풀과 새도 그리고, 사랑과 증오, 그리고 있는 것
과 있어야 할 것 사이의 먼 길도 그린다. 그러면서 나 자신은 그들로부
터 되도록 멀리 떨어져 있으려 한다. 마치 방관자처럼, 마치 도둑처럼."
그는 과연 첫 시집을 낼 때의 생각대로 "마치 방관자처럼" 세계로부터
"멀리 떨어져" 있었나. 꼭 그렇지만은 않은 것 같다. 그는 세계와 거리를
갖기보다 오히려 그것 속으로 들어가 치고받고 싸웠다는 편이 옳다. 이
말을 할 때, 그것은 일종의 소망태 혹은 잠재적인 것the potential이었지 실
제적인 것the actual은 아니었다. 그의 이런 소망은 세 번째 시집과 네 번
째 시집인 『흰 꽃』에서 일정한 성취를 이룬다. 『흰 꽃』의 서정적인 시들
은 오랜 고통과 싸움을 거친 자만이 보여줄 수 있는, 세계와의 아름다운
거리를 잘 확보하고 있다.

　　　　흰 꽃이 피었습니다
　　　　보라 꽃도 덩달아 피었습니다
　　　　할미가 가꾼 손바닥만한 뒤 터에
　　　　꽃들이 화들짝 화들짝 피었습니다

몸은 땅에 묻혀 거름이 되고
하얀 옷깃이 바람에 흔들립니다
무더기로 손 쓸립니다
수년 전 먼저 길 떠난 內子를 여름빛으로 만나
한참을 혼자 바라보던 할애비도
슬며시 보랏빛
물이 듭니다

　　　　　　　―「도라지꽃」 전문

이 시는 객관 상관물들을 빌어 "할미"와 "할애비"의 고단한 삶을 "꽃들"의 풍경으로 전치시킨다. 이와 같은 숭고화를 통해 아픔은 아름다움이 되고, 고통은 "화들짝 화들짝" 새로운 경계로 넘어간다. 누가 세계를 풍경으로 만들 수 있는가. 그것은 오랜 감정이입과 애통해함compassion의 시간을 통과해온 자만이 할 수 있는 일이다. 충분히 아파하지 않고 아픔의 그림을 그릴 수 없다. 애도는 충분히 애도한 후에만 풍경이 된다. 정한용이 말한바 방관자가 아니되 "방관자처럼", 도둑이 아니되 "도둑처럼" 세계를 읽는 방법이 이것이다. 그러나 세계의 내장으로 들어가 보지 않은 자가 어떻게 그것에서 빠져나오리. '나옴'은 '들어감'이 있어야 가능하고, 울지 않음은 울음 후에만 성취된다.

스무 해 전에 보낸 편지에
스무 해 지나 메일로 답이 왔다

알 수 없는 일, 겨우겨우
가는 목숨을 어찌어찌 이어오던 난 화분에
꽃이 달렸다

모든 목숨은 물 같은 그리움이거나

빈집을 흐르는 울림이거나

상처의 흔적이거나

—「적멸」 전문

『흰 꽃』이 보여주는 "적멸"은 이처럼 고요한 '사라짐'만을 의미하지 않는다. 그것은 마치 잊힐 만큼 긴 세월 후에 갑자기 날아오는 "답"처럼, 혹은 다 죽어가던 화분에 피는 "꽃"처럼, "그리움이거나", "울림이거나", "흔적이거나"로 남는다. 그것은 사라짐 너머의 생성이며, 사라짐이라는 범주 혹은 규정 위에서 (뜻밖에) 생겨나는 풀잎 같은 것이다. 이렇게 한결 성숙된 사유 위에서 『흰 꽃』의 2부에 나오는 시들은 근작인 『유령들』, 최근작인 『거짓말의 탄생』이 보여주는 지적 실험들, 유희들, (자신감 넘치는) 세계와의 끝장 토론 같은 것들을 예기豫期하고 있다.

사 랑 한 다 니 깐 <a href='http://wwl259.

hanmail.net/Mail-bin/view_submsg.cgi?TM=Yc9Q727BFSO

a33u1GwMT%2BRXHhprBtJnvrV76rSk13om68lx91cilzv9sfv

AT61tyT%2FdYY%2BNDLWPDcb3qPilCcHalWqxXFRDTBE

3%2FRp%2B9QnHrmo8Efld8E7HJDxOsNZcs5D%2BOqelGN

(……)

—「오래된 사랑노래」 부분

다섯 쪽에 걸쳐 (대부분) 컴퓨터 명령어로 이루어진 이 시를 자판을 두드리며 정확하게 옮기는 것은 매우 힘들고 무의미한 일이다. 내가 설사 아무 부호나 마구 쳐 넣는다고 해서 어느 독자가 이를 원문과 일일이 대조해볼 것인가. 그리고 대조한들 무슨 의미가 있는가. 이 시에서 부호들의 순서나 정확성은 문제가 되지 않는다. 어떻게 써졌건, 어떻게 옮겼건 간에 정한용에게 중요한 것은 이제 세계가 수많은 부호 혹은 기호들의 시뮬라크르로 존재한다는 인식이다. 정한용은 이제 실물을 지우고 실물의 행세를 하는 시뮬라크르의 현실에 주목하기 시작한다. 실물의 세계에서 볼 때 거짓말들이, 시뮬라크르의 세계에서는 진실이 된다. 본질/그림자, 표피/깊이, 육체/영혼의 이분법을 가볍게 날려버리는 시뮬라시옹의 세계를 (이에 비해 원시적이기 짝이 없는) 문학은 어떻게 대할 것인가. 2015년에 나온 최근작『거짓말의 탄생』은 문학(혹은 문학하는 사람)이 시뮬라크르/시뮬라시옹 지배의 탈근대에 던지는 근원적인 질문이다. 그러나 정한용은 탈근대의 시뮬라크르로 넘어가기 전에 먼저 작심하고 근대의 실물세계에서 실제로 벌어진 '끔찍한' 경험들을 환기시킨다. 그것은 폭력적 근대에 대한 다큐이면서 반성문이고, 반성문이면서 절규이고, 사랑이면서 환멸이다. 그것은 다시는 기억하고 싶지 않은 것이어서 "유령"이라는 제목을 붙일 수밖에 없는 사건들의 기록이다. 우리가 그의 다섯 번째 시집『유령들』을 언급해야 하는 이유이다.

3.
『유령들』은 정한용이 작심하고 써 내려간, 전 세계에서 일어난 폭력들의 생생한 기록이다. 유럽인들에 의한 원주민 학살, 백인 우월주의자들에 의한 흑인 학살, 월남전, 난징 대학살, 나치에 의한 유대인 학살, 4·3항쟁, 광주항쟁 등에서 벌어진 제노사이드뿐만 아니라 산 채로 밍크의 껍질을 벗겨 코트를 만드는 잔인한 행위까지, 이 시집엔 의도적으로 비유를 제거한 (인간들의) 폭력의 역사가 날것으로 담겨 있다.

> 1988년 어느 날
> 지도상에 표시된 마을 4000개가 흔적 없이 사라졌다
> 집은 허물어지고 사원도 무너졌다
> 공동묘지를 파헤쳐 놓은 곳, 불탄 기둥들, 재가 날리고 있다
> 가끔 주인 잃은 개들이 늑대처럼 컹컹 짖었다
> 무덤에 들지 못한 시신 곁에
> 한 무더기 흰 유령 꽃이 피어났다
> ―「친구는 없고 산만 있다」 부분

자고로 모든 전쟁과 학살은 지배계급에 의해서 결정되고 실행된다. 그리고 그 와중에 억울하게, 때로 이유도 제대로 모른 채 죽어가는 사람들은 대부분 권력과는 거리가 먼 하위주체subaltern들이다. "역사는 강자들의 강간"(「황금 해안」)이라는 정한용의 정의定義는 이렇게 해서 생겨난다. 그러므로 시집 『유령들』은 그가 자아를 넘어 긴 목으로 마침내 바라본 세계의 참혹한 본질을 보여준다. 그리고 세상의 모든 개체들은 이 어마어마한 "강자들의 강간"의 역사와 직간접으로 연결되어 있다. 우리 모두는 이 역사의 피해자이자 가해자이며, 구경꾼이자 참여자이다. 이런 의미에서 이 세상은 "유령 꽃"들이 만발한 무덤이다. 그곳엔 울음이 가득하다.

> 온몸의 주름에서 울음소리가 새어 나온다
> 먼저 죽은 이들이 하늘에서 새처럼 따라 운다
> ―「새들의 노래」 부분

현재로서는 최근작인 『거짓말의 탄생』은 "거짓말"을 전략적 장치로 내세워 만든 가상의 세계들로 이루어져 있다. 제목에 "거짓말"이라고

달아놓았으므로 이 시집에서 정한용이 무슨 구라sic!를 친들 아무런 문제가 되지 않는다. 거짓말은 시뮬라크르의 현실을 실물처럼 보여주기도 하고, 현실을 (말도 안 되는 상상력으로) 재구성하기도 하고, 도래할 미래를 미리 앞당겨 성취하기도 한다.

앞에서 언급했던 초기작들로부터, 참혹한 세계의 본질을 파헤친 『유령들』을 거쳐 『거짓말의 탄생』에 이르면, 주체와 세계를 바라보는 정한용의 키와 목은 더욱 늘어나 마치 늘씬한 기린의 모습을 연상시킨다. 실물의 정한용도 꼭 기린같이 생겼다. 긴 팔과 다리로 그는 마치 지상에서 5센티미터쯤 뜬 상태에서 걸어 다니는 것처럼 보인다. 느리지만 경쾌하고, 안 보는 듯 이미 멀리 보는 게 기린으로서의 그의 DNA이다. 그는 조용하지만 이미 다른 사람들의 어깨 너머를 보고 있고, '저게 세상이야. 바로 저거야'라고 혼자 말한다. 『유령들』과 『거짓말의 탄생』은 이렇게 성장할 대로 성장한 기린이 자유자재로 세계를 넘보며 기획·생산한 세트 시집들이다. 『유령들』을 읽으면 참혹해지고 『거짓말의 탄생』을 읽으면 슬그머니 웃음이 나온다.

    20년 후의 나로부터 만나자는 문자가 왔다.
    20년 전의 나를 데리고 나가겠다고 답을 보냈다.
    (……)
    어린 나는 마르크스를 읽는다고 했다.
    지금의 나는 여행 서적을 읽는다고 했다.
    늙은 나는 책 같은 건 보지 않는다고 했다.
    (……)

    이후 세 시간 동안 끊어진 필름 조각을 이어보면
    어린 나는 '진실'과 '사실'의 차이를 아냐고 악을 써댔고

지금의 나는 우리 회사 이부장 '썩을 놈'이라고 욕을 해댔고
늙은 나는 오래전 돌아가신 어머니 이야기를 자꾸 꺼냈다.
나주집 아지매가 결국 등을 밀어낸 것은 알겠는데
우리가 어떻게 헤어졌는지는 기억이 없다.
우리 중 누군가가, 다시 또 만나면 개새끼라고
꿈속에서인 듯 말한 것 같기도 하다.

—「나주집에서의 만남」부분

이렇게 3대의 "나"들이 만나는 것은 오로지 "거짓말"을 통해서만 가능하다. 거짓말은 상상력이고 은유이다. 그의 『거짓말의 탄생』은 목이 길어 세상을 멀리 보는 기린이 만든 은유의 책이다. 그의 은유가 더 멀리, 더 깊이 세상을 보기를. 세상이 기린의 은유 아래에서 평온해지기를.

제3부

본다는 것의 의미
—권덕하 시집, 『맑은 밤』

1.

존 버거J. Berger의 말마따나 "보는 것이 언어에 앞선다." 우리는 표현하기 전에 먼저 본다. 계속 버거의 말을 따르면, "우리는 보는 것만큼만 볼 수 있으며, 이런 점에서 본다는 것은 선택의 행위이다"(존 버거 『다른 방식으로 보기』). 선택의 이면은 배제이다. 따라서 본다는 것은 대상의 어떤 부분을 버리고 동시에 다른 부분을 선택하는 것이다. 선택과 배제는 주체의 관점에 의해 결정된다. 그러므로 주체가 '본 것'을 보면 거꾸로 주체의 관점을 알 수 있다. 권덕하는 이 시집의 여러 곳에서 '보는 것'의 의미를 곱씹는다. 그는 보는 자신을 보는, 보는 행위가 무엇인지 다시 보는, 겹 시각을 가지고 있다.

　　낮에는 집이 방을 안고 있는 것 같지만

　　밤길 걷는 사람에게는 환한 방들이 저마다 집을 품고 있는

것처럼 보입니다

때로는 불 꺼진 방 하나가 온 우주를 캄캄하게 만들 수도 있
습니다

—「방」 전문

똑같은 방들을 바라보는 두 개의 시각이 있다. 하나는 낮의 시각이고 다른 것은 밤의 시각이다. 낮에 볼 때, 집이 방을 안고 있는 것처럼 보인다. 방은 집의 부속품이다. 그러나 "밤길 걷는 사람에게는" "환한 방들"이 전경화되며 커질 대로 커져서 마치 방들이 "집을 품고 있는 것처럼" 보인다. 그런데 시인은 환한 방들이 아니라 "불 꺼진 방 하나"의 어둠에 주목한다. 환한 방들 사이의 어두운 방이 두드러질 리 없으므로, 그것을 눈에 띄게 하는 것은 시인의 시선이다. 시인은 남들이 보지 않는 것을 끄집어내고 감추어진 것을 드러낸다. 시인에게 중요한 것은 환한 방들이 아니라 불이 꺼져 "온 우주를 캄캄하게 만들 수도" 있는 하나의 방이다. 눈에 띄는 여러 개의 방이 아니라 "불 꺼진 방 하나"가 온 우주를 캄캄하게 만들 수 있다는 시선은 얼마나 고마운가. 길도 없고 미래도 없는("불 꺼진") 시각이 존재한다면, 그것이 단 한 개의 시선일지라도 그것에게 온 우주는 절망 그 자체 외에 아무것도 아니다. 그러므로 보는 주체의 수만큼이나 다양한 우주가 존재한다. 우주의 의미는 '보는 것'에 의해 결정된다.

옥상에서 내려다보면
모두 네 발로 걷는다

두 발로 땅 딛고

두 손은 허공을 걷는 듯

자신을 내려다볼 수도 없으니
올려다볼 줄도 모르고

제 그림자에 달라붙는
햇살 털어내며

한 손은 폰을 신고
한 손은 맨발로

—「관점」전문

"관점"은 '보는' 주체의 입장이다. 주체의 보는 행위로 세계가 해석된다. 해석된 세계는 적어도 해석 주체에겐 해석물이 아니라 팩트로 다가온다. 주체가 해석의 주관적 과정을 인지하지 못하기 때문이다. 해석의 주관성은 보는 것을 다시 보는 (비판적) 거리에 의해서만 인지된다. 보는 것에 의해 모든 지식이 결정되므로 본다는 것은 문자 그대로 얼마나 무시무시한 일인가. 우리가 사물을 보는 순간에 지식과 지각의 모든 것이 끝장나므로, 보는 행위의 중요성은 얼마나 압도적인가. 그래서 존 버거는 조각가 쟈코메티A. Giacometti의 작업에 대해 "본다는 행위가 그에게는 일종의 기도와 같은 것"(『본다는 것의 의미』)이라고 했다. 권덕하 시인은 보는 것을 다시 봄으로써 보는 것의 의미를 확인한다. 그는 보는 것과 비판적 거리를 확보함으로써 보는 것의 주관성을 읽어낸다. "관점"은 직립보행의 인간을 얼마든지 "네 발로 걷는" 짐승으로 만든다. 보는 것을 제대로 해내지 못할 때, 주체는 "자신을 내려다볼 수도" "올려다볼 줄도" 모른다. '보는 것'은 주체를 무지나 왜곡의 도사로 만들 수도 있고 진리의 전도사로 만들 수도 있다.

창을 등져야
잘 보이는 풍경이 있다

창밖에서 불어오는 바람과
벽을 타는 햇살이
만난 자리에서

잠시 눈을 감는 사람
눈시울 바르르 떨릴 때
복도 계단에 주저앉아

다 잊고 잊어야
기다릴 수 있었던 날들을 기억한다
　　　　　　―「계단에서 기다리는 사람」 부분

시인은 대상을 '잘 보려면' 안이 아니라 바깥을 보라고 조언한다. 계단에 앉아 "창을 등져야" 비로소 "보이는 풍경"이 있다는 것이다. 시인은 이런 식으로 '보는 방법들'을 궁구한다. 사건의 내부가 아니라 먼 외부로 볼 때만 보이는 것, "다 잊고 잊어야" 비로소 "기억"이 가능한 것들이 있을 때, 주체는 대상을 등지고 먼 풍경을 향해야 한다. 그러므로 사물의 파사드facade는 사물의 전부가 아니다. 사물의 진실은 사물의 앞만이 아니라 사물의 옆과 뒤, 그리고 위에도 있을 수 있다. 시선은 사물의 다양한 각도를 자유자재로 후비고 긁음으로써 사물을 관통한다. 그리고 이런 앎은 오로지 '보는 것의 의미'를 아는 자에게만 주어진다.

2.

본다는 것의 의미를 궁구하는 시인에게 가장 중요한 '보기to see'는 무엇일까? 그것은 보는 주체인 나를 다시 보는 것이다. 자신에 대한 성찰 없이 세계에 대한 바른 인식은 보장되지 않는다. 이 시집의 여러 곳에 '거울' 이미지가 나오는 것은 이와 같은 자기 보기, 즉 자아성찰의 결과이다.

> 배고플 때 눈 감는 아이는 눈 감은 채 먹고 싶은 것 말하네
>
> 밤보다 어두운 곳을 다스리는 여왕이 눈발로 변복해 보낸 밀정처럼 아이의 눈길 따라 정전된 거리 걸어가면
>
> 먹을수록 배고프기만 한 것들만 팔리는 거울 식당 창밖에는 남의 휴대폰이 켜지는 찰나에 되살아나는 마음의 칼자국들
>
> —「거울 이야기」 부분

이 작품은 한 편으로는 배고픈 아이의 고난에 대한 깊은 통감을 드러내면서 다른 한 편으로는 '보기'의 가장 일반적인 방정식을 설명하고 있다. 보기의 절실한 주관성은 결핍으로부터 온다. 니체의 말대로 주체는 자신의 욕구와 욕망을 대상에 투여하고 자신이 투여한 의미를 대상에서 읽어낸다. 이를 버거의 말로 다시 바꾸면, 주체는 "보는 것만큼만 본다." 배고픈 아이는 대상을 볼 때 "눈 감은 채 먹고 싶은 것"을 말한다. 아이는 배가 고프므로 "먹고 싶은 것" 외에 다른 것을 보지 않는다. '보기'는 선택이면서 동시에 배제이므로, '보기'는 때로 '보지 않기'의 다른

이름이다. "먹을수록 배고프기만 한 것들만 팔리는 거울 식당"은 욕망의 자성학自省學을 적나라하게 보여준다. 결핍은 욕구를 낳고 욕구는 욕망을 낳는다. 충족되는 욕망이란 없다. "먹을수록 배고프기만 한 것"이야말로 굶주림의 방정식이다. "거울 식당"은 이렇게 주체가 자신을 들여다보는 욕망의 공간이다. 시인은 '보기'의 이런 방식을 들여다봄으로써 가난(결핍)을 사회학적인 차원만이 아니라 욕망의 차원에서 동시에 설명한다.

폐차장 자동차 거울을
부리로 찍는 곤줄박이

거울 속 제 짝 보고 반가워
밖으로 나오라고

나와 놀자고
다시 콕콕 쪼아보는데

반반하지만 단단한 꿈속,

바람에 날리는 꽃잎처럼
갈팡질팡하다가

부리 끝에만 머무는 모습에
사뭇 몸달아 더 애달픈 봄

—「춘몽」 전문

라캉이 상상계를 거울상 단계mirror phase라 부르는 이유가 있다. 상상계에서 주체와 대상 사이엔 어떤 분열도 없다. 주체는 자신이 보는 것(대상)과 자신을 구분하지 않는다. 폐차장의 자동차 거울 속을 들여다보는 곤줄박이는 거울 속의 자신(거울상)을 실제의 자신과 동일시한다. 곤줄박이는 거울 속에서 하나의 완성된 형태gestalt를 가진 자기의 모습을 본다. 거울에 비친 자기의 모습을 보고 기뻐하는 아이처럼 곤줄박이는 "거울 속 제 짝 보고 반가워" 그것과의 물리적 접속을 원한다. 그러나 이 모든 것은 오인misrecognition이므로 실물의 주체와 거울상 주체는 서로 만날 수 없다. 그러므로 곤줄박이의 '보기'는 사실상 "춘몽"에 불과하다. '춘몽'은 모든 자기성찰의 예에서 발견될 수 있다.

> 유리 거울만이 거울이 아닌데
> 거울 앞에서
> 자신과 유리되던 나
>
> 남들의 눈길에 길든 겉을
> 나라고 믿다가
> 못 믿을 거울이라더니
>
> 흐르는 물에 비춰보고
> 거울 없는 방이 편한 이유를
> 알았다
>
> 넘어진 흙바닥에 비춰보고
> 나를 제대로 본 적이 없음을
> 알았다

꽃을 피워도
거울을 찾지 않는 풀과 나무들이
가장 좋은 거울임을 뒤늦게
알았다

—「거울들」전문

이 작품은 '자기 보기'의 더욱 복잡한 풍경을 보여준다. 상상계에서 주체가 자신을 들여다볼 때 주체는 오로지 자신의 시각으로 타자(대상)를 자신과 동일시한다. 이 완벽한 합일이 거울상 단계로서의 상상계의 "춘몽"이고 '오인'이다. 주체가 상상계를 거쳐 상징계로 진입하면 주체의 헛꿈은 산산조각이 난다. 주체는 드디어 자기 분열을 겪고, 주체와 세계 사이에도 분열이 일어난다. 주체는 이제 자기의 시각으로 자신을 들여다보지 못한다. 주체는 대타자인 대문자 아버지의 시각으로 자신을 검열한다. "남들의 눈길에 길든 겉을/나라고 믿"는 것은 주체의 시선에 대문자 아버지의 법칙Father's Law이 개입하기 때문이다. 시인은 사회적 통념과 외부로부터 주어진 시선으로 자신을 들여다보는 일의 허위를 안다. "나를 제대로 본 적이 없"다는 고백은 타자의 시선으로 자신을 들여다보는 일의 덧없음을 지시한다.

3.

본다는 것의 복잡한 의미에 대한 궁구窮究를 거쳐 시인이 도달하는 지점은 다음과 같다. 시인은 상상계적 보기와 상징계적 보기 모두를 비스듬히 지양한다. 상상계의 오인과 상징계의 검열을 온전히 피할 수는 없다. 제대로 보기 위해서 주체가 상상계와 상징계의 대척점에 설 수 없으므로(상상계와 상징계는 주체의 살아있는 조건이므로) 그것들에 빗금을 그으면서 비대칭적으로 그것에서 벗어나는 수밖에 없다. 시인은 선택과 배제라는 보기의 탄력적 기능을 극대화하면서 상상계의 오인과 상징계의 억압을 동시에 회피하고자 한다. 보는 것의 힘은 선택과 배열의 능동성에 있다. 그리고 시인의 이 적극적 보기의 앵글은 앞에서 분석했듯이 풍요와 만족의 환한 빛이 아니라 "불 꺼진 방"의 어둠을 향해 있다. 이 시집의 3부에서 시인이 집중적으로 들여다보는 밤의 고시원, 골령골의 민간인 학살, 미얀마의 비극, 농민 시위 등의 풍경은 시인이 '보기'로 선택한 결핍의 공간들이다. 시인은 이 궁핍의 공간들을 상상계적 헛꿈을 지워내고 상징계적 검열을 피해 읽어내고자 한다.

> 그날의 고막과 눈동자
> 모두 흙이 돼버린
> 환청의 여름 골짜기,
>
> 초록빛 살들 만조처럼 차오르고
> 총소리 비명소리 다시 우거졌는데
>
> 풀과 나무들이 수어로 전하는가
> 땅속에 묻혀
> 뼈만 남은 진실을
> ─「산내면 낭월리 골령골」 부분

현재 대전시 동구 낭월동 일대인 골령골은 한국 전쟁 발발 직후인 1950년 6월 말부터 7월 20일 사이에 좌익 혐의를 받은 사람들 5,000~8,000명이 국군 헌병대와 경찰에 의해 무참히 학살당한 곳이다. 시인은 거창, 제주, 여수 등 다른 지역의 양민 학살 사건에 비해 상대적으로 덜 알려진 골령골 학살 사건을 '보기'로 선택한다. 무엇을 보기로 선택하는가가 주체의 주체성subjectivity을 형성하므로, 이는 그가 사회·역사적 현실에 대한 인식을 시의 중요한 본령으로 상정하고 있음을 알게 해준다. 그는 주관성과 대타자의 검열을 거부하며 민간 학살의 역사적 현장을 들여다본다. 죽은 자들의 살들과 그날의 "총소리 비명소리"가 한여름 초록빛으로 "만조처럼 차오르고" "우거졌"다는 표현은 상상계의 꿈과 상징계의 왜곡에서 해방된 건강하고도 생생한 시적 '보기'의 좋은 예이다.

> 봄은 무엇을 보라고 봄인가
> 권력에 취한 자들 혈안 번뜩이며
> 달아나는 시민들 머리와 등을 조준 사격하여
> 수없이 죽고 다치고 불구가 되고
> 수십만 난민들 강역을 떠돌지만
> 학살자들은 축제의 불꽃 터뜨리며 파티를 여는데
>
> 비극은 한 번도 희극으로 바뀐 적 없이
> 지구 곳곳에서 거듭되는데
> 혀 차며 빠르게 지나친 일
> 눈 한번 질끈 감고 입 다문 일
> 내일은 내 일이 되어 봄인가
> 만일은 만 일이 되어 다시 봄인가
> ―「인간의 봄」 부분

미얀마 사태를 그린 이 작품에서 "봄"의 기의는 양가적이다. 그것은 계절을 의미하기도 하고 동시에 '본다는 것'을 뜻하기도 한다. 시인은 미얀마의 끔찍한 현실이 계절로서의 봄과 본다는 것의 의미를 모두 파열시킴을 주창하고 있다. 극단적이고도 비극적인 현실은 모든 긍정적인 기의들을 무화한다. 지울 수 없는 비극 앞에 그 어느 기표도 그리고 기의도 설 자리가 없다. "내일은 내 일이 되어 봄인가/만일은 만 일이 되어 다시 봄인가"라는 진술은 끔찍한 현실 앞에서 유희의 수준으로 전락한 기호의 세계에 대한 풍자적 야유이다.

  그이는 나보다 나를 더 잘 볼 수 있는 사람이다

  한 생각에 사로잡혀 종종걸음치면, 앞서나가며 허리와 어깨 반듯이 펴고 좌우 두 팔 흔들며 보폭 크게 하여 그림자까지 웃기고

  나이 들수록 밝게 입으라고 새 옷 사주고, 버리지 못하는 것들 버릴 수 있도록 도와주는 사람

  처마 깊은 집 그늘이 마당에 오래 머물러 볕이 설렐 때

  먼 것을 그리는 눈치면 쓸쓸해 하다가, 바람 쐬러 나가자며 환해지는 사람이 있다
            ─「지난날이 좋아지도록」 전문

 지금까지 살펴본 것처럼 권덕하 시인의 시선은 늘 궁핍한 세계를 향해 있다. 결핍의 현실이야말로 주관성과 시스템의 억압을 넘어서서 시인이 바라보는 세계이다. 그런 눈길은 주관적 시선과 통념의 한계를 넘

어선다. 이 작품은 주관성과 시스템을 넘어, 그리고 사회·역사적 현실 너머 시인의 눈길이 궁극적으로 가닿는 것이 무엇인지 보여준다. "나보다 나를 더 잘 볼 수 있는 사람"은 나보다 나를 더 사랑하는 사람이다. 사랑은 한계를 넘어설 수 있게 해주는 무한 잠재성의 에너지이다. 그것이 시선을 넘어 무엇을 성취할지 감히 아무도 모른다. 그런 사랑은 오로지 주체보다 주체를 더 잘 알며 배려하는 타자에게서 온다. 이런 사랑이야말로 시인의 '본다는 것'의 의미가 마지막으로 머무는 곳이다.

저 살아있는 감각의 축제
— 김옥종 시집, 『잡채』

1.

시적 진정성이란 무엇일까. 사물이 기호의 옷을 입는 순간 사물은 사라진다. 중첩된 기호들의 밭에서 시는 어떻게 사물의 진정성을 분출할까. 감각을 하찮게 여기며 그 위에 관념의 베일을 씌울 때, 사물의 세계는 잿빛 묘지가 된다. 예술은 관념의 망토에 싸인 세계를 끄집어내 감각의 촉수 앞에 내민다. 감각의 빛 아래에서 사물은 다시 꿈틀거리기 시작한다. 지식이 관념의 처자라면, 지각은 감각의 자손이다. 예술은 지식을 목표로 삼지 않는다. 예술은 감각 덩어리로 세계와 승부한다. 시적 진정성은 감각의 현을 건드릴 때 비로소 울린다.

김옥종은 요리사 시인이다. 요리사는 감각의 고수가 되어야 한다. 요리사는 오감의 스펙트럼으로 세계를 포착한다. 미각과 시각, 후각과 촉각, 그리고 청각이 재료를 혀로 핥고, 눈으로 보고, 코로 냄새 맡으며, 손으로 만지고, 귀로 들을 때, 재료는 감각의 발기된 성기가 된다. 요리사와 재료 사이에서 감각의 전압이 최고조로 올랐을 때, 가장 맛있고,

아름답고, 향기롭고, 부드러우며, 듣기에도 좋은 음식이 만들어진다. 김옥종은 직업이 요리사이므로 늘 오감의 촉수로 세계를 만지며 산다. 예술이 지식이 아니라 지각의 문제임이 분명한 한, 그는 가장 잘 준비된 예술가이다. 그는 오감으로 식자재를 탐닉하듯, 세계를 핥고, 보고, 냄새 맡으며, 만지고, 듣는다. 니체가 "존재의 뱃속이 하는 말을 들은 것은 바로 몸이었다."(『차라투스트라는 이렇게 말하였다』)고 했을 때의 몸은 바로 '감각 덩어리'가 아니고 무엇인가. 존재의 본질을 지각하는 것은 바로 감각 덩어리이다. 사물과 감각들 사이에서 벌어지는 이 놀라운 직접성 때문에 그의 시에서 사물은 기호에 압도당하지 않는다. 사물과 오감이 맞부딪칠 때 관념의 청동 하늘은 산산이 무너지고 사물은 감각의 촉수 끝에서 살아난다. 그의 시에서 기호는 감각을 드러내는 수단으로 겸손해지며 사물을 왜곡하지 않는다.

    네 배꼽이 너덜해지고
    나의 배꼽이 해지도록

    가파르게 도달했으니

    …(중략)…

    네 살과
    내 살이 교차하는
    계절의 간극에서
    너의 쓸쓸함을 애무해 주마

    혼인색의 주검으로

—「연어의 노래」 부분

연어의 산란에 관한 이야기는 얼마나 진부한 소재인가. 그러나 시인이 배꼽이 "너덜해지고" "해지도록" 살과 살이 교차하는 장면을 전경화할 때, 산란의 '감각'이 생생하게 살아나고 산란 과정에 대한 '지식'은 배후로 밀려난다. 시인은 감각을 앞세움으로써 클리셰인 관념에서 멀리 벗어난다. 기호가 사물에 관념의 베일을 씌우기 전에 시인은 감각의 촉수를 기호 바깥으로 내민다. 그리하여 황홀하고 거친 교미의 장면은 진정성을 훼손당하지 않고 살아있는 그림으로 던져진다. 그것은 죽음 속에서의 탄생, 탄생 속에서의 죽음이라는 순간적 혼종 상태를 격렬하고도 쓸쓸한 섹스 행위로 보여준다. 그리하여 "쓸쓸함을 애무"하는 연어들의 산란은 "혼인색"의 찬란한 죽음/탄생 속에서 완성된다. 시인이 이렇게 감각의 정수에 "가파르게 도달"할 때, 사물의 진정성이 분출된다.

> 몽정을 호접하러 나간다
> 배꼽 살은
> 방어든
> 대구든
>
> 육즙에서 뇌사가 일어나야
> 찰지다
>
> —「말린 대구」 부분

"몽정"→"배꼽 살"→"육즙"→"뇌사"로 미끄러지는 치명적인 감각의 사다리를 보라. 시인은 가장 민감한 촉수에서 촉수로 이동하면서 감각의 밀도를 올린다. 그는 관념이 닿을 수 없는 높은 곳에서 황홀한 스파크를 일으킬 줄 아는 감각의 조련사이다. "육즙에서 뇌사가 일어나야/찰지다"는 표현보다 맛의 극치에 도달한 표현을 찾아내기 힘들다. 그의 시는 음식 맛처럼 찰지게 언어의 육즙을 끌어낸다.

> 머리를 늘어뜨려
> 못에 걸고
> 목덜미에서부터 예리한 칼로
> 그의 등을 긁어주었다
>
> 외로운 것들의 등은 이렇게
> 미끌미끌했을까
>
> …(중략)…
>
> 목울대 밑 콩알만 한 심장에서
> 창백한 피가 속살을 타고
> 흐르자
> 잔 칼집을 넣어 한 여름밤
> 육수에
> 꽃으로 던져 주었다
>
> ―「갯장어」 부분

이 시는 에로스와 겹쳐질 때 가장 황홀해지는 타나토스의 모습을 잘 보여준다. 이 시에서 '죽임'의 행위는 가장 극렬한 사랑의 행위처럼 표현된다. 죽음본능이 통상 분리와 절단을 지향한다면, 이 시 속의 죽음본능은 죽이려는 대상 속으로 깊이 들어가 가장 가까이 "칼집"을 넣는다.

그것은 절단이 아니라 강력한 접속(에로스)을 통해 대상을 죽인다. 등을 긁어주는 애정의 칼날을 통해 분리된 대상은 마침내 떨어져 "꽃"이 된다. 에로스와 타나토스의 동시 발생은 가장 황홀한 주이상스jouissance의 상태를 낳는다. "꽃"은 극적인 주이상스의 상징이고, 그 지점에서 '맛'은 최고의 상태에 이른다. 시가 감각의 불꽃으로 타오르는 것도 바로 이 순간이다. 김옥종의 진정성은 이렇게 관념의 해일이 들어올 틈이 없이 감각의 방파제를 철저히 세우는 작업에서 시작된다. 자고로 음식의 맛이 개념으로 온전히 설명되지 않는 것처럼, 시인에게 있어서 사물의 진정성은 감각 덩어리로 지각될 때 몸―주체와 하나가 된다.

2.

이 시집의 시들은 대부분 음식, 그리고 요리와 관련되어 있다. 시인에게 있어서 요리는 에로스로 세계를 만나는 특수한 방법이다. 재료를 자르고 가르는 과정이 일종의 파괴(죽음)본능에서 비롯된 것이라면, 재료들을 함께 섞어 덖거나 삶거나 끓이는 행위는 사랑 본능(에로스)에서 시작된 것이다. 그렇다면 요리 행위는 타나토스가 에로스로 변환되는 혹은 에로스로 경험되는 타나토스의 세계라는 점에서 주이상스의 정점을 이룬다. 그것은 (재료를) 죽임으로써 최고 상태의 쾌락에 이른다. 김옥종이 요리를 전경화하는 것은 그의 직업적 관성 때문이기도 하지만, 그것이 사물과 세계를 감각 덩어리로 지각하는 최상의 은유를 제공해주기 때문이다. 또한 그에게 있어서 요리는 요리 자체라기보다 그것을 경유해서 세계를 설명하는 알레고리이기도 하다. 그는 요리를 통해 세상을 읽고, 설명하고, 지각한다. 그에게 요리는 사물과 세계로 가는 미디어이다.

당면이 입원했을 때 병명은
전분의 과부하로 생긴
분리 불안증이었다

시금치나
당근이나
혹여
외롭다든가
쓸쓸하다든가를 넣어 센불에
볶았다

추적추적
메타세쿼이아 길이 어둠 속에
바스락거릴 때

죽음에 이르는 병을 덮어주었다

그것이 온 세상의 것을
위무해주지 않았던가
시가 그렇고
절망이 그렇고
다시 불러보는
외로움이 그러했다

몸을 빨래처럼 뒤틀어
채 털어내지 못한 계절까지 뒤집어

햇볕에 말렸다
곰팡이처럼 피어오르던 말년의
건선 같은 옹졸함도
딱정이 지어 떨어지고

그렇게 나는 완경_{完經}에
다다를 수 있었다

—「잡채」 전문

　표제작이기도 한 이 시는 "잡채"의 요리 과정을 매개로 '시와 절망과 외로움'에 관하여 이야기한다. '시와 절망과 외로움'이 이 시의 원관념 tenor이라면, 잡채는 이 시의 보조관념 vehicle이다. 다른 말로 잡채는 '시와 절망과 외로움'의 은유이고 알레고리이다. 그러나 이 작품의 힘은 이런 유비_{類比}가 아니라 잡채를 통하여 "완경_{完經}"의 기의를 읽어낸 데에 있다. 사전에 의하면 "완경"은 '폐경'의 완곡한 표현이다. 폐경이 여성성으로서의 몸의 종말이라는 부정적 의미를 가지고 있다면, "완경"은 비로소 월경을 완성하고 그것에서 해방된 몸의 상태를 의미한다는 점에서 훨씬 긍정적인 뉘앙스를 가지고 있다. 잡채의 재료들이 "센불"에 볶아져 덖어지며 최종적인 맛에 도달하듯이, "몸"도 세상의 "햇볕"에 말릴 때 "말년의 건선 같은 옹졸함도 딱정이"처럼 떨어뜨리고 "완경"의 상태에 다다른다. 시인은 관념의 완경 대신에 식자재들이 음식으로 완성되는 감각을 앞세워 경험하게 함으로써 '살아있는' 완경을 느끼게 해준다.

나는 당신의 생을 레시피로
아즉 만들지 못했다

…(중략)…

비둘기를 낚아채는 용맹함을
가진 잡종
진돗개를, 어느 날
아부지는
국으로 내놓았다

단백질을 하염없이 밀어넣고
백구라는 말에
하염없이 단백질을 토해내던 밤

어매의 맷돌은
세월조차 갈리지 않는다
갈리는 것은

당신의 등뼈

―「개장국」 부분

시인은 파란만장한 어머니의 인생을 일목요연하게 정리하지 못한다. 그는 이를 "나는 당신의 생을 레시피로/아즉 만들지 못했다"라고 말한다. 그러나 그가 어머니의 일생을 떠올릴 때 선별적으로 기억나는 것은 반려견을 "개장국"으로 끓여낸 아버지의 모습이다. 시인은 그 폭력적인 풍경 뒤에 바로 어머니의 모습을 배치한다. 요리를 위해 어머니가 돌리던 "맷돌"이 갈아낸 것은 식자재가 아니라 바로 어머니 자신의 "등뼈"였다는 래디컬한(?) 표현을 보라. 시인은 경험을 극단적인 감각의 층위에 몰아넣음으로써 자기 몸을 '갈아' 가족을 건사했던 어머니를 추억한다.

더는 교성이
삽투압으로 젖지 않도록
입술을 덮고
염기로 네 허벅지를 절인다

촉촉하다
닿아있는 생이 함초의 마디에
스몄다가
진액이 빠져나갈 무렵에

나에게 오라

나는 갈증으로 뜨거움을 견딘
소금이다

―「태평 염전에서」 부분

"교성", "입술", "허벅지"는 성행위를 연상하게 만드는 기표들이다. 성교야말로 감각의 절정을 불러내는 행위 아닌가. 김옥종의 많은 시에 성적 이미지들이 등장하는데, 이는 섹스가 최고조의 감각 상태를 보여주기 때문이다. "소금"은 염기로 식자재의 상태를 오래 보관하는 역할을 한다. 요리사는 소금으로 절임으로써 식자재의 생명을 무한 연장한다. "태평 염전"에서 그는 생의 절정인 성교를 떠올리고, 그것을 소금으로 절이며, 상대에게 "나에게 오라"고 외친다. 그는 "갈증으로 뜨거움을 견딘 소금"으로 자신을 은유한다. 그는 이렇게 감각의 끝에서 그것을 뛰어넘는 다른 감각의 층위를 찾는다. 갈증으로 뜨거움을 견디는 소금의 스토이시즘stoicism은 그가 관념이 아니라 감각의 끝에서 감각의 폭발을 견디는 시인임을 보여준다.

3.

1부에서 요리의 은유가 전면적으로 펼쳐진다면, 2부에서는 요리의 알레고리가 지배적이고, 3부에서는 (제목들에서 드러나다시피) 세계를 전경화하고 요리를 후경화한다. 3부의 시들은 요리를 앞세우지 않고도 얼마든지 감각의 중추를 흔들 자신감을 확보한 시인의 면모가 돋보인다.

> 울음은 가장자리에서
> 가장 크게 부패한다
> …(중략)…
>
> 뼈만 남아야 보낼 수 있는 것들의 합창은
> 이러하다
>
> 나무가 아직 미열이 남아있는 잎사귀를 보낸다든가
> 낚싯바늘에 제 종족의 살을 물고 올라온 운저리를
> 말린다든가
> 헛맹세에 버림받고 돌아와 쏟아낸 눈물이 말라있었다든가
> 가을에 내기 위해 이른 봄볕의 그늘을 품은
> 가시오갈피 목을 꺾어 장아찌를 담는다든가
> 이를테면 말이다

> 뼈만 남아야 갈 수 있는 길로 가려거든
> 공복에 도수 높은 알코올로 염을 해준다든가
> ―「풍장風葬」 부분

앞에서 시인은 자신을 "갈증으로 뜨거움을 견딘 소금"으로 은유하였다. 구체적인 서사가 없더라고 독자들은 그의 시가 생의 오래된 고통을 건드리고 있음을 안다. 그의 시선은 "울음의 가장자리에서/가장 크게 부패"하는 자리를 향해 있다. 그러므로 그의 시의 기의는 고통, 아픔, 슬픔, 상처, 결핍 같은 것들이다. 시인은 고통의 끝("울음의 가장자리")에서 그것을 견디고 넘어 "뼈만 남아야 갈 수 있는 길"을 늘 상정한다. 그 길은 상징계의 고통이 마침내 파열하는 지점에서 생겨난다. "풍장"이라는 제목에서 보이듯, 상징계 너머 생물학적 죽음을 경유하는 순간에 섬광처럼 도달할 수 있는 세계는 바로 멀고 먼 실재계이다. 그곳에 가려거든 "공복에 도수 높은 알코올로 염을" 해주어야 한다는 마지막 문장은 마치 쓰라린 피부를 쓸 듯 감각의 촉수를 긁는다. 그것은 갯장어의 내장에 칼집을 깊숙이 넣는 것처럼 상징계의 아픈 파열감을 생생하게 전달한다.

> 깊이 침묵할 것이나
> 울컥하거든
> 손가락 넣어서 억지로라도 토해
> 낼 것
> 기억을 재울 수 없을 때는
> 그냥 울다가 지쳐 잠들게 할 것
> 떠난 생이 네 옆을

기웃거리더라도
적당한 때에
적당히 삭힌 홍어삼합으로
우울함을 견뎌낼 것
이도 저도 힘든 날엔
파묘할 것

—「홀로 떠난 이에 대한 예의」 전문

이 시는 어떤 죽음을 대하는 태도에 대하여 말하고 있다. 홀로 떠났다는 것 외에 그 죽음의 구체적인 내용은 생략되어 있다. 그러나 죽음은 보편적 의미에서 고통의 완성이고 끝이다. 이 작품은 그러므로 고통의 종말을 애도하는 법을 기술하고 있다고 보아도 된다. 이는 시인의 시선이 지속해서 생의 고통에 가닿아 있다는 것을 보여준다. 시인은 잊으려 하나 잊을 수 없는 한 고통의 주체에 대한 애도의 긴 과정을 그리고 있다. 그중에서도 우리의 시선을 끄는 것은 "적당히 삭힌 홍어삼합으로/ 우울함을 견뎌낼 것"이라는 대목이다. 음식(요리)의 은유나 알레고리를 사용하지 않을 때도, 시인은 음식의 수사학을 버리지 않는다. 요리는 그가 세계를 만나고, 경험하고, 해석하고, 지각하는 격자grid이다. 그는 식자재를 다듬고 가공해서 음식을 만드는 과정에서 지상 최고의 감각을 향유한다. 그는 요리의 감각으로 세계를 읽을 때, 세계가 살아 꿈틀거리는 것을 안다. 그는 세계를 요리하는 다양한 방법을 안다. 그는 세계를 염장하고, 덖고, 삶고, 튀기고, 끓이고, 말린다. 식자재에 깊은 칼집을 넣듯, 그는 세계 안에 감각의 칼날을 깊숙이 꽂는다. 그때 이쪽의 살과 저쪽의 살이 만나 섬광처럼 흘러내리는 것이 그의 시다.

길 위의 시간, 시간 위의 길

— 오세영 시집, 『황금 모피를 찾아서-실크로드 시편』

> 우리는 풍광에서 꿈을 배제하고 상상력이 통하지 않는 지도만 가지고는 여행할 수 없다. 그런 지도로는 도로 지도가 가장 대표적인데, 우리가 세계를 접할 때 경이로움을 지워버리도록 부추긴다. 어떤 땅을 생각할 때 경이로움이 사라져버린다면, 우리는 길을 잃게 된다.
> —로버트 맥팔레인R. Macfarlane, 『거친 곳들』, 수전 휫필드S. Whitfield 외 지음, 『실크로드』에서 재인용.

1.

그동안 스무 권이 넘는 시집을 낸 오세영 시인이 배낭을 메고 실크로드로 떠났다. 이 시집은 한국에서 시작하여 중국, 파키스탄, 키르키스탄, 우즈베키스탄, 이란, 아제르바이잔, 조지아, 아르메니아를 거쳐 터키까지 실크로드를 날 몸으로 통과해온 한 시인의 발자취이다. 그는 텍스트 바깥의 물과 공기와 바람과 흙의 공간을 오래 떠돈 후에 다시 텍스트로 돌아왔다. 좁은 시공간에서 악다구니하는 나 같은 독자가 이 시집을 읽고 처음 느낀 것은 모종의 '장쾌함'이었다. 이 장쾌함은 오랜 시간대를 몸으로 거쳐 온 사람에게서만 나는 냄새이다. 이 호방함은 무수한 공간과 문화의 "경계를 넘고 간극을 메우는"(레슬리 피들러Leslie A. Fiedler) 자에게서만 나오는 소리이다. 이 시집의 크로노토프chronotope로 빠져들면, 마치 '이상한 나라의 엘리스'처럼 진부한 일상에서 갑자기 벗어나게 된다. 하다못해 실크로드의 먼 동쪽인 경주에라도 다시 다녀오고 싶은 욕망이 일어나는 것이다. 제사題詞에도 인용했지만 여행의 길잡이는 지도가 아니라 다른 문화에 대한 "경이로움"이다. 경이로움이 없을 때 여행은 끝나며, 경이로움이 사라진 공간이동은 여행이 아니다. '다른 것'에 대한 경이로움이 우리를 현재의 자리에서 벗어나게 만든다. 오랜 관록의 시인인 오세영은 아마도 '지금, 이곳'이 아닌 다른 시간, 다른 공간의 경이로움을 향하여 (실크로드에) 발을 디디기 시작했는지도 모른다. 그는 이 긴 여행을 통해 차이 속의 동질성, 동질성 속의 차이들을 발견한다. 그리고 시간과 공간의 경계를 넘어 '인류'의 공통적인 욕망과 고통과 소망을 읽어낸다.

> 지금 창밖엔 눈이 내리고,
> 휴전선 철책에도 눈이 내리고
> 마하연摩訶衍, 만폭동萬瀑洞, 장안사長安寺 빈 뜰에도 눈이 내리고
> 우리는 지금 아무 데도 갈 곳이 없구나.
> 만물상萬物相도
> 구룡연九龍淵도 보지 못하고
> 옛 장전포長箭浦
> 온정리 술집 한구석에 멍하니 앉아
> 아득히 눈시울만 붉히고 있다.
> ―「눈 내리는 온정리溫井里」

배치 상 실크로드로 향하는 시인의 첫발자국은 1부의 한국에서 시작된다. 위 시의 화자는 "지금 아무 데도 갈 곳이 없구나."라고 중얼거리는데, 실크로드를 향하여 길을 떠나기 전 시인이 가장 먼저 부딪힌 현실은 역설적이게도 "갈 곳이 없"는 한국의 분단 상황이다. 가야 하는데 갈 곳

이 없다니, 이런 기막힌 일이 어디 있나. 그러므로 시인의 발걸음은 중국으로 가는 실크로드의 첫 번째 관문인 북한을 경유하지 못하고 우회하지 않으면 안 된다. 출발을 앞에 둔 시인이 마음대로 넘어갈 수 없는 세계 유일의 이 금기의 공간은 이 여행자-시인을 "술집 한구석에 멍하니 앉"혀 놓고 "눈시울"을 붉히게 한다. 이렇게 여행은 느낌을 남기고, 역사를 다시 기록하고, 지도상의 무의미한 '장소'를 유의미한 '공간'으로 바꾸어 놓는다. 시공간이 작가의 개입에 의해 독특한 크로노토프로 다시 태어나는 것처럼, 여행자-시인에 의하여 장소는 "유동적 요소들의 상호 교차"인 "공간"(미셸 세르토M. de Certeau)으로 다시 태어난다. 세르토에 의하면, 이런 점에서 "공간은 실천된 장소"이다. 여행은 주체가 지도상의 장소에 발자국을 남기면서 의미의 공간을 생산하는 행위이다.

2.

나를 응시하는 또 다른 내
눈동자.
자네는 무엇을 보았나.
매운 모래 바람 정면으로 받으며
해를 굴리는 지평선 끝 사내를 보았나?
미이라 애절한 휘파람을 들었나?
둔황敦煌에서 쿠처庫車까지
사는 곳 타클라마칸
저 삭막한 사막,
천년 누란樓欄의 미인은
종적 없는데

> 자네는 한 마리 여윈 낙타되어
> 절뚝절뚝 사구砂丘의 언덕을 오르고
> 나는 한 마리 바람난 당나귀 되어
> 비틀비틀
> 사구의 기슭을 헤매고.
> ―「우리 사는 곳―명사산에서」 부분

북한을 우회하여 화자가 처음 발을 디딘 곳은 중국이다. 이 시는 화자가 장소를 어떻게 공간으로 환치하는지 잘 보여준다. 화자는 두 개의 눈("나를 응시하는 또 다른 내/눈동자")을 가지고 있다. 하나는 자신의 눈이고, 다른 하나는 장소에 의미를 부여하고 그 속에 있는 자신을 다시 읽어내는 눈이다. 이 시에서 "자네"와 "나"는 사실상 한 주체가 읽어낸 두 개의 모습이다. "절뚝절뚝 사구砂丘의 언덕을 오르"는 "여윈 낙타"는 주체에 의해 의미가 부여된 대상-공간이고, "한 마리 바람난 당나귀 되어/비틀비틀/사구의 기슭을 헤매"는 "나"는 그렇게 의미가 부여된 공간에서 주체가 자신을 다시 읽어낸 모습이다. 이렇게 하여 여행자는 대상과 자신을 맞대면시킨다. 결국 여행은 주체가 낯설고 "경이로운" 장소에 말을 거는 행위이다. 이 '말 걸기'에 의해 장소는 공간으로 환치되며, 무의미의 지도는 비로소 의미를 갖는다. 그리하여 "미이라 애절한 휘파람", "천년 누란樓欄"은 주체와 대상이 공동으로 소유하며 공동으로 느끼고 공동으로 해석하는 작업 안으로 들어온다. 그리하여 '저쪽'의 "경이로운" 공간은 '이쪽'에게도 친숙한 공분모公分母의 공간이 된다.

> 네 일생의 소원이 무엇이냐.
> 속인은 일러 혹
> 돈을 버는 일이라 하고 혹,

권력을 쥐는 일이라 하고 혹,
절세의 미녀와 일생을
함께 사는 일이라 하더라만
이도 저도 다 틀렸다 오직
절대 자유에 드는 일이라고
주장하는 사람이 있더라.
내 우직한 판단에도 그럴 법해
보이나니
돈에 구속당하고,
권력에 구속당하고,
미녀에 구속당해 살기보다 차라리
이 모든 것으로부터 초월해서 무애자재하게
살 수만 있다면
그 어찌 행복하다 하지 않겠는가,

—「돈황석굴敦煌石窟」부분

이 시의 주석에 의하면 혜초慧超의 『왕오천축국전』이 발견된 곳도 바로 세계 최대 석굴사원인 "돈황석굴"이다. 고대 불교의 철학과 예술과 정치, 사회의 다양한 정보가 숨겨져 있는 이 장소에서 화자가 읽어내는 것은 시대와 장소를 떠나 장구長久하게 유통되는 '공통의' 진리이다. 먼 고대에 "절대 자유에 드는 일"이 가장 중요하다고 말한 석가세존의 주장과, "무애자재하게" 사는 것이 가장 의미 있다고 생각하는 화자의 생각은 동일하지는 않더라도 명백한 '공분모'를 가지고 있다. 역으로 돈, 권력, 섹스("미녀")에 대한 탐닉이 "속인"의 것이라는 인식 역시 마찬가지이다. 예나 지금이나 속인은 이런 것들을 추구하고, 진실한 사람들은 "절대 자유"와 "무애자재"의 삶을 추구한다. 그러므로 오세영이 여행을 통해 읽어내는 것은 무엇보다도 '초超시간적인 진리들'이다. 유구한 세월이 지나도 진리 내용이 바뀌지 않는다고 말하는 것은, 역설적으로 시간의 덧없음, 세월의 허망을 반추하는 행위이다. 바뀌지 않는 시간의 유구한 선line 위로 얼마나 많은 사람들과 사건들이 지나갔는가. 그러나 유한자인 인간은 시간을 이겨내지 못하고, 가장 아름다운 육신도 시간 앞에서 사라져간다. 셰익스피어가 자신의 소네트(116번)에서 "장밋빛 뺨과 입술도 시간의 구부러진 칼날 아래 있다"고 말한 것도 이런 이치에 서이다.

아, 파미르
거대한 시간의 호수.
에서 더 흐를 수 없는 시간의 쪽배에 앉아
내 지금 찰랑거리는 수면을 들여다보나니
과거, 현재, 미래라는 것이 얼마나
부질없는 말이뇨.
일찍이 서역을 정복한 고선지高仙芝가
백만의 대군을 거느리고 개선했던 고성古城, 스토우텅
그 폐허에 핀 봉숭아 꽃잎이
눈물겹고나.
—「아아 파미르」부분

중앙아시아의 남동부에 위치한 파미르 고원을 지나면서 화자는 당나라 장군이 되었던 고구려 유민 "고선지"를 떠올린다. 그는 무슨 이유로 어떤 세상을 떠돌아 먼 이국異國의 장군이 되었을까. 많은 공을 세웠으나 사소한 이유로 참형을 당했던, 그야말로 지도상의 경계를 허문 자이다. 하필이면 그가 전쟁에서 승리하고 개선장군으로 입성했던 스토우터 성, 그 폐허엔 왜 봉숭아가 만발한가. 오세영은 주석에서 불교의 전래를 따라 봉숭아가 한국에 이식된 것으로 추측한다. 그러므로 파미르 고원은 인종과 종교와 생물의 경계들이 마구 교차하고 갈라졌던 공간이다. "그 폐허에 핀 봉숭아 꽃잎"은 이국에서 공적을 세우고 끝내 참형을 당했던 한 고구려 사내를 소환한다. 이 모든 사건들의 흔적 위에서 화자가 읽어내는 것은 시간적 경계의 무의미함이다. 그리하여 그는 "과거, 현재, 미래라는 것이 얼마나/부질없는 말이뇨."라고 읊조린다. 그 모든 영웅들과, 그 모든 목숨을 건 싸움들도 시간의 칼날 아래 들어 있다. 여행자는 시간의 절대적인 지우개 앞에 사라진, 그러나 삶의 무늬로 남아 있는 "지문地文 landscript"을 읽어낸다. "지문"은 건축가 승효상이 만들어낸 용어로 "땅 위에 새겨진 자연과 삶의 기록들"을 의미한다. 여행자-주체는 경계를 넘어 이동하면서 그 위에 새겨진 기록들을 그냥 읽는 것이 아니라, 자신의 패러다임으로 다시 읽고, 다시 쓰고, 다시 해석한다. 그러므로 동일한 길 위의 여행자-주체도 (관점에 따라) 서로 다른 읽기와 해석을 남긴다.

3.

나는 다른 지면에서 「불의 상상력—오세영론」이라는 글을 쓴 적이 있다. 이 글은 오세영의 시세계에 대한 일종의 총론總論인데, 여기서 내가 말한 오세영 시세계의 특징 중의 하나는 소위 '이항 대립binary opposition'에 대한 철저한 거부이다. 그의 문학은 결국 "불"의 에너지로 이루어져 있는데, 이 에너지는 이항 대립을 무너뜨리고 세계가 이질적인 것들의 결합, '비동시성의 동시성'으로 이루어져 있음을 보여준다. 그가 '이념'을 거부하는 것도 그것이 이항 대립의 폭력성을 가지고 있으며, 그런 구도로 세계를 극단적으로 단순화시키기 때문이다. 그가 볼 때, 세계는

'마니키아적Manichaean' 이분법으로 나누어지지 않으며, 이질적인 것들의 상호침투 혹은 상호내주相互內住로 이루어져 있다. 오세영은 실크로드의 지문地文 읽기에서도 유사한 입장을 보여준다.

> 이 세상 모든 이분법은
> 문화의 소산.
> 그 경계를 지우려
> 인간이 만든 탑 그 정상에 올라
> 새처럼
> 허공으로 몸을 던져 마침내 날아간
> 아아, 그 인간의 딸.
>
> ―「메이든탑」 부분

"메이든탑"은 아제르바이잔의 '바쿠'라는 올드 시티에 있는 탑의 이름이다. 오세영의 주석에 따르면 "딸과의 사랑에 빠진 왕과 그 딸의 자살"이라는 비극적인 이야기가 이 시의 소재이다. 이 이야기는 아제르바이잔에서는 워낙 유명하여 "시와 연극의 보편적인 주제가 되고 있다."고 한다. 위 시는 "이 세상 모든 이분법은/문화의 소산"이라고 말하고 있는데, 그렇다면 여기에서 말하는 "문화"란 라캉적 의미의 '아버지의 법칙Father's Law'이다. '아버지의 법칙'은 체제를 유지하고 효과적으로 관리하기 위한 팔루스Phallus의 명령이다. 그것을 지키지 않는 자들은 '악' 혹은 '비정상'으로 분류되어 처벌당한다. 오세영은 욕망이 그 어떤 시스템으로도 억압 혹은 설명 불가능한 것임을 잘 알고 있다. 그리하여 실제로는 '투신자살'이었던 행위를 이 시에서는 "허공으로 몸을 던져 마침내 날아간" 것으로 묘사하고 있다. 오세영은 그것을 죽음이 아니라 경계를 넘어가는 '유목민'적 주체의 상향적 탈주脫走로 묘사하고 있는 것이다. 그것에 그 어떤 이분법의 잣대를 들이대는 것은 옹졸한 윤리적 시스템밖에 없다.

오세영이 말하고자 하는 것은 윤리나 도덕, 문화나 이념의 혼종성 hybridity이다. 그 어떤 윤리, 도덕, 이념도 가치와 사유의 무균상태, 진공 상태에서 만들어지지 않는다. 또한 그 어떤 문화도 주체의 철저한 고립과 분리 속에서 만들어지지 않는다. 모든 문화는 혼종, 뒤섞임, 스며듦에 노출되어 있으며, 광대한 실크로드라는 공간에 흩뿌려진 의미소들은 문화가 강력한 대타자the Other의 규범에 의해 일괄적으로 부여되는 것이 아님을 보여준다. 그것들은 시간과 공간의 경계를 마구 허물면서 장구한 세월과 끝없는 거리를 뛰어넘어 서로가 서로를 섞는다. 이 섞임과 침투와 스밈, 즉 혼종성의 증거가 실크로드라는 공간 전역에 흩뿌려져 있다.

> 귀 기울이면
> 카라쿰 사막을 건너, 천산산맥을 넘어
> 신라 땅 경주까지
> 황금, 융단을 싣고 오가던 대상들의
> 낙타 방울소리가 들린다
> 아,
> 노을이 비껴가는 이스파한,
> 시오 세 폴 다리 아치에 포근히 안겨
> 자얀대 푸른 수면을 나르는 물새들을
> 바라다보면
> 옛 신라 여인들의
> 가녀린 귓불에서 반짝거리던
> 유리구슬

그 속에 비치는 하늘이 보인다.

그 청자빛 하늘이.

—「이스파한」부분

시인의 주석에 의하면 경주의 유적에서 발견된 "유리구슬"들은 저 멀리 페르시아에서 "낙타 방울소리" 울리며 경주까지 온 것들이다. 이런 물건들은 현지 사람들의 생활과 몸에 파고들었다. 그 혼종의 문화는 그 옛날 "카라쿰 사막을 건너, 천산산맥을 넘어/신라 땅 경주까지/황금, 융단을 싣고 오가던 대상들"에 의해 산개散開 dissemination된 것들이다. 그러므로 간단히 말해, '지구는 하나'이다. 지리적, 군사적, 경제적, 외교적 국경들은 지구가 하나라는 사실을 위반하는 폭력의 범주들이다. 유목민처럼 실크로드의 모든 경계를 넘어 이동하는 시인에게 이와 같은 경계들은 아무 의미가 없다. 그것은 "무애자재"의 삶을 사는 시인에게 하찮은 장애물들에 불과하다. 그러므로 이 시집이 하는 일은, (크게 말해) 경계를 부수고 문화의 혼종성을 읽어내며 세상이 하나라는 사실을 확인하는 것이다.

아제르바이잔의 수도
바쿠,
바람의 마을.
잔잔해진 카스피 해의 파도를 바라보며
막 지나간 사막의 모래 폭풍을
생각한다.
역사상
알렉산더가, 징키스칸이,
아르시다르가, 티무르가 아니 오스만이

실은

사막에 몰아닥친 폭풍이 아니었더냐.

날씨가 개니

모두 한 바탕 장난이었다,

바람이 친 한 바탕

우스개 장난이었다.

—「카스피 해에서」부분

"바람"과 "폭풍"은 순간적 현실이지만, 영원한 현실은 "날씨가 개"인 다음에 드러난다. 실크로드는 인류가 서로 없는 것을 구하고, 있는 것을 나누어주는 '교제'의 공간이다. 그 교제를 통해 인류는 서로의 안으로 스며들어 갔다. 그러니 그 모든 전쟁과 이념은 이 즐거운 교제와 환대를 끊는 폭력이다. 그것은 '폭풍'처럼 몰아치지만, 시간의 칼날 아래에서 모두 사라진다. 영원한 것은 뒤섞이고 스며든 거대한 '인류', 그리고 그들 간의 사소하지만 아름다운 만남들밖에 없다. 오세영 시인은 단독자로서 실크로드의 시간과 공간을 횡단하면서 장소들 안에 얼룩진 무수한 '지문地文'들을 한 장 한 장 넘긴다. 그것의 기록이 이 시집이다. 인류여, 우리는 서로 같으니 서로 환대하라. 그것이 오세영 시인의 전언傳言이다.

직관의 황홀한 힘
―문효치 시집,『어이할까』

1.

문효치의 시들은 직관의 황홀한 힘을 보여준다. 그는 이론이나 사상으로 사물을 재단하지 않는다. 그는 그 모든 선험적 이론들을 괄호 안에 넣는다. 이 현상학적 판단중지epoche의 상태에서 빛나는 것은 오로지 순수한 저 사물들뿐이다. 그리하여 "사태 자체로!zu den Sachen selbst!"라는 후설E. Husserl의 슬로건은 문효치에게도 고스란히 적용된다. 그는 선입견을 배제하고 순수-직관 혹은 순수-의식으로 사물을 대한다. 추상적 관념을 배제하고 순수-직관이 사물을 그 자체로 만날 때 이미지가 섬광처럼 그려진다. 불꽃처럼 순식간에 터지는, 일종의 영지靈知, gnosis적 기표들이 그의 시다. 그 기표들은 사물과 의식의 순간적 만남에서 생겨나지만, 이미 사물 깊숙이 들어가 그것의 전모를 그려낸다. 그리고 이 순간의 전숲인식은 (시인 자신도 감당하기 힘들 정도로) 황홀하고 아름답다.

바람 불 때마다
내 가슴 속에 날아와 쌓인
꽃잎들 어이할까

몸서리치는
저 향과 빛깔

그립다가 아픔이 되는
꽃잎들 어이할까

—「어이할까」 전문

 문효치의 직관이 마주치는 것은 "꽃잎"의 '개념'이 아니라 "향과 빛깔", 즉 '감각'이다. 그에게는 의식이 느끼는 이 순수-감각이야말로 가장 확실한, "몸서리치는" 실재reality이다. 그것과 마주칠 때 대상의 전모가 드러난다. 그것은 인식주체도 감당하기 어려운 '황홀한' 순간이어서, 화자는 "어이할까"를 (제목까지 포함하면 이 짧은 시에서 세 번이나) 반복한다.

오동꽃에
앉아오시는
저 푸른 그늘을

어찌 간수해야 할지

나무 위에 머물다가
시나브로 흘러내리는

저 푸른 하늘을

어찌 받아안아야 할지

—「고요」 전문

이 시 역시 "하늘"의 '개념'을 노래하지 않는다. 이 시에서의 "하늘"은 "오동꽃에 앉아오시"거나 "나무 위에 머물다가/시나브로 흘러내리는", '감각'에 의해 경험된 하늘이다. 그리고 이 경험의 과정에 추상적 관념이 들어갈 틈은 없다. 화자의 의식은 오로지 "사태 자체"를 '향해' 있다. 그 사태는 의식에 의해 경험되고, 그 경험의 순간에 사태(사물)의 전모가 환하게 드러난다. 그 황홀한 순간에 화자는 "어찌 간수해야 할지", "어찌 받아안아야 할지"를 고민한다. 이것은 앞의 시에서 반복되는 "어이할까"와 하등 다르지 않은 (인식 상의 어떤) 충만감의 표현이다.

2.

문효치의 '판단중지'가 갖는 기능은 대상의 순수성을 복원해내는 것이다. 판단중지는 대상 자체를 살려내기 위하여 대상으로부터 주변적이고 비본질적인 것들을 지워낸다. 문효치의 시들이 '순수한 단순성'을 전경화前景化하고 있는 것은 바로 이 때문이다. 그의 시들이 대부분 짧은 것도 이런 맥락과 무관하지 않다. 그는 대상에서 불필요하고 잡스러운 것들을 다 지워버릴 뿐만 아니라, 주체의 복잡다단한 내면조차도 최대한 단순화시킨다. 이렇게 주체-대상을 깨끗하게 털어내고 세탁한 자리에서 사물들의 순수한 움직임들이 살아난다.

나비가 날아간다

날개 근육에 땀이 난다

황혼의 하늘에
불을 놓고
시간이 날아다닐 때

때맞춰
뻐꾸기 울어준다

운 좋게 주워온 목숨이
꽃의 이름으로 익어가다가

팔랑팔랑
팔랑팔랑

―「팔랑팔랑」 전문

"황혼의 하늘에/불을 놓고/시간이 날아다닐 때"와 같은 구절은 "사태 자체"의 순수한 아름다움과 직면하지 않으면 도저히 나올 수 있는 표현이다. 그는 여기에 "운 좋게 주워온 목숨"이라는 내적 성찰을 슬쩍 끼워놓음으로써 '순수'가 "내용 없는 아름다움"(김종삼)으로 전락하는 것을 막는다. "팔랑팔랑"이라는 의태어의 반복은 "나비"라는 순수-대상이 그 모든 비본질적인 것들을 툭툭 털어버리고 경쾌하게 날아오르는 '선禪적' 풍경의 재현에 적합하다.

문효치의 사물들이 아름답고 순수한 것은 다른 사물들과의 관계와 대응 속에서이다. 문효치의 사물들은 (마치 여러 개의 건반이 아름다운 화음을 만들어내듯이) 서로 연결되고 포개지면서 (함께) 아름다움의 고지高地로 올라간다. 마틴 부버M. Buber의 말마따나 "태초에 관계가 있었다." 사물들은 오로지 관계 속에서만 의미를 갖는다. 관계와 분리된 '의미'란 없다. 사물들이 서로 비추고 비춤을 당할 때, 사물들의 정체성이 생겨난다. 관계가 의미를 낳는다.

> 붓꽃에 눈 맞출 때
> 달 하나 건너가고
>
> 패랭이꽃 보고 웃을 때
> 또 별 하나 건너가고
>
> 아프게 아프게
> 물오른 접시꽃 딸 때
>
> 쑥은
> 쑥쑥쑥 커가고
>
> —「쑥」 전문

한 주체의 행위가 다른 사물의 행위를 만들고, 한 주체의 또 다른 행위가 또 다른 사물의 행위를 만드는, 이 관계의 연속성이 "쑥"을 키운다. 이 시에서도 우리는 복잡성이 지워진 사물들의 순수-행위로 가득 찬 시의 화폭을 만난다. 그러나 그것이 '내용 없는 순수'로 떨어지지 않는 것은, "아프게 아프게/물오른 접시꽃 딸 때"와 같은 (고통의) 긴장된 메시지가 슬쩍 들어가 있기 때문이다.

3.

사물을 그 자체로 만나는 현상학적 환원phenomenological reduction의 출발점은 주체의 '의식'이다. 의식은 항상 대상을 '향해' 있다. 의식의 이와 같은 지향성이 없이 "사태 자체"를 만날 수 없다. 문효치 시인이 사물들의 순수-세계를 지향하는 것은 의식-주체인 '나'를 낮추고 '사물'을 높이는 자세에서 비롯된다. 여기서 '나'를 낮춘다는 것은 '나'를 비우는 것, 사물에 대한 '나'의 월권越權을 억제하는 것을 의미한다. 이렇게 주체가 운동의 폭을 최대한 괄호 안에 넣을 때 사물의 단순성과 순수성이 드러난다.

>풀이 말했다
>내 머리 위를 가리키며 허공이라 했다
>제 머리 위를 가리키며 하늘이라 했다
>
>꽃이 말했다
>내가 서 있는 땅속은 암흑이라 했다
>제가 서 있는 땅속은 색깔의 천국이라 했다
>―「풀이 말했다」 부분

주체가 자신의 지위를 "허공" 혹은 "암흑"이라 낮출 때, 사물들은 "하늘", "천국"의 지위를 얻는다. 시인은 자신을 지우고 낮춤으로써 사물의 소리를 듣고, 그것의 움직임을 포착하고, 기록한다.

>갈대밭
>갈대들이 차례로 엎드린다
>바람이 지나가는 중이다

바람도 생각이 있어
여기를 가고 있다

거대한 생각의 몸이
수많은 말들을 쏟아 놓으며
시원스런 걸음으로 지나간다

갈대들은
엎드려 그 말들을
받아 적고 있다

—「바람도 생각이 있다」전문

문효치 시인에게 사물은 "거대한 생각의 몸"이다. 그것은 "수많은 말들"을 가지고 있지만 "시원스런 걸음으로 지나간다". 소위 '대도무문大道無門'이야말로 자연의 문법이다. 자연이 크고 단순한 걸음으로 지나갈 때, 그 앞에 공손히 "엎드려 그 말들을 받아 적고 있"는 자가 바로 시인이다. 시인은 바람에 순종하는 "갈대"처럼, 자연이 들려주는 "거대한 생각"을 받아 적는다.

비름나물에 밥 먹다가
생각난 사람

대숲에 숨어 살다
잠깐 얼굴 내비치는 달처럼

아직도 곱기만 한
내 유년 뒤안길의
빛나는 광채

　　　　　―「그리운」전문

주체가 자신의 잡다한 사유의 망을 버리고 조촐할 대로 조촐해져 사물 앞에 설 때, 사물은 "대숲에 숨어 살다/잠깐 얼굴 내비치는 달처럼" 주체의 "빛나는 광채"를 끄집어내 준다. 이것이 순수의 주체와 대상이 서로를 대하는 방식이다. 의식이 자신을 비우고 겸허해질 때 대상은 전유專有의 위협에서 벗어난다. 대상은 전유의 공포가 사라진 순수의 공간에서만 자신을 드러낸다. 바로 그때, 낮아질 대로 낮아진 의식이 대상의 본질을 포착한다. 문효치의 시들은 주체와 대상 사이의 이와 같은 순결한 대화의 산물이다.

그 연꽃 속에
사원으로 가는 길이 있네

세상의 가슴 아픈 일
어루만져 주는
부처님 계신 곳

그 연꽃 속에
구름도 한 점 들어와
성불하면서…

　　　　　―「덕진공원 연꽃」부분

그에게 있어서 "길"은 이처럼 사물 자체에 있다. "연꽃" 속에 삶의 길이 있고, "가슴 아픈 일/어루만져 주는 부처님"이 있다는 인식은, 대상에게 온전히 자신의 리비도를 넘겨버린 의식만이 선취할 수 있다. 그렇게 순결해진 "사태(사물)" 자체는 그 안에 다른 사물들이 끼어들어도 좋을 넉넉한 품을 가지고 있다. 사람(의 아픔)을 품고, "구름" "한 점도" 품어 "성불"을 이루는 "연꽃"의 의미론적 풍요를 보라. 그것은 오로지 자신을 최대한 축소시킨 의식에게만 주어진다.

세계가 갈수록 파편화되고 복잡해지면서, 종잡을 수 없는 의미의 미로를 헤매는 '복잡한' 시들이 많이 나오고 있다. 난해성 자체가 혐의가 될 수는 없지만, 너무 많은 의미로 지치고 무거워진 텍스트들을 읽다가 문효치 시인의 시를 읽으면, 미세먼지 가득한 도시에서 갑자기 심산계곡에 들어온 것처럼 정신이 신선하게 살아난다. 문효치의 시를 읽으면서 영혼이 다 시원해지는 것 같은 느낌을 갖는다면, 당신은 이미 단순성의 황홀한 유토피아를 만난 자이다. 이렇게 (21세기의) 독자들은 먼 길을 돌아 이제 다시 순수-직관의 세계를 만난다. 이 시집은 그런 직관이 낳은 달과 별과 바람과 햇살로 가득하다.

자본을 건너는 사랑의 헤테로피아
—홍대욱 시집, 『세상에 없는 노래를 위한 가사집』

1.

홍대욱은 분방하고 자유롭다. 그의 시들은 절정의 샤우팅을 하는 로커와 위악으로 가득 찬 래퍼의 목소리 사이 어딘가에 있다. 돈 맥클린 D. Mclean이 1971년에 〈아메리칸 파이 American Pie〉를 발표했을 때, 그것은 사라진 로큰롤 정신에 붙이는 레퀴엠이었다. "레닌이 마르크스를 읽고/ 비틀스가 공원에서 연습을 할 동안/우리는 어둠 속에서 장송곡을 불렀지/음악이 죽은 날". 맥클린에게 있어서 음악은 자유와 저항의 상징이었다. 음악은 폭력과 억압을 거부하고 자본과 싸우며 말할 수 없는 것을 말하는 것이었다. 그에게 음악의 죽음은 자유와 희망의 사라짐이었다. 홍대욱의 시에도 저항과 자유의 록 정신이 넘친다. 그는 골방의 실존주의 혹은 병적 독백을 거부한다. 그는 거리로 나와 시의 일렉트릭을 울리며 반反자본을 외친다.

이건 my 3rd 랩 나는 홍군이지만 래퍼가 아냐 그냥 알량

한 시가 노래가 되길 열망하지 돈 don't go 명성 don' go Yeah happy 피플

　기억나니 in 1997 KID란 애들 오! 난리야란 노래 라임 오 말세야 오 말세야 씨플

　하루는 커피향 오렌지향으로 시작할 수도 있고 터미널 공중화장실 락스 냄새로 시작할 수도 있는 것 아니겠어 혁명가 트로츠키는 커피향보다 정치신문 잉크 냄새를 좋아했다지 start start 오늘도 자칭한국당 바랜미래당 씨발놈의 새끼들은 네 탓 남 탓

　기억나니 in 1997 KID란 애들 오! 난리야란 노래 라임 오 말세야 오 말세야 씨플

　노무현 그를 보내던 날 가투 나가는 심정으로 서울역까지 걸었지 쥐박이가 죽인 거야 대통령님 사랑합니다 사람들이 울며 절며 난 앳된 전경들 보며 오늘은 건들지 마라 꽃병을 안기는 수가 있다 괜히 이를 악물고

　기억나니 in 1997 KID란 애들 오! 난리야란 노래 라임 오 말세야 오 말세야 씨플

　똑같은 라임을 반복하니 스스로 짜증도 나지만 삶은 희다 붉다 온통 희고 붉은 노래 세상은 자본과 구라로 편집된 짝퉁 천국 지옥 맛대가리 없는 짬뽕 공화국

　기억나니 in 1997 KID란 애들 오! 난리야란 노래 라임 오 말세야 오 말세야 개뿔

　　　　—「세상에 없는 랩 3—붉으락 푸르락」 전문

　화자는 자신이 래퍼가 아니라고 말하지만, 제목에서 드러나듯이 이 시는 랩이다. 시인은 랩의 라임과 율동을 빌어 러시아의 혁명가를 소환하고 한국의 극우 정당에 욕설을 날린다. 그의 언어는 의식의 흐름을

타고 커피에서 공중화장실로, "쥐박이"에서 노무현으로 자유자재로 옮겨 다닌다. 그러나 그 모든 의식의 밑바닥엔 이 세계가 "말세"라는 인식이 깔려 있다. 그가 본 말세의 풍경은 "자본과 구라로 편집된 짝퉁 천국 지옥 맛대가리 없는 짬뽕 공화국"이다. 이 작품을 읽으면 헐렁한 바지에 캡을 삐딱하게 쓰고 손가락을 내밀며 "짝퉁 천국"을 야유하는 래퍼의 경쾌한 몸짓이 연상된다. 랩의 힘이 슬픔 속에서도 슬픔에 침몰하지 않는 것이라면, 그의 시 역시 지옥의 "짬뽕 공화국" 안에서 자본의 "구라"에 유린되지 않는 사케즘sarcasm을 보여준다. 이 삐딱함과 야유야말로 그의 시를 젊게 하는 힘이다. 물론 비난과 조롱만으로 세계를 바꿀 수는 없다. 그러나 악의 거대한 벽 앞에서 질질 짜는 것, 그 유약한 미학 역시 문학의 중심은 아니다. 문학은 극복 불가능한 것, 이길 수 없는 것조차도 깔아뭉개는 '부정의 미학'이다. 그것은 문학이 물리적 힘보다 선한 힘의 궁극적, 압도적 우위를 절대적으로 신뢰하기 때문이다. 문학은 골리앗의 허위를 꿰뚫는 다윗의 돌팔매이다. 승리는 궁극을 향하며 나쁜 현세를 지속적으로 부정하는 시간과 주체에게 주어진다. 누가 더 센지는 긴 역사가 아주 느리게 보여준다. 마르크스와 엥겔스의 말대로 모든 견고한 것들은 대기 중에 산산이 녹아내릴 것이다.

> 쓰리고 아린 입술과 마음을 달래려 비를 피해 뛰어들어간
> 이탈리아식 밥집
> 에서 먹었던 까르보나라는
> 무슨 양주라고 폼 잡고 입술 축였지만 진토닉이
> 실은 철의 여인인지 구사대 깡패인지 하는 마거릿 쌔처가
> 권력의 대를 이어 짓눌렀던 영국 탄광노동자들의 피눈물 배인
> 한잔집 술인 것처럼
> 이름에 '카본'이라는 어근이 들어 있듯

역시 유럽 탄광노동자들이 갓 삶은 면을 우유 달걀 소스로 코팅해 먹던
프롤레타리아의 끼니였지
결국 언더락 잔 대용의 칠성사이다 컵으로 죽을 만큼 퍼마신
참이슬 레드 라벨 클래식과 천국의 마약 김밥과 함께 하수도로
흘러내려 간 그때 그 사랑의 시간

—「까르보나라」 부분

세계는 무수히 이질적인 것들의 총계이다. 주체는 선택과 배제를 통해 자신에게 필요한 것을 읽어낸다. 진토닉과 까르보나라에서 누구는 이국풍의 낭만을 읽어낼 것이고, 누구는 지겨운 '신토불이' 전통문화로부터의 해방을 읽어낼 것이다. 홍대욱은 진토닉에서 영국 탄광 노동자들의 피눈물을 읽어내고, 까르보나라에서 "프롤레타리아의 끼니"를 읽어낸다. 그는 음식 속에서 계급을 읽어내고, 불평등한 계급구조를 생산하는 체제를 읽어낸다. 그의 시선은 일목요연하게 자본과 자본의 흐름과 자본의 지배를 쫓는다.

2.

마르크스는 「임금 노동과 자본」에서 '명목 임금'과 '실질 임금'의 개념을 개진한다. 중요한 것은 명목 임금이 아니라 실질 임금이다. 명목 임금이 올라 봐야 생필품의 가격이 덩달아 상승하면 도로아미타불이다. 또한 명목 임금의 상승 속도는 자본가들의 '축적된 자본' 덕에 부유해지는 속도를 도저히 따라잡지 못하므로 노동자들은 (자본가들과 비교할 때) 상대적인 가난에서 벗어날 수 없다. 마르크스의 말대로 이웃에 대궐 같은 집이 들어서면 모든 작은 집은 그 자체 가난 외에 아무것도 아

닌 것이 된다. 가난과 부는 이렇게 사회적인 것이고 상대적인 것이다. 불평등이 가난을 지속적인 것으로 만든다.

> 빛살처럼 사방으로 퍼져나갔던 사람들 숨을 깔딱이는 임종
> 직전의 방범등 앞에서 작업복을 털며 돌아오는 길
>   산을 헤매던 삶이 집고양이가 되어 사람의 아기처럼 울어대
> 는 신비한 저녁
>   밥물 가늠하는 손가락마다 앗긴 것들만 꼽히는 날이면 괜히
> 앙칼졌던 어머니도 이제 더 이상 밥 먹으라고 부르지 않는다
>   개구쟁이들은 어른이 되었고 노동자가 되었다
>   큰길 네온사인 십자가로부터 검은 성경을 겨드랑이에 끼고
> 걸어온 등 굽은 노인이 반지하 방으로 사라진다
>   키를 넘는 버거운 인생이 일각수 뿔처럼 솟은 그림자들 귀갓
> 길을 거슬러 붉은 등을 향해 나서는 여자 싸구려 향수의 미풍
>   과자 봉지를 든 반가운 아버지에게 달려 나가다 깨진 가난한
> 무르팍들 멸종한 야경꾼들의 망령을 불러내 예배하는 골목은
> 운명보다 슬프다
>   —「聖골목」부분

이 시집엔 「聖~」 연작시가 모두 세 편이 등장한다. 이 작품은 그중의 하나이다. "聖" 접두사는 본디 성스러우나 현세에서 가장 속된 취급을 받는 대상들을 끌어모은다. 마치 하늘의 아들이 지상의 십자가에 못 박힌 것처럼 "聖골목"엔 홀대당한 그러나 원래 고귀한 것들이 모인다. 이 시에서 골목은 불평등의 바닥에 내팽개쳐진 것들이 저녁이 되면 돌아오는 자리이고, 그리하여 "운명보다 슬"픈 것들의 게토이다. 그곳엔 노동자들이 작업복을 털며 돌아오고, 미래가 없는 노인이 성경을 겨드랑

이에 끼고 반지하 방으로 사라지며, 여자의 싸구려 화장품 냄새가 미풍으로 흔들린다. 귀가하는 아버지를 마중 나가는 아이의 "깨진 가난한 무르팍들"도 이 골목의 주인공이다. 모든 인간은 그 자체 저 높은 곳에 있는 존재의 자식이라는 점에서 '聖가족'이다. 그러나 지상에서 '가난한' 인간들은 가장 속된 대접을 받는다. 가난한 자들이야말로 억압과 차별과 폭력의 희생자들이다. 시인은 그들의 슬픈 게토에 "聖" 접두사를 붙임으로써 그들의 고귀한 존재성을 복기하고, 정반대의 대접을 받는 현실을 혹독하게 부정한다. 이 시엔 성/속의 두 궤도가 엇지르며 내는 파열음으로 가득하다. 누가 고귀하고 성스러운 '우리'를 차별과 불평등의 십자가에 매다는가.

겉으로만 본다면 병사는 풍경을 틀림없이 사랑했다 한 손으로는 총을 허리춤에 받쳐 들고 앞을 주시하면서 영하의 날씨에 차마 꺼내놓지는 못한 채 한 손을 팬티 속으로 넣어 자지를 만지작거린다 음화 한 장 없는 이 수음이 풍경을 사랑하는 게 아니라면 무엇일까 춥지 않은 시절엔 아예 풍경에다 사정한다 순찰 도는 맏형 같은 장교가 초소에 배인 유난한 밤꽃 냄새에 싱긋 웃으며 나무란다 작작 좀 쳐라 새꺄 비번일 때 화장실에서 느긋하게 하면 되지 여기 분위기가 그렇게 좋은 거야?
밤엔 칠흑 같아서 그렇지 DMZ의 풍경은 얼마나 아름다운가요 그래요 풍경을 사랑해요 수통 속이나 식스틴 손잡이 밑에 파인 홈에 불씨를 감추고 피우는 담배는 그 아름다움에 대한 두려움이자 절망이죠
풍경을 사랑한 그 병사 지뢰 제거 작업 나갔다가 폭사했단다 땅은 씨 뿌리고 구근 캐다 결국 사람도 돌아가는 자리인데 폭탄 심고 폭탄 캐내다 묻히다니 좀 슬프지 않니

—「풍경을 사랑한 병사」 부분

홍대욱 시의 저변이 넓은 것은 그가 사회·정치적인 것의 심급에 성적인 것the sexual의 심급을 중첩하기 때문이다. 사회적이고 정치적인 것이 인간 존재의 보편적 조건이라면, 성적인 것 역시 인간 존재의 보편적 기반이다. 위 시의 "병사"는 '전쟁'의 잠재성을 늘 안고 사는 사회가 낳은 피치 못할 부산물이다. 전 세계의 거의 유일한 분단국가에서 병사의 삶은 인민의 보편적 경험의 일부를 이룬다. "DMZ"는 휴전 상태이자 전쟁의 잠재성이 극대화된 공간이다. "칠흑 같아서 그렇지 DMZ의 풍경은 얼마나 아름다운가요"라는 문장은 그 잠재적 비극에 대한 역설적 야유이다. 강제 징집된 병사가 이 어이없이 아름다운 "풍경을 틀림없이 사랑"해서 영하의 날씨에 한 손엔 총을 잡고 다른 손으로 자위행위를 하는 풍경은 정말이지 얼마나 속되게 아름다운가. 그의 자위행위는 자기 의지와 무관하게 강제 투입된 예비-전쟁의 공간에 대한 멸시와 경멸의 절절한 표현이다. 그런 병사가 "지뢰 작업 나갔다가 폭사"하는 현실은 또한 얼마나 어이없고 덧없는 풍경인가. "폭탄 심고 폭탄 캐내다 묻히다니 좀 슬프지 않니"라는 마지막 문장은 어리석은 체제에 대하며 짐짓 남의 일처럼 비아냥거리는 것 같지만, 금방이라도 이어서 쏟아질 것 같은 욕설을 이미 내장하고 있다. 홍대욱에게 시는 총알 대신 기호를 장전한 무기이다.

   한 번 먹기용 국 포장을 뜯으며
   나 그리고 당신의 인생도 생각해요
   식고 때로는 얼어 있기도 해요
   눈곱만큼도 속마음은 다치기 싫다는 듯
   지랄같이 칭칭 동여매진 테이프와 덕지덕지 치장한 중뿔난

>스티커를 뜯어내고 욕 한 마디 머금으며
>먹기 위해 살기 위해
>바다나 땅 아니고 공장서 태어난
>쇠고기미역국 한 마리를 잡는 거예요
>사람은 탓해 무엇하겠어요
>손으로 지어 따끈하게 담아내는 국이란 전태일의 소신공양
>그리고 적어도 1980년 이후에는 없답니다*
>우리의 한 끼는 위대하고 느껍지만
>때로는 꽁꽁 묶였거나 차거워
>―「일용할 양식」 부분

사회·정치적인 것, 그리고 성적인 것이 인간의 보편적 존재 조건이라면, '먹는 것' 역시 마찬가지이다. 생존하기 위해 먹는 음식을 홍대욱은 굳이 기독교의 '주기도문'에서 빌려와 "일용할 양식"이라 부른다. 앞서 인용한 시에서 "골목" 앞에 "聖" 접두사를 붙인 것과 유사한 맥락이다. '일용할 양식'이란, 생계를 위한 분투와 절망과 희망과 치욕이 짬뽕으로 섞여 있는, 얼마나 무겁고 힘겨운 기표인가. 그것을 위하여 인간들은 전 생애를 건다. 이 시의 화자가 먹는 주요 일용식은 일회용 음식이다. 그는 "손으로 지어 따끈하게 담아내는 국"을 먹을 시간도 경제력도 없다. 그는 먹고 사느라 너무 바쁘고, 그 바쁨이 그에게 여유 있는 식탁을 제공해주지도 않는다. 그에겐 따끈한 밥은커녕 "먹기 위해 살기 위해" 공장에서 생산된 냉장 혹은 냉동식품만이 유일한 먹거리로 남아 있다. 그 "손으로 지어 따끈하게 담아내는 국"은, 말하자면 "전태일의 소신공양"인데, "1980년 이후에" 그것은 없다. 이 시의 각주에 따르면, 시인은 이 대목을 그룹 이글스의 〈호텔 캘리포니아〉 가사에 나오는, 기괴 미스터리 호텔에서 와인을 찾자 얼굴 없는 호텔리어가 "1969년 이래 그런

건 없답니다"라고 말하는 대목에서 얻어왔다고 밝히는데, 이것이 베트남전쟁과 미국 자본주의의 우화인지는 분명하지 않다고 말한다. 어찌 되었든 한국인들에게 화인처럼 각인되어 있는 "1980년" 이후에 그런 따뜻한 밥상은 없다. 사람들은 "먹기 위해 살기 위해" 바빠졌으나, 근면함 만큼의 부를 축적하지 못한다. 따끈한 밥상의 자리를 일회용 냉장, 냉동식품이 차지하였고, 밥다운 밥은 이제 먼 신화가 되었다.

3.

자, 이제 이 끔찍한 디스토피아에서 어떻게 살 것인가. 이 악몽의 현재를 어떻게 견딜 것인가. "자본과 구라로 편집된 짝퉁 천국"에 대한 야유와 욕설의 정당성은 어디에서 어떻게 보위되는가? 이 시집에서 그것을 찾는 방법은 의외로 간단하다. 1부에서 3부에 이르기까지 "짝퉁 천국"의 슬픈 풍경들이 지나가는 동안 주마등처럼 반복되는 단어를 만날 수 있다. 그것은 바로 "사랑"이다.

> 그러니까 파장의 시절 철시한 골목에서 쓸쓸한 사람을 만나거든 괜히 외롭다 하지 말고 그까짓 사랑이라 하지 말고 당신을 에누리해 모두 주세요 단지 마음의 치부책에 적어놓은 이름뿐이라면 옛사랑은 모두 버려요 당신 같은 그이를 위해 촉수와 혈관과 신경의 모든 터널들과 영혼의 모든 관管을 열어주세요
>   우리 몸을 샅샅이 해부한들 찾아볼 수 없고 임종의 시간이 되어서야 심장마다 흰 연기를 피워 올리며 단지 하늘로 빨려 올라갈 어눌한 연가를 왜 진작 해방하지 않았는지 후회하기 전에어서 빨리 사랑한다고
>
> —「시장에서」부분

이 시의 물리적 배경은 "시장"이다. 시장이 자본의 현실이라면 사랑이 만들어내는 공간은 그에 맞서는 '헤테로토피아heterotopia'(미셸 푸코 Michel Foucault)이다. 사랑은 시장 지배의 현실에 '문제 제기'를 하고 그것들을 뒤집는 공간을 만든다. 그것은 일종의 "현실화된 유토피아"이지만, 현실의 모든 공간 바깥에 있으므로 잘 보이지 않는다. 그래서 푸코는 헤테로토피아를 "반反-공간contra-space"이라 부르기도 한다. 홍대욱이 "말세"의 현실에 저항하거나 그것을 견딜 수 있는 것은 사랑의 헤테로토피아가 있기 때문이다. 그것은 시인에게 문제 제기의 정당성을 부여하고, 싸울 수 있는 힘을 제공하며, 버틸 수 있는 지구력을 제공한다. 그러므로 "그까짓 사랑이라 하지 말고 당신을 에누리해 모두 주"라는 것은 시인에겐 일종의 정언명령이다. "후회하기 전에 사랑한다고" 말하며 사랑의 헤테로토피아를 현실화하는 것, "자본과 구라"의 문법을 해체하고, 사랑의 관계와 제도를 만드는 것이야말로 시인의 일이고 시의 과업이다.

  나무는 모든 것의 정면에 있지만 우리에겐 절대 스스로 돌아
  볼 수 없는 등이 있다 그래서 사랑은 뒤에서 안아주는 것
    나는 나를 사랑할 수 없다 나무는 등 돌리면 못 견디는 우리
  와는 다른 고독의 맹수
    이제 알았네 식물이 우리처럼 징그러운 성기를 갖지 않은 이
  유와 우리 몸이 버섯과 장미 같은 자연의 은유에 복종하는 이유
    내가 나무라면 내 가슴도 그 누구도 끌어안지 못하는 운명의
  뼈를 바드득바드득 부러뜨렸을 것이다
         ―「머리까지 드리운 머리칼의 소곡」 부분

사랑의 헤테로토피아는 우리가 "절대 스스로 돌아볼 수 없는 등" 같은 것이다. 그곳은 보이지 않지만 "정면"의 현실에 이의를 제기할 수 있는 공간이다. 나는 나의 뒤를 보지 못하므로 "나를 사랑할 수 없다". 사랑은 그래서 "뒤에서 안아주는 것"이다. 사랑은 이렇게 타자를, 타자의 등을 향해 있다. 시인에게 있어서 시는 바로 이 현실의 바깥, 가짜 천국의 뒤를 보는 것이다. 그것을 끌어안지 못하는 "운명의 뼈"가 있다면 시인은 그것을 "바드득바드득 부러뜨렸을 것"이라고 고백한다. 그러므로 시는 지금 이곳의 현실도, 사라진 유토피아도 아닌, 현실 바깥 혹은 현실 뒤의 다른 현실을 끌어안는다.

> 산안개 내리는 피아골 주홍 감빛 교회당
> 적도 나도
> 심장 가까운 호주머니에 하나씩은 간직했다 꺼내보던
> 인간의 꿈 사랑의 연분홍
> 모조리 무너져 내린 자리
> 오미자 우러나듯 벌개진 섬진강 물 흘러가
> 주홍으로 바랜 피
> 구례 가스나그 먹빛 눈동자에
> 섞이는 피아골 주홍 교회당
> ―「피아골 주홍 교회당」전문

긴 산문시가 대세를 이루는 이 시집에서 이 작품은 특별히 압축미가 넘치는 짧은 서정시이다. "피아골", "적도 나도", "주홍으로 바랜 피" 등의 기표들은 단번에 빨치산의 격전지를 떠올리게 한다. 좌우를 가릴 것 없이 "호주머니에 하나씩은 간직"했던, "인간의 꿈 사랑의 연분홍"은 그러나 "모조리 무너져" 내렸다. 그들이 각기 가졌던 사랑의 바깥이 달랐기 때문이다. 푸코의 말대로 헤테로토피아의 작동방식은 다양하다. 그것은 동시대에도 서로 다른 '바깥'을 가지며, 역사의 흐름에 따라 변하기도 한다.

> 기차처럼 해변으로 간 사랑
> 따끈한 우유 삶은 달걀 하나 건네지 않았던
> 차가운 열차 표면에 손 한 번 짚지 않았던
> 나를 용서하러 왔나요
> 사랑
> 너로 들어가는 험한 길
> 나로 돌아오는 험한 길
> ―「바다나무」부분

사랑의 헤테로토피아는 악몽의 현세에 대한 유일한 대안이지만, 그것은 "험한 길"이다. 그래도 사랑은 바깥에서 "너"의 안으로 들어가고, "나"의 안으로 끊임없이 돌아온다. 이 시집의 시들은 그런 도정의 아프고, 더럽고, 빛나는 사랑의 파편들이다.

서정시와 서사시의 문법

— 최동호 시집, 『황금 가랑잎』과 공광규 서사시집, 『동해』

1.

매우 대조적인 형식의 두 시집을 읽으며 나는 문학(시)이 재현 혹은 미메시스가 아니라 '생산'임을 새삼 확인한다. 문학은 현실을 복제하지 않으며 현실을 원료로 새로운 세계를 만들어낸다. 시적 대상 안에는 무한대의 자료들이 존재하지만, 그것이 시로 변용될 때 무수한 배제와 선택의 원리가 가동된다. 시는 그렇게 선택된 사물의 마지막 속성조차도 그대로 기술하지 않는다. 시인은 선택된 정보를 자신의 사상과 정념, 그리고 상상력을 동원해 다시 가공한다. 그리하여 시가 되어버린 사물은 그 이전에는 전혀 존재하지 않았던 새로운 세계가 된다. 시인은 이런 점에서 세계를 베끼는 자가 아니라 생산하는 자이다.

서정시와 서사시는 서로 다른 방식으로 세계를 만들어낸다. 서정시에서 객관적 사실은 별로 중요하지 않다. 서정시는 주관성으로 객관성을 압도한다. 서정시는 꽃을 그릴 때조차 생물학적 사실들을 완전히 무시할 수 있는 권리를 가지고 있다. 중요한 것은 시인의 주관성이다. 시인에게 꽃은 다른 세계를 만들어내기 위한 알리바이 혹은 알레고리에 불과하다. 그러므로 서정시는 서사시보다 훨씬 더 재현으로부터 멀어지고, 생산에 더 가까워진 언어이다. 서정시는 주관성으로 보편성을 만들어내는 독특한 장치이다. 주관성에서 보편성에 이르는 언어는 서사시보다 훨씬 더 강도 높은 굴절과 주름을 겪는다. 이 주름과 굴절이 서정시의 생산과정이다. 서정시에도 서사가 있다. 그러나 서정시는 시-중-종의 서사 구조를 분지르고 꺾고 휘둘러 뭉갠다. 서정시 안에서 서사는 시-중-종의 완결된 구조를 상실하고 머리와 몸통과 꼬리가 마구 뒤섞인다. 이에 반해 서사시는 서정시보다 훨씬 더 객관적 사실에 충실하다. 서사시에서 언어의 주름과 굴절은 가능한 한 절제된다. 그것은 인과관계의 연쇄를 따라 시-중-종을 가진 서사의 형태로 존재한다. 그렇다고 해서 서사시가 역사적 사실의 복제에 머무는 것은 아니다. 서사시는 사실의 인과적 나열 위에 상상력의 바람, 비, 무지개, 안개를 흩뿌린다. 서사시를 사실의 복제가 아니라 새로운 세계의 생산으로 만드는 것은 바로 이 양념들이다. 그리하여 동일한 소재를 다룬 다양한 서사시의 존재가 가능하다. 서사시에서 재료와 양념은 위계적 관계가 아니다. 서사시를 문학적 생산으로 만드는 것은 재료가 아니라 인위적 장치들이므로, 서사시의 문학적 양념들을 절대로 무시할 수 없다. 그것들이 없다면, 서사시는 시가 아니라 사료史料로 전락할 것이다. 서사시는 사실과 허구를 뒤섞어, 사실을 문학의 구름 위에 띄운다. 문학의 구름으로 끌어올린 사실은, 바로 그 구름 때문에 더욱 빛난다.

2.

최동호의 『황금 가랑잎』은 서정시의 문법을 유감없이 보여준다. 게다가 그는 이 시집이 그가 그간 궁구해온 "극서정시에 대한 탐구의 지속"(「시인의 말」)이라고 말한다. 내가 볼 때, "극서정시"란 서정시의 서정시다움을 극단적으로 밀고 나간 시를 말한다. 그는 군더더기를 최대한 없앤 짧고도 견실한 몇 행 안에 인간과 세계와 우주를 담아내려 한다. 세계 문학사의 차원에서 볼 때, 이런 시도들이 없었던 것은 아니다. 일본의 하이쿠 혹은 미국의 이미지즘 시운동이 그 예라 할 수 있다. 그러나 최동호의 극서정시엔 하이쿠처럼 (가령 5·7·5의 17음절을 사용해야 한다는 식의) 형식적 규제가 없고, 미국의 이미지즘 시운동처럼 모든 문제를 이미지로 해결해야 한다는 강령도 없다. 그는 형식적 규제와 이미지-주의의 강령에서 자유롭다. 그는 오로지 사물의 사실성에 얽매이지 않는 강력한 주관성, 그것을 보편성으로 끌어올리는 서정시의 문법에만 충실할 뿐이다. 그에게 어떤 강령이 있다면, 그것은 가장 서정시다운 서정시를 쓰는 것이다. 그리고 그의 이런 노력은 2000년대 초반 이후 지금까지 한국 문단에서 유행해온 '덜떨어진 난해시'에 대한 반발이기도 하다. 난해성 자체가 혐의일 수는 없다. 그러나 난해성이 언어-기술과 사상의 궁핍을 가리기 위한 '자폐적' 장치라면 문제이다. 그는 겉만 번지르르한 수사와 장식, 허영과 꾸밈의 언어를 거부한다. 버릴 것을 다 버린 그의 시들을 읽다 보면, 문득 밀턴J. Milton의 「그리스도의 탄생의 아침을 찬미함」이라는 서정시가 떠오른다. 밀턴은 이 시에서 "황량한 겨울에, 하늘이 주신 아이(그리스도)가 비천한 손길에 싸여 구유 위에 누워 있을 때", "자연도 그를 경외하여/자신의 화려한gaudy 장식을 떨구었다"고 말한다. 여기에서 (내가) "화려한"이라 번역한 "gaudy"라는 단어는 원래 '(색깔 따위가) 야하고 천박하거나 촌스러운'의 뜻을 가지고 있다. 최동호는 이런 점에서 요란한 수사를 거부하고 꾸밈을 버리며 성스러운 존재의 가난한 탄생 앞에 엎드려 경배하는 나무 같다.

석가모니는 뒤늦게 도착한 제자에게 관을 뚫고 맨발을 보여주었다.

열반에 오른 그가 다비 직전에 보여줄 수 있는 유일한 것이 맨발이었다.

…(중략)…

제자들아 맨발로 가라, 맨발 그 이상 나에게 다른 가르침을 찾지 말라.

영산회상의 꽃이 아니라 관을 뚫고 나온 맨발은 망망대해의 쪽배 같아서,

—「맨발의 쪽배」부분

"맨발"이야말로 외장을 다 떨구어낸 주체의 모습이고, "쪽배"야말로 가장 가난한 마음의 탈 것 아닌가. 이 시는 그의 다른 극서정시에 비해 비교적 긴 분량의 시이지만, 세계를 대하는 그의 태도와 시적 입장을 잘 보여준다. 그는 "영산회상의 꽃"을 마다하고 "맨발의 쪽배"를 선택한 수도승 같다.

탁발 나가 빈 절에 밤새 천둥 치고 비바람 불었다
성난 물살이 산간 계곡 바윗돌들 다 쓸어갔는데
댓돌 아래 흙 묻은 흰 고무신에 담긴 맑은 물살
비바람에 문 두드리다 떠 있는 황금 가랑잎 부처

—「가랑잎 부처」전문

최동호 시인이 궁극적으로 마주하는 것은 형상을 다 떨구어낸 후의 실재이다. "천둥", "비바람", "성난 물살"은 실재의 남루를 단번에 "쓸어"

버리는 거대한 장치들이다. 그리하여 마지막 남은 것은, "흙 묻은 흰 고무신"과 그것에 "담긴 맑은 물살", 그리고 그 위에 "떠 있는 황금 가랑잎 부처"이다. 서정시의 주체는 강력한 주관성으로 이렇게 사물을 자유자재로 가공, 재배열, 재조합한다. 이것이야말로 서정시의 미적 생산과정이다. 서정시는 사물의 외양에 사로잡히지 않으며, 질료를 뒤흔들어 새로운 형상을 만들어낸다. "흙 묻은 흰 고무신"은 그런 내적 싸움이 남긴 처절한 흔적이다. 시인은 마치 연금술사처럼 질료-형상을 달구고 녹이고 두드려 전혀 다른 질료-형상을 만들어낸다. 최동호의 미적 생산 라인이 궁극적으로 추구하는 것은, 흰 고무신 속의 맑은 물 위에 떠 있는 "가랑잎"처럼 단출한 것이고, 그것은 다 버렸으므로 "맨발의 부처" 같은 것이고, 미적 정련의 끝장에 있는 것이므로 "황금" 같은 것이다.

최동호의 이런 시들은 껍데기를 다 버리고 이데아와 마주한 영혼의 겸허와 순수로 맑게 빛난다. 그런데 이 시집에서 최동호의 극서정시가 이룬 또 다른 성과는 그의 시선이 순수의 높은 곳만이 아니라 외롭고 쓸쓸한 밑바닥을 포착하는 지점에서 발생한다.

> 고양이만도 못하다는
> 꾸지람 듣다가
> 밤늦게 불빛 환한 편의점에서
> 집 없는 고양이처럼
> 훔쳐 먹듯
> 라면을 홀로 먹고 있는 사람
> ―「고양이 라면」 전문

무한경쟁, 자력갱생의 싸움 밭에서 거의 비존재로 살아가야만 하는 현대판 비극의 주인공은 극서정의 단출한 묘사 속에서 무한정 작고 쓸쓸한 존재가 된다. 소위 '편의점 인생'의 이 황량한 모습은 감정이입을 말끔히 지워버린 모습에서 더욱 강력한 맨살의 비극을 드러낸다. 최동호의 극서정시들은 이렇게 최소한의 묘사로 사물의 핵심을 바늘처럼 찌름으로써 시적 전압을 최고조로 높인다.

3.

최동호의 시집이 짧은 서정시의 극단면적 효과를 보여준다면, 공광규의 서사시집 『동해』는 근래 보기 힘든 서사시의 장대한 풍경을 그려낸다. 영웅 혹은 서사시가 사라진 시대에 서사시의 귀환은 무엇을 의미하는가. 그는 「시인의 말」에서 "이런 역사적 경험과 보편적 진실로부터 배워서 다시는 망국의 비극을 맞지 않길 바라는 게 이 서사시 집필 의도"라고 밝히고 있다. 그러므로 그가 서사시의 형식을 다시 소환하는 이유는 과거를 기억하기 위해서가 아니라, 현재에 지혜롭게 대처하기 위해서이다. 그가 「시인의 말」에서 "독도 문제를 이 한 권으로 정리하려고 노력했다"고 말하고 있는 것처럼, 독도 문제는 먼 과거에서 시작되었지만 현재까지 계속되고 있는 정치적 의제이기 때문이다.

그는 울릉도 초대 군수였던 배계주의 삶을 기록하면서 독도 문제의 뿌리로 돌아간다. 그 먼 과거에 일개 군수의 몸으로 일본으로 건너가 담판을 짓기도 한 '작은 영웅'의 삶은 지금 우리 시대에 절실하게 필요한 기백이기도 하다. 시인이 현재까지 축적되어온 긴 역사의 주름을 되돌려 펼칠 때, 정치권력과 민중, 국가 간 외교 문제를 대하는 원칙과 정치-기술 사이에 오래 반복되어온 관행이 구체적으로 드러난다.

이 시는 배계주 출생일과 사망일을 각각 제목으로 삼은 「1850년 2월 24일」에서 시작하여 「1918년 2월 15일」로 끝난다. "조선 25대 왕 철종 2년/산기슭 푸른 대숲과/건장한 해송과 적송과 반송이 검푸른 겨울"(「1850년 2월 24일」)에 태어난 계주는, 68년 동안 세상을 주유한 후에 "산기슭 푸른 대숲과/건장한 해송과 적송과 반송이 검푸른"(「1918년 2월 15일」), 동일한 공간으로 돌아와 세상을 뜬다. "계주가 감은 눈을 더 이상 뜨지 않자/검푸른 소나무 숲과 느티나무 빈 가지가/사흘 밤낮을 우우 울었다". 공광규는 실증적 자료가 넉넉지 않은 한 사람의 출생과 죽음 사이의 68년을 상상력으로 복원했으니, 이 시는 사라진 서사를 역사적 사실 위에 다시 '생산'한 셈이다. 서정시가 복잡한 정보와 자료들을 주관성의 큰 획으로 후려쳐 알갱이를 빼낸다면, 서사시는 축약된 현재를 시-중-종의 긴 시간대 위에 풀어놓는다. 그러므로 서정시가 은유 지향적이라면, 서사시는 환유 지향적이다. 서사시는 부분과 부분 사이의 인접성을 계속 확대하여 하나의 거대한 텍스트를 만든다. 서정시가 번개의 언어라면, 서사시는 오래 부는 바람의 언어이다.

현대에 와서 서사시가 실종된 것은 영웅적 주체들이 사라졌기 때문이다. 서사시를 대체한 근대소설의 주인공들은 대체로 영웅이 아니라 반反영웅anti-hero들이다. 그러므로 영웅이 사라진 현대에 서사시를 쓴다는 것은 작가로서는 일종의 모험이 아닐 수 없다. 자고로 서사시에는 범인凡人이라면 도저히 감당할 수 없는 역경과 그에 대한 '영웅적' 대응이 있어야 하는데, 탈근대시대에 이런 영웅들은 연예인들이나 프로 스포츠맨들로 대체되었다. 따라서 현대의 서사시는 영웅들이 존재 가능했던 과거를 다루는 수밖에 없고, 이런 경우 그 과거가 현재와 직접적으로 연결되지 않으면, 그 과거는 회상 혹은 향수 이상의 현실감을 갖기가 힘들다. 사실상 이런 상황 때문에 현대에 이르러 서사시가 실종된 것이라고 보아도 된다. 공광규의 『동해』는 이런 점에서 아슬아슬하게 현대 서사시의 '위험'을 피해 간다. 앞에서도 말했다시피 독도 문제는 배계주의 시대에 시작되었지만, 여전히 현재진행형인 사안이기 때문이다.

그렇지만 배계주라는 인물의 '영웅성'에 대해서는 여전히 질문이 남을 수 있다. 배계주는 서사시의 주인공이 될 만한 영웅적 인물인가? 가령, 아리스토텔레스는 『시학』에서 서사시와 비극의 주인공은 '위대한 인물'이어야 한다고 주장한다. 아리스토텔레스가 말하는 위대한 인물이란 인품이나 덕망이 훌륭한 사람이 아니라 사회적 신분이 높은 사람을 지칭한다. 말하자면 왕족이나 장군 정도가 죽어야 '연민'과 '공포'라는 비극적 정서가 환기된다는 말이다. 아리스토텔레스가 말한 서사시와 비극의 이런 문법은 실제로 서양에서는 셰익스피어의 르네상스 시대, 즉 근대 이전의 문학까지 유통되었다. 배계주는 일개 섬의 군수라는 하위 관료이기 때문에 비극의 거대한 규모magnitude를 만들기에는 신분상의 일정한 한계를 가지고 있다. 오히려 봉건-근대의 과도기에 민란의 지도자였다면 사정이 달라진다. 이행기 민란의 주도자들은 봉건적 계급 사회에 목숨을 던져가며 맞섬으로써, 신분상의 한계를 뛰어넘는 혹은 바로 그 낮은 신분의 영웅적 행위 때문에 더욱 위대한 영웅의 면모를 가질 수 있다. 그러나 배계주는 군수로 임명되었다가 조정에 의해 해임과 복직의 과정을 겪고, 울릉도와 독도를 둘러싼 일본의 만행에 격분하며 직접 일본으로 건너가 담판을 짓는 '정의로운' 관료이지, '비극적 영웅'은 아니다. 그는 그 높은 기개에도 불구하고 하급 관료로서 시종일관 중앙정부의 손아귀 안에서 움직일 수밖에 없었으며, 대한제국의 멸망과 더불어 고향에 돌아와 역사 속으로 사라졌다. 그 시기 수많은 '영웅'들은 오히려 민란을 일으켜 타락한 왕정과 외세에 저항했던 의병들 속에서 발견된다.

그러므로 공광규는 이 시에서 오히려 전통적인 서사시의 문법을 우회하고 있다고 보아야 한다. 그의 서사시는 영웅-찬가가 아니다. 그는 오히려 전통적인 서사시의 영웅과는 전혀 다른, 왜소한 하급 관리를 전국가적인 엄청난 사안에 박치기시킴으로써 대한제국 말기 정치 시스템의 총체적이고도 전반적인 문제를 건드린다. 그는 무능한 왕정, 타락한 관료들과 지식인들이 어떻게 외세를 불러들이고 나라를 몰락의 길로 이끌었는지, 그리고 그에 저항하는 수많은 민란을 통해 얼마나 많은 인민이 희생당했으며, 권한 없는 한 하위 관료가 어떻게 자신이 도저히 감당할 수 없는 문제에 온몸을 던져 충실했는지를 여실히 보여준다. 그러므로 공광규는 전통적인 서사시보다 훨씬 더 현실적이고 실제적인 서사시의 '생산자'이다.

서사시의 작가들이 창작 과정에서 겪는 어려움 중의 하나는, 사실과 상상력을 잘 섞어서 무리 없이 잘 섞는 것이다. 서사시는 역사적 사실에 미학적 양념을 쳐서 문학으로 끌어올리는 작업이기 때문이다. 이 시집에서 시인의 상상력이 가장 빛을 발하는 부분은 울릉도와 독도의 자연에 대한 묘사들, 그리고 가상 인물인 평해 노인과 배계주 사이의 대화이다.

> 멀고 멀고 먼 옛날
> 망망대해를 휘젓고 다니는 동해대신이 있어
> 바람과 파도를 끌고 다녔다
>
> 파랑을 지느러미로 달고 다니는
> 대신의 머리에 두 바위 뿔이 있는데
> 높이가 오 리나 되었다
>
> 세상은 암흑이었는데
> 어느 날 동해대신이 머리를 치켜들자
> 우주에 금이 가 땅과 물과 하늘로 나뉘었다
>
> 금이 간 틈에서 태양이 솟아올라

두 뿔 사이로 햇살이 내려와
바다가 반짝였는데

사람들은 두 뿔을
동쪽 섬과
서쪽 섬으로 불렀다

···(중략)···

강치가 바위에 올라앉아 컹컹 노래하는
개밀과 큰이삭풀과
바랭이와 돌피가 자라는 독섬

　　　　　　　　　　—「독도」 부분

　이 아름다운 섬을 지키기 위하여, 행정권이 거의 없는 일개 군수로서 배계주는 얼마나 애가 탔을까. 그는 조정과 외세 사이에서 얼마나 힘들고 외로웠을까. 그는 얼마나 깊은 무력감에 시달렸으며, 분노에 치를 떨었을까. 이 시는 이 작은 영웅이 미처 감당할 수 없었던 역사적 과도기의 기록이며, 이를 통해 다시는 아픈 역사를 반복하지 않도록 미래를 비쳐주는 거울이다.

저 아픈 순례자의 길
— 김윤환 시집, 『내가 누군가를 지우는 동안』

1.

　신에 대한 사유가 부족한 한국 문학사에서 김윤환 시인은 독특한 자리를 차지한다. 사실 '신-의식God-consciousness'이야말로 인류의 가장 보편적인 의제이다. 그러나 먼 고대로부터 현대에 이르기까지 신-의식은 갈수록 위축되어왔다. 그것은 18세기 이래 이성理性과 과학에 대한 절대적인 신뢰 덕택에 더욱 가속화되었지만, 신을 죽이고 신에게서 멀어질수록 인류가 자신의 힘(이성과 과학)으로 더 행복해졌다는 증거는 없다. 인류의 내밀한 정동affect을 보여주는 문학작품의 오랜 역사를 보면, 고대에서 중세, 르네상스, 근대, 현대로 넘어올수록 절망, 좌절, 부조리, 무의미, 비일관성, 고통의 주제들이 문학 텍스트를 점점 더 크게 점유하고 있다. 좌절과 절망은 모더니즘 문학의 브랜드이고, 고통을 말하지 않는 문학은 이제 가짜로 취급받는다. 이런 현상은 신과의 친교를 상실한 인간이 신을 대체할 아무것도 찾지 못한 채, 갈수록 제 갈 길을 잃고 헤매고 있다는 확실한 증거가 된다. 좌절과 고통은 이제 문학 텍스트에서 징후가 아니라 거의 상투적일 정도로 흔한 주제가 되어버렸다. 이제 모두 다 너무 아프며, 그 아픔을 솔직히 드러낼 수밖에 없는 단계에 온 것이다. 자고로 위대한 문학은 이전투구의 현실을 다루면서도 그 너머의 세계를 고민한다. 인간의 '이전투구'는 모두 인간의 '결핍' 때문에 생기는 것이고, 그 결핍에 대한 솔직한 인정은 자연스레 그 너머의 세계에 대한 사유를 낳기 때문이다. 김윤환 시인은 객관 현실의 어두운 웅덩이들을 들여다보면서도, 아주 가까이 우리를 응시하고 있는 신의 눈길을 본다.

> 새벽을 창조한 신이
> 사람의 발을 씻는 날
> 한번만 허용되는 그 위험한 의식에서
> 나는 내 발에 묻은 지도를
> 아프게 아프게 떼고 있었네
>
> 발을 씻는다는 것은
> 껍질을 벗겨낸다는 것
> 발등에 떨어진 하늘을 건진다는 것
> 발목을 떼어 하늘로 보낸다는 것
>
> ―「위험한 의식」 부분

그가 말하는 신은 '창조주("새벽을 창조한 신")'이자 "사람의 발"을 씻는 존재이다. 그 신은 저 먼 곳에 있으면서, 동시에 사람 몸의 가장 낮은 곳, 가장 더러운 곳에 내려와 그것을 씻는 존재이다. 그의 신은 자신과 피조물 사이의 거리를 순식간에 지우는, 그리하여 연민이나 공감이 아니라 자기가 만든 피조물의 아픔에 통감痛感 compassion하는 존재이다. 그

'의식'을 인간인 성직자가 대행할 때, 성직-주체는 남의 발을 씻으면서 자신의 "발에 묻은 지도를/아프게 아프게 떼"어낸다. 하늘이 스스로 인간의 발등까지 자신을 낮출 때, 인간이 할 수 있는 가장 거룩한 일은 발등에서 "하늘을 다시 건"져 "하늘로" 다시 보내는 것이다. 신에 대한 사유의 층위는 얼마든지 다양하다. 개중에는 저 높은 곳을 바라보며 자기가 서 있는 이곳의 비참함을 새까맣게 잊는 고고한(?) 사유도 있다. 이와 반대로 김윤환 시인은 홍진紅塵에 몸을 묻고, 그곳에 내려와 있는 신을 만나고, 그의 손가락이 가리키는 곳을 본다. 말하자면 그의 시의 스펙트럼은 저잣거리와 신 사이에 걸쳐져 있다.

껍데기만 꼬깃꼬깃 뭉쳐 둔 가시덤불

신의 미소와 사람의 눈을 지키려 둥근 막을 치고

안으로만 감아 온 말들

나는 캄캄한 알 속의 갇힌 껍질이었네

뼈를 드러낸 가장 얇은 몸

더 믿거나 덜 믿거나

이미 지나친 길 위에 구르고 있는

껍질 없는 알, 흩어져 밟히고 있는

깨어나지 않는 알맹이였네

—「알맹이의 자서전」 전문

김윤환 시인은 종종 자신을 어딘가에 갇힌 존재로 묘사한다. 「유리병이 아니었다면」이나 「무우」 같은 시에서도 이런 인식을 발견할 수 있다. 위에 인용한 시에서도 시인은 자신을 "캄캄한 알 속의 갇힌 껍질", "깨어나지 않는 알맹이"라고 묘사한다. 그의 시가 섣부른 잠언 담론 혹은 교화 담론으로 빠지지 않는 것은 이런 치열한 자기반성 때문이다. '갇힘'에 대한 인식은 '열림'의 존재에 대한 인식 때문에 발생한다. 그리고 이 '갇힘'과 '열림'은 "사람의 눈"과 "신의 미소"에 걸쳐져 있다. 그는 성직-주체의 완전성을 인정하지 않는다. 모든 성직-주체는 결국 인간-주체이며, 피조물인 인간의 정념과 욕망과 약함과 결함에서 자유롭지 않다. 그는 같은 인간으로서 신의 말씀을 전하는 성직-주체이지만, 자신을 동료 인간들과 구분하지 않는다. 그는 현세에 완전히 밀착된 상태에서 먼 구원을 바라보는 순례자이다. 그는 현세와 구원이 환유적으로 겹쳐진 길을 간다. 이것은 형편없이 결핍인 한쪽을 끌어안고 그 자체 완전인 다른 쪽으로 가는 일이다. 무릇 순례자의 고통은 이 양자 간의 좁혀지지 않는 거리에서 생겨난다.

지구 밖으로 자신을 던지는 일은
언제나 엉금엉금 별을 찾아가는 일
자기 안으로 우주가 들어오는 일

—「오체투지各論」 부분

"오체투지"는 절망과 희망을 한 몸에 안고 세상의 바닥을 기는 순례자의 모습이다. 순례자는 언뜻 멀리 있는 것 같은 신을 힘들게 찾아가지만("엉금엉금 별을 찾아가는 길"), 순례자와 신 사이의 거리는, (그 멀리 있는 것 같던) 신이 순례자 안으로 들어올 때, 일순간에 사라진다. 김윤환의 신은 인간의 몸을 입고 사람의 발등으로 내려온 신이다. 이렇게 "자기 안으로 우주가 들어오는 일"의 순간에 순례자와 신 사이의 '상호내주相互內住 Perichoresis'가 이루어진다. 순례자의 고통이 상쇄될 수 있는 잠재성은 바로 이 지점에 있다.

> 아들아 미안하다 잘 살지 못해서 아버지의 유언이었다
> 얘들아 미안하다 줄 것이 없어서 어머니의 유언이었다
> 얘들야 미안하다 얼른 대답하지 않아서 예수님의 말씀이었다
>
> 아, 아들아
> 내 말이 길었구나
> 미안하다
>
> ―「답습踏襲」 전문

"미안하다"는 아버지와 어머니와 예수님과 내가 한데 겹쳐지는 기표이다. 신은 인간의 발등에 내려와 '사랑'을 가르친다. 사람이 그런 신을 믿을 때 신은 사람 안으로 들어온다. 이 완벽한 중첩의 공간을 소망하며 순례자-시인은 오늘도 온몸으로 세상의 바닥을 긴다.

2.

존재의 '약함(부서지기 쉬움)'은 다양한 형태로 나타난다. 김윤환 시인은 궁핍의 하부下部가 무엇인지를 잘 안다.

대문을 열고 왼쪽으로 돌아가면
창고로 쓰던 반지하방을 월세 5만원에
몇 년을 옥살이처럼 산 적이 있었다
일터에서 돌아와 문을 열면
어둠은 기다렸다는 듯 내 품에 안겼고
나는 그것이 무서워
창이 있었으면 좋겠다 싶어
가장 어두운 쪽에 창을 그리고
거기에 해를 그려 넣었다

…(중략)…

들어오고 싶지 않는 방에도 달력은 있었고
아무것도 적히지 않는 빈칸마다
따라갈 수 없는 시인의 시를 채우곤 했는데
시인과 흘러내린 창문과 어둠이
늡늡한 노래가 되어 아침이면 내 등을 적시곤 했다

―「벽화」부분

 "옥살이" 같은 가난은 김윤환 시인이 지나온 오체투지의 한 과정이다. 시인은 이 시를 이 시집의 첫 페이지에 넣었다. 이런 점에서 가난은 김윤환 시인이 겪은 세계의 대표적인 파사드facade이다. 화자는 창이 없는 어두운 벽에 창과 해를 그린다. 화자는 "아무것도 적히지 않는 빈칸마다/따라갈 수 없는 시인의 시를 채우곤" 한다. 이 두 행위는 소망의 '상상적 해결'이라는 점에서 같다. 예술은 현세에서 채워지지 않는 욕망의 상상적 충족이다. 예술은 늘 완벽한 유토피아의 상태를 꿈꾸며, 그런 천상의 시선으로 볼 때 현세는 늘 결핍이다. 예술이 현세 너머의 세계를 사유하는 것은, 바로 이런 이유 때문이다. 그러할 때, 결핍의 현실은 그 자체 예술의 질료가 된다.

> 아버지가 늑막염과 폐결핵으로 전남대학병원에 입원하자 서울 큰형이 그날 아침 일찍 병실을 다녀가고 어렵사리 군대를 제대한 둘째 형이 취직을 한다고 도청 앞에 도장을 파러 갔다 나는 엄마를 모시고 병원을 가는데 대낮부터 일단의 군인들이 우르르 쏟아져 나왔다 송정리에서 도청으로 가는 길에 버스가 더 이상 운행하지 않았고 병원까지 걸어서 가는 길에 엄마는 "야, 아가 뭔 전쟁이 났다냐? 어찌 이리 뒤숭숭 하다냐?" 멀리서 들리는 총성, 병원 앞에 즐비한 쓰러진 사람들 낯익은 둘째 형의 봄 점퍼에 홍건한 혈흔 어머니는 이내 혼절했고 아버지는 그날로 각혈이 심해졌다 아무도 쏘지 않았는데 탄흔은 선명했고 겨누지 않는 탄착점에 큰 관통이 생겼다
> ―「탄착점」 부분

결핍을 바라보는 김윤환 시인의 시야는 개체의 가난만이 아니라 사회·역사적인 "탄착점"을 향해 있다. 이 작품뿐만 아니라 문익환 선생의 생애를 그린 「늦봄의 문門」, 가족사를 통해 분단의 역사를 형상화한 「수세미오이꽃」 같은 시들은, 그의 시야가 개인을 넘어 사회·역사적인 지평으로 확산하여 있음을 보여준다. 결핍을 개인만이 아니라 총체적 서사의 층위에서 바라본다는 점에서 김윤환 시인은 리얼리스트이다. 그러나 그가 여타의 리얼리스트들과 구분되는 것은 그의 시선이 개인과 사회적 현실에 멈추어 있지 않고 신의 존재를 향해 있다는 것이다. 이런 점에서 그의 스펙트럼은 잠재성의 극단까지 가 있다. 그는 개인의

고통이나 사회적 아픔을 삭제한 초월의 세계를 노래하지 않는다. 그에게 있어서 신은 희미하고 공허한 형이상학의 신이 아니다. 그에게 신은 초월적 존재이면서 동시에 '지금, 이곳'에 내려와 아픔의 발등들을 어루만지는 존재이다.

> 이 땅의 시인이면 무엇하랴
> 이 땅에 목사이면 무엇하랴
> 평화를 노래할 수 없다면
> 무덤을 비추는 빛을 볼 수 없다면
> ―「늦봄의 문門」 부분

그가 생각하는 "시인"과 "목사"의 개념 역시 그가 앙망하는 신의 형상을 닮아 있다. 인간의 옷을 입고 지상에 내려와 나무에 매달린 신처럼, 그에게 있어서 예술가와 성직자는 현세의 고통을 외면하지 않는다. "무덤을 비추는 빛"이야말로 고통의 현세("무덤")와 궁극적 희망("빛")을 노래하는 김윤환 시인의 세계를 잘 요약하는 기표이다. 그는 무덤의 아픔을 몸에 새기고 빛의 도래를 쳐다보며 지친 걸음을 옮기는 순례자이다. 그러므로 그가 시인이자 동시에 성직자인 것은 얼마나 지당하고 자연스러운 일인가. 그의 문학은 그의 겹-주체성(시인-성직자)의 구현이고 실현이다.

3.
그는 신이 부재한 현실 혹은 현실 부재의 신을 이야기하지 않는다. 그의 시세계가 신뢰를 얻는 것은 그가 현세와 신이라는 두 가지의 묵직한 추를 동시에 가지고 있기 때문이다. 현세는 신의 중력 때문에 희망을 버리지 않을 수 있고, 신은 현세의 중력 속에 존재하므로 공허하지 않다. 그러나 김윤환의 시세계를 묵직하게 잡아주는 것은 이런 구도 때문만은 아니다. 그는 누구보다도 치열한 자기성찰의 힘을 가지고 있다.

얼마나 감추어야

그 껍질이 투명해질까

터질 듯한 가면의 무게

나를 찢으니 사자가 나왔네

나를 찢으니 뱀이 나왔네

나를 찢으니 개가 나왔네

나를 찢으니 무신이 나오고

나를 찢으니 별이 나오고

나를 찢으니 몹쓸 시가 나왔네

몹쓸 시를 찢으니 내가 나왔네

시를 찢는 내가 나왔네

찢을수록 단단한 내가 나왔네

—「판도라」 전문

혹독한 자기반성은 자기 안의 다양한 주체의 모습들을 끄집어낸다. 화자는 사자이면서 뱀이고, 뱀이면서 개이고, 개이면서 별이고 "몹쓸 시"인 자신을 고백한다. 제일 마지막 행의 "단단한 내" 역시 긍정적인 의미를 담고 있지 않다. 왜냐하면 이 '단단함'은 "껍질"의 단단함이고, 그리하여 찢어야 할 대상이기 때문이다. 화자가 열거하는 "판도라"라는 제목은 이 수많은 '나'들에 대한 반성의 강도를 더욱 심화시킨다. 그것은 다름 아닌 내부에서 내부를 "찢는" 힘이기 때문이다. 순례자의 고행이 영혼의 깊이를 더하는 것처럼, 김윤환의 이와 같은 자기 찢기는 현세와 신을 대하는 그의 자세를 더욱 신뢰하게 해준다. 고단한 순례자의 무릎에서 피어오르는 빛의 무리처럼, 김윤환은 "엄동"의 자기성찰 속에서 "꽃을 피우는 시인"(「시인의 나라」)이다.

초록에도 제 꽃잎을 떨구는

그리움과 사라짐의 중간 어디쯤

이슬이 햇살에게

입술을 맞추고 있네

—「이슬의 시간」 부분

앞에서도 살펴보았지만, 김윤환 시인의 세계는 겹-구조의 중첩으로 이루어져 있다. 김윤환에게 있어서 현세/하늘, 인간/신, 개체/사회는 서로 분리된 두 개의 영역이 아니다. 그에게 있어서 이런 대립항들은 서로 겹쳐 있고, 서로에게 스며들어 가 있으므로 이미 대립항이 아니다. 그는 이분법적 사유의 소유자가 아니라, 겹-존재에 대한 겹-사유의 소유자이다. 위 시에서도 "이슬"과 "햇살"은 서로 입술을 맞춤으로써 분리된 두 세계가 아니라 겹쳐진 '이슬-햇살'의 복합체가 된다. 그는 "그리움"과 "사라짐"이라는 별도의 두 세계가 아니라, 그것들이 서로에게 스며들어 내주內住하는 '그리움-사라짐'이라는 한 덩어리의 "중간 어디쯤"을 들여다본다. 이 시집은 이렇게 끝내 연결되어 있는 복합물들에 대한 사유이다. 그는 인간 속에서 신을 사유하며, 신을 통하여 인간을 본다. 그는 유한성 속에 내주하는 무한성을 읽는다. 이렇게 서로 중첩된 긴 스펙트럼의 순례길에서 그는 궁극의 빛, 절대적인 신성을 고통스레 찾아간다. 이 시집은 그 고단한 여행의 다양한 풍경들이다.

먼 데서 오는, 고통이라는 이름의 열차
— 김정수 시집, 『홀연, 선잠』

1.

시인 김정수가 등단 30년 만에 세 번째 시집을 냈다. 앞의 두 시집을 놓고 사람들은 "가족주의"라는 지시어를 많이 사용했다. 그가 가족에 대한 사랑, 가족의 아픔과 가난 같은 것들을 자주 다루었기 때문일 것이다. 그러나 이번 시집을 읽어보면 알겠지만, 그의 '가족 서사family narrative'는 그것보다 훨씬 더 먼 곳에서 온 것이다. 가족 이야기, 특히 가족에 대한 그의 애틋한 사랑은 계속 지속되지만, 그것은 그것 이전의 더 본질적인 아픔과 결핍에 대한 인식의 한 결과이다. 그러므로 그의 시세계를 '가족사'에 가두면 안 된다. 지금까지야 그렇다 쳐도 앞으로도 그에게 '가족주의'라는 용어를 계속 사용한다면, 그것은 출발지를 잊고 현재 도착한 정거장만 이야기하는 꼴이 된다. 그의 출발지는 가족뿐만 아니라 자신을 포함하여 모든 존재의 저 깊은 곳에 있는 결핍, 고통, 슬픔이다. 이것들을 담은 기차가 먼 데서 출발하여 '현재'의 정거장을 지나면서, 가족 서사도 나오고, 꽃 이야기도 나오고, 다른 사람들 이야기도 등장한다. 이 갖가지 것들은 먼 데서 오는 '고통이라는 이름의 열차'가 거쳐 온 다양한 모습의 정거장들이다. 그래서 그는 그 '먼 데'를 가능한 한 구체화하지 않는다. 왜냐하면 그것은 일종의 '발원지發源地'이고, 너무나 많은 이야기들의 모체이며, 규범화할 수 없는 것이기 때문이다.

> 껍질을 벗기며 하얗게 우는 나무가 있지 인제와 원통의 강폭만큼 너른 숲은 속울음 같은 길들 감추고 있지 애를 업으면 길은 가파른 비탈을 펼쳐 젖은 등을 흘리지 발이 자꾸 미끄러지는 숲은 높은 곳에서 하늘을 보여 주지 반짝 흔들리지 구름과 구름 사이, 꽃을 따다 들킨 손은 언덕 너머 두고 온 집을 그리는 중독이지 연緣을 끊지 못하는 손금이지 전생의 상처 간직한 거미의 착각이지 …(중략)… 젖은 삶이 흉터를 보여주는 것도 순간, 갓 태어난 고비가 지천이지 오래오래 가슴에 머물던 비명, 새처럼 날아올랐으면 좋겠지
>
> ―「자작나무 숲」부분

이 시에는 김정수 시의 모체가 되는 것들이 나열되어 있다. "속울음 같은 길들", "가파른 비탈", "젖은 등", "자꾸 미끄러지는 숲", "연緣을 끊지 못하는 손금", "전생의 상처", "젖은 삶", "고비가 지천"인 삶, "오래도록 가슴에 머물던 비명" 같은 것들은, 그가 떠나온 그 '먼 데'의 풍경을 고스란히 보여준다. 그러나 이 풍경의 아프고 고된 '구체성'을 김정수는 마치 추상화를 그리듯 지워버린다. 그리하여 독자들은 그가 왜 이렇게 비극으로 가득 찬 '출발지'를 가지고 있는지 확인할 수 없다. 그것은 너무나 아프고 깊은 강밀도强密度 intensity를 가지고 있는 것이어서 일일이 설명할 수 없다. 세상의 모든 모체matrix가 그렇듯이 그것은 그 안에 너무나도 많은 서사들을 담고 있다. 독자들은 이것들을 막연히 짐작할 수밖

에 없으며, 다른 시편들을 통하여 그 '먼 데'를, '고통이라는 이름의 기차'가 휙휙 지나가며 보여주는 편린만을 볼 수 있을 뿐이다. 그 편린들은 아프고 슬퍼서, 독자들은 그 고통스런 것들의 정거장에 오래 머물게 된다.

> 상처가 아물지 않고
> 자꾸 덧나는 건
> 누군가
> 그 안을 오래 들여다보고 있기
> 때문이다
>
> 건드리지 않아도 아프다
> ―「너도바람꽃」 전문

이 작품에서 우리가 주목할 부분은 그 '먼 데'의 "상처"를 "누군가" "오래 들여다보고" 있다는 사실이다. 이 '오래 들여다봄'은 상처의 '긴' 시간, 그리고 잘 사라지지 않는 속성을 보여준다. 내가 이 글의 제목을 「먼 데서 오는, 고통이라는 이름의 열차」라고 붙인 이유이다. "오래 바닥을 끌고 온 삶이/벼랑 끝에 놓여 있다"(「신발」)는 대목도, '먼 데'의 긴 시간과 그 결과 "벼랑 끝"에 놓여 있는 '현재'의 위기를 보여준다. "오래된 분노"(「꽃의 절벽」), "오래된 말"(「꽃의 자세」)과 같은 대목 역시 그의 시에 "오래된" 고통의 기원(모체)이 있음을 확인시켜주는 표현들이다.

2.

문제는 '먼 데'서 지속되어온 고통에서 벗어나기가 쉽지 않다는 것이다. 이렇게 보면 이 시집은 그 '먼 데'로부터 '지금, 이곳'으로까지의 고통스런 여행의 기록이다. 현실은 만만치 않아서 고통의 주체를 쉽게 놔주지 않는다.

> 나 잠깐 도로에 주저앉아 있을래
>
> 정밀하게 돌아가던 바퀴들이 새처럼 급정거하겠지
>
> 유리창은 절대 깨어지지 않아
> 사각으로 멈춘 깃털은
> 집 안팎의 비명을 투명하게 가둘 뿐이야
>
> …(중략)…
>
> 딱 필요한 것들만 돌아다니는 도로에서
> 누가 내 불량 무릎을 걷어내고 있어
> 흐름을 방해하는 구속과 몽상의 그림자는 금방
> 제거되지 잠시 잠깐 어긋난 휴식을
> 죽을 때까지 솎아내
>
> —「톱니바퀴처럼」 부분

여기에서 "정밀하게 돌아가"는 "바퀴", "딱 필요한 것들만 돌아다니는 도로"는 이윤과 생산성과 효율만을 중시하는 (자본주의) 체제로 읽어도 무방하다. 그것은 효율의 "흐름을 방해하는" 것들과 "몽상의 그림자" 따위를 "금방 제거"해버린다. 자본의 시스템은 생산성을 방해하는 그 모든 "어긋한 휴식"을 그것들이 완전히 "죽을 때까지" "솎아"낸다. 이 시의 화자 역시 이런 '솎아냄'의 대상이다. "누가 내 불량 무릎을 걷어내고 있어"라는 대목이 그것을 보여준다. 이런 점에서 볼 때 시 혹은 시를 쓰는 일은, 자본의 관점에서 보면 "몽상의 그림자"에 불과하며, 효율의 "흐름을 방해하는" 것에 불과하다. 시인은 첫 행에서 "나 잠깐 도로에 주저앉아 있을래"라고 고백하는데, 이는 시 쓰기가 어떤 의미에서 자본의 시스템을 거부하는 일 중의 하나임을 보여준다. "톱니바퀴처럼" 효율의 정확성만을 위해 가동되는 컨베이어 벨트에서 벗어나는 것은, 자본의 입장에서 보면 일종의 "어긋한 휴식"이다. 시 쓰기는 이런 점에서 효율과 생산성 위주의 시스템, 즉 인간을 톱니바퀴 취급하는 시스템을 거스르는 행위이다. 거꾸로 이야기하면, 이런 시스템에 안주하는 담론을 우리는 예술이라 부르지 않는다. 예술은 모든 형태의 비인간화에 대한 저항이며, 인간의 존엄성을 훼손하는 모든 "톱니바퀴"와 싸운다. 예술이 가지고 있는 이 삐딱함, 혹은 "삐딱하게 보기looking awry"(지젝S. Žižek)야말로 예술의 힘이며 존재 이유이다.

  죽은 나무의 나이는
  앉아있는 다리 네 개다

  톱밥으로 나뉜 몸은 편안함의 방식이다
  날개를 다친 늙은 농담은 다시 회자되지 않고 예리하게 각을
  세우는 대팻날
  H빔의 뿌리를 지나간 집들이 틈, 사이를 메우고
  더듬이 같은 저녁이
  끈적끈적한 빛을 몰고 들어온다

  겸허한 자세로 경계의 무게 받아들이는,

낡은 커튼 같은 가족이 사각의 모서리에서 삐걱거린다

무겁다는 말은
여행을 떠날 수 없다

—「나무의 자세」 부분

이 시에서도 "죽은 나무", "늙은 농담", "낡은 커튼 같은 가족"은 그 '먼데'의 상처 혹은 고통의 은유이다. 그것을 무너뜨리는 체제는 "예리하게 각을 세우는 대팻날"로 상징화된다. 이 시는 체제-기계 혹은 운명적 폭력 앞에서 완전히 패배할 수밖에 없었던, 오래되고 먼 상처의 기록이다. 그것은 죽음을 내포한 "편안함"이므로 돌이킬 수 없는 것이다. "무겁다는 말은/여행을 떠날 수 없다"는 말이 그런 상태를 지시한다. "낡은 커튼 같은 가족"은 완벽하게 무너진 비극의 현장에서 그저 "삐걱거"릴 뿐이다. 이런 점에서 "나무"는 부동不動의 "자세"로 자신에게 닥쳐온 운명적 폭력을 고스란히 받아들이며 무너지는 어떤 주체 혹은 주체들을 상징화한다.

3.
김정수 시에 나타나는 아픔과 고통은 어떤 '순간'이 아니라 긴 '지속성'을 가지고 있는 것들이다. 그래서 그의 많은 시에 "늙은", "낡은", "오래", "오래오래", "오래된", "유장한", "먼" 같은 형용사들이 자주 반복되며, 이 형용사들은 "죽음", "관棺", "악몽", "분노", "울음", "통증", "불안", "벼랑", "매장" 등의 명사들과 구조적으로 연결되어 있다. 이 형용사들과 명사들 사이에, 그 '먼 데'에서 온 다양한 비극적 서사들이 펼쳐진다. 거기에는 시적 화자의 엄마의 죽음, 아버지의 죽음과 파묘破墓, "노총각 동생"의

자살 등의 가족사뿐만 아니라, 자본-기계의 시스템 아래에서 신음하는 다양한 주체들의 궁핍한 삶들도 포함되어 있다.

> 나는 매번 목만 살아있어요
> 목 아래 몸은 암매장당했어요
>
> 목각 인형도 없는 침대에서 고양이가 분홍 책을 반복해 읽어요 길들여지지 않은 가구들이 나를 쏘아봐요 거울 뒷면으로 낯선 불의 통증 몰려와요
>
> 점차 목 위로 차오르는 갈증
> 발가락을 움직이는 데 생의 절반을 써야만 하다니
>
> …(중략)…
>
> 오, 내가 죽은 건가요
>
> ―「흡연, 선잠」 부분

표제작이기도 한 이 시에서 "선잠"은 일종의 '악몽'이다. 꿈속에서 화자인 "나"는 목만 살아있고 "목 아래 몸은 암매장"당해 있다. 짧은 꿈속에서도 화자는 죽음의 벼랑에 서 있다. 이것은 프로이트적 의미의 '무의식'이 아니라 '현실'이다. (앞에서 인용했던) "오래 바닥을 끌고 온 삶이/벼랑 끝에 놓여 있다"(「신발」)와 같은 고백이 그것을 증명한다.

> 순한 책을 펼치는 순간에도
> 신속성과 정확성, 표준화에 목을 맨다

그래도 난
새끼를 조립하지 않는다

멈출 수 없는 타원의 속도에서
내가 잠들 수 있는 유일한 시간은
집게를 닮은 손이 고장 난 순간이다
당신이라면 그럴 때 잠들 수 있겠는가

잠에도 사생활이 있는가

…(중략)…

잠을 자지 않을 때 인간들은 싸움을 한다
싸움의 기술을 터득한 그들은
가장 기계적이다 로봇에 가장 가까워 더욱
인간적이다

—「잠의 종말」 부분

이 시는 그가 가족사를 넘어 인간을 불행으로 몰아넣는 자본-기계 지배의 시스템을 민감하게 포착하고 있음을 보여준다. 자본은 "신속성과 정확성, 표준화에 목을 맨다". 그것은 '단독자單獨者 Der Einzelne'(키에르케고르)로서의 개체의 고유성을 인정하지 않는다. 그러므로 자본은 폭력적 지배 "기계"이다. 그 자본-기계의 "기술을 터득한" 사람들은 "로봇에 가장 가까"운 "싸움"꾼들이다. 자본-기계는 로봇에 가장 가까운 이런 주체들을 오히려 "인간적"이라 부른다. 이 시의 이와 같은 틀 안에서 우리가 주목해야 할 문장이 있다. 그것은 바로 "그래도 난/새끼를 조립하지 않는다"는 '인간 선언'이다. 이는 '먼 데'서 오는 고통의 진원들을 현재의 시간대에서 끊겠다는 결단이자, 표준화의 시스템을 대물림하지 않겠다는 강력한 의지의 표명이다. 마치 진흙탕의 연꽃처럼 이 시집은 절망의 진탕 안에서도 희망과 사랑의 가능성을 놓지 않는다. 이 힘이 '오래된' 그의 고통을 아주 조금씩 덜어나갈 것이다. 그 길의 끝에서 그의 미래의 문장들이 도래할 것이다.

대립각을 해체하는 행간의 시학
— 안차애 시집, 『초록을 엄마라고 부를 때』

1.

구조주의자들에게 있어서 이항 대립binary opposition은 모든 언어와 문화의 뼈대이다. 가령 모든 음성은 모음+vowel이거나 아니면 모음이 아닌 것-vowel으로 나뉜다. 의식은 무의식이 있어야 존재하며, 현존은 부재와의 관계 속에서만 의미를 갖는다. 이항 대립은 의미의 철새들을 포획하는 두 개의 극점이다. 이항 대립으로 혼란은 종결되고 사물들은 이편 혹은 저편으로 구획된다. 이항 대립으로 모든 것들은 관계의 체계 속으로 조직된다. 이항 대립은 모든 사물의 의미론적 기능을 설명하는 만능 열쇠이다. 이항 대립은 관계와 차이를 지배하는 원리이며, 변하지 않는 항수恒數이고, 세계의 보편적 문법이다. 이항 대립은 동일한 무게와 의미의 대칭이며, 그사이에 아무것도 허락하지 않는다.

안차애 시인이 질문을 던지는 지점은 바로 여기이다. 이항 대립의 너머에는 아무것도 존재하지 않는가? 세계는 이항 대립적 대칭물들의 총계인가? 이항 대립은 모든 것을 설명할 수 있는가? 설명할 수 없는 것,

보이지 않는 것, 알 수 없는 것은 존재하지 않는가? 대립적 두 항목 사이에 인지되지 않는 '행간'은 없는가? 이 세계에 접근 불가능한 것은 없는가? 보들레르C. Baudelaire는 "근접할 수 없는 것이 무엇인지 깨닫지 못하는 사람은 시인이 아니다."라고 했다. 이 말이 옳다면, 안차애야말로 '시인'이다. 그녀는 보이지 않는 행간, 이항 대립의 사이 혹은 너머에 비대칭으로 존재하는, 그러나 근접할 수 없는 것들을 호출한다. 그녀의 사이렌으로 이항 대립의 세계는 행간을 가리는 울타리로 전락한다. 그녀는 이항 대립의 풍경을 전면에 내세우되, 그것들의 뒤, 너머, 혹은 행간에 있는, 보이지 않는 것을 소환한다.

오른손과 왼손 사이의 강물
알레그로 풍의 연속 잇단음표는
서로를 흘러 다녀도 만져지지 않아

얼굴의 물무늬들이 각자의 방향으로 흐르는 사이
오른편의 악절 끝이 조금씩 무너지고 있어
떠오르거나 가라앉는 힘도 동력일까
물과 둑이 뒤섞이는 것도 변주일까

후모어 후모어
잿빛 소용돌이 속으로 선율의 내부가 우주처럼 열리고 있어
아다지오로 번져나가는 무無의 수수께끼들
　　　　　　—「3-2. 슈만이 있는 풍경」 부분

시인은 "오른손과 왼손"의 이항 대립을 앞에 내민다. 그러나 그녀가 주목하는 것은 대립물이 이루는 뼈대(구조)가 아니라, 그 "사이"를 이루

는 성분이다. 그녀는 그 사이에서 결정의 고체성 대신에 비결정의 액체성을 본다. 그것은 "강물"처럼 흐르지만, "만져지지 않"는다는 점에서 접근 불가능한 것이다. 대립물들 사이에, 아무것도 결정할 수 없는, 근접할 수도, 범주화할 수도 없는 공간이 존재한다. 그것은 대립물들의 행간에 존재하는 깊은 무덤, "무無의 수수께끼들"이다. 행간에 존재하는 것들은 대립물들의 극성極性을 지운다. 차이와 경계가 지워지므로 행간에서는 의미의 일시적인 죽음이 발생한다. "물과 둑이 뒤섞"일 때, 물이면서 물이 아닌, 둑이면서 둑이 아닌, 그리고 물이면서 둑이며, 둑이면서 물인, 의미의 "소용돌이"가 생겨난다. 우주처럼 열리는 "선율의 내부"는 이렇게 이항 대립물의 극성이 사라진 곳에 존재한다. 그곳은 규정할 수 없는 곳이므로 '부재'하는 공간이며, 동시에 불가능의 대상이라는 이름으로 '현존'하는 공간이다. 부재이면서 현존이며, 현존이면서 동시에 부재인 공간은 이렇게 이항 대립을 무너뜨린 자리에서 생겨난다. 시인이 보기에 세계의 본질은 거기에 '있다.'

> 뼈와 뼈 사이가 운다
> 한쪽이 접히면 맞은편이 부풀리는 아코디언의 자세가
> 통증을 글썽인다
>
> 천칭 저울이 평형을 이룬 적은 없다
> 내가 기우는 사이 네가 울었거나
> 네가 기울어진 한편으로 내가 꽈리처럼 부풀었다
>
> 매혹이 끌림을 쓸고 가는 기우뚱한 사랑의 방식이
> 사시의 눈알을 뽑아 한쪽 벽에 걸어두듯,
> ─「2-12. 사랑의 방식」 부분

이 작품에서도 이항 대립의 목록들("뼈와 뼈", "한쪽"/"맞은편", "내"/"네")이 열거된다. 여기에서도 시인은 대립물들이 아니라 그것들의 "사이"에 주목한다. 그녀에게 이항 대립은 고체로 이루어진 평행봉이 아니다. 그것들은 사선으로 기울어져 있으며, 이 비대칭의 공간에 사건들의 벡터와 파동들이 생겨난다. 그러므로 중요한 것은 구조가 아니라, 뼈대들 사이에서 움직이는 힘이다. "사랑의 방정식"은 평행 직선이 아니라 "기우뚱한" 사선에서 존재한다. 그녀는 이렇게 이항 대립을 전면에 세운 후에, 그것의 "평형"을 무너뜨리거나, 그것들의 행간을 확장함으로써 이항 대립의 세계관을 해체한다.

> 바람의 사선斜線과 물결의 연혼이
> 만난 적 없이 서로의 기울기에 기대는 사이,
>
> 수수만년의 눈빛들이 눌린 시간을 반짝거린다.
> 쏟아지고 싶다고
> 쏟아지고 싶다고
> ―「1-5. 사암砂巖의 기록」 부분

보라, 대립물들은 평행선에서 만나지 않는다. 행간은 "사선斜線"을 그으며 대립물들을 가로지른다. 존재하는 것은 양극성이 아니라 "서로의 기울기"이다. 그것들은 대립각들을 무너뜨리고, A이면서 동시에 B이고, B이면서 동시에 A인 '사이'로 쓰러진다. 그러므로 "쏟아지고 싶다"는 진술은 존재와 세계의 내밀한 방향성을 지시한다. 그것은 양극처럼 눈에 보이지 않는 힘이고, 존재의 방향이며, 흐름이다. 시인은 명시적 대립각이 아니라 보이지 않는 행간을 응시한다.

2.

대립각이 사물들의 '보이는' 뿔, 가시적 세계의 구조라면, 비가시적으로 존재하는 세계도 있다. 시인은 보이지 않는 것, 혹은 붙잡을 수 없는 것에 이름을 부여하는 자이다. 조루조 아감벤G. Agamben은 '부재의 형식'으로 존재하는 이런 세계를 "유령"이라 부른다. 유령의 세계는 존재하지만 부재하며, 그것을 향해 갈 수는 있으나 근접할 수 없는 세계이다. 안차애 시인의 시선이 머무는, 가시적 대립각들 사이에 있는 비가시적 공간 역시 이런 점에서 '유령'의 세계이다. 아감벤은 또한 "불가능한 과제 앞에서 인간의 영혼이 대답을 시도하는 공간"을 "행간"이라 불렀다. 안차애 시인의 시들에 등장하는 무수한 '사이'들은 이런 점에서 '행간'이기도 하다. 이렇게 아감벤의 용어로 정리할 때, 그녀는 '행간에서 유령을 읽어내는 시인'이라 불러도 좋다.

> 불안한 것들이 흔들린다
> 불온한 것들이 번져간다
>
> 위험한 온도, 위험한 파동, 위험한 무늬, 위험한 피
>
> 멈칫거리고 솟아나고 엉긴다
> 더듬거리고 빨려가고 소용돌이친다
> 　　　　　　　　―「1-13. 물의 사랑학」부분

유령이란 존재하지만 규정하기 힘들고, 그리하여 부재의 옷을 입고 있는 것이다. 그것들은 "불안한 것들"이고 "불온한 것들"이며, "위험한"

"소용돌이"들이다. 그러므로 세계는 완결된 상태로 존재하지 않는다. 세계는 무수한 힘들이 '소용돌이'치며 움직이는 웅덩이 같아서 대립각으로 포착되지 않는 거대한 공간을 가지고 있다. 그것들은 포착되는 순간 해체되며, 범주화하는 순간 탈범주화된다. 그것들은 "멈칫거리고 솟아나고 엉긴다". 규정 불가능한 이 유령의 세계에 시인은 (유령 대신에) '검은색'이라는 이름을 붙인다. 이 시집에는 다양한 색깔이 등장하는데, 그중에서 압도적으로 가장 자주 사용되는 것은 검은색이다.

> 무의식은 검다고 프로이트는 말한다
> 검은색은 두려움의 기호
> 아직 튀어나오지 않은 것들이 덜컹거린다
>
> …(중략)…
>
> 색 색깔을 칠한 뒤 검은 크레파스로 덧씌워야 완성되는 스크래치놀이처럼
> 라일락의 입술들이 숨었다
> 표정이 없는 것이 표정인 어머니가 꼭꼭 숨었다
> 문장을 다 배우기도 전에 철부터 들어버린 아이의 웃음소리도
> 검은색 저편에서
> 여기에요 엄마, 나 잡아보세요 엄마
>
> 검은색은 검은색이라서 위험한 것이 아니라
> 파문은 색깔들이 두더지처럼 불쑥불쑥 튀어나올 예정이라서
> 위험하다

―「2-1. 스크래치」 부분

말하자면, 시인에게 있어서 대립각들의 '사이'는 프로이트의 무의식 같은 것이다. 그것은 그 안에 무수한 색깔을 감추고 있으며, 규범화되지 않는 "검은색"이다. 검은색은 모든 가능성을 감추고 있는 색깔이며, 무엇이든지 될 수 있는 색깔이어서 "위험"하다. 그것은 유령처럼 혹은 "두더지처럼" 언제 "불쑥불쑥 튀어나올"지 모른다. 선명한 대립각들의 문법은 이렇게 '부재하는 현존'의 문법에 의해 검은색으로 덧칠된다. 시인은 "아직 튀어나오지 않은 것들"의 소음을 듣는다. 무의식은 무엇이든지 될 수 있고, 완전한 형태로 억압될 수 없으며, 설사 억압되었다 할지라도 호시탐탐 귀환의 틈을 노린다. 시인이 볼 때, 세계는 무의식처럼 비결정의 유동성으로 가득 차 있다. 그것은 이항 대립의 선명한 구도에 절대 갇히지 않는, 신비하고도 위험한, 검은 유령의 공간이다.

> 캔버스를 가로질렀다. 루치오 폰타나의 그림「제로」는 가슴뼈의 위쪽과 우심방의 아래 부위가 슥, 베어졌다. 찢긴 선 사이로 검은 어둠이 담즙처럼 차오른다.
>
> 이제 피 따위는 흘리지 않아. 세상 사람들은 두 가지 부류로 나뉜다. 슥, 베어진 시간의 검은 구멍을 들여다본 자와 보지 못한 자. 슥, 끊어진 크레바스에 한 발을 디밀어 넣은 자와 넣지 않은 자. 슥, 벌어진 검은 구멍이 점점 자라 화면을 가득 채우는 것을 본 자와 보지 못한 자
>
> 나는 실꾸리가 풀리듯 검은 구멍 속으로 감겨 들어간다. 젖은 습자지 빛에 빨려 메아리도 캄캄하다. 검은 틈 속으로 몸을

숨긴 뒤 흔적 없이 깊어지기만 하는 아가, 아기를 업은 아가, 아기를 부축한 또 아가야, 여기는 울음도 눈물이 되지 않는 지역의 농도, 잠시 빛과 틈새 사이로 번지점프를 하듯

슥, 가로질렀을 뿐인데 이면이 없다. 매일 검은 틈을 키우는 자들은 그림자가 없다. 부풀어 오른 칼자국 사이로 이곳의 빛 무늬와 저곳의 검은 물결을 동시에 본다. 소실점이 없다.
―「1-12. ────슥」 부분

이 작품은 얼마나 많은 '검은 것'들로 가득 차 있는가. 검은 것들은 존재의 모든 "구멍"과 "틈" 사이로 차오르고 부풀어 오르며 존재를 가득 채운다. 그것은 마치 "칼자국"처럼 폭력적이며 위협적이다. 세계는 검은 유령으로 가득 차고 해명 불가능한 것이 된다. 시인은 세계의 파사드 façade를 베고 검은 "담즙"을 뿜어 올리는 소리("슥")를 듣는다. 마침내 세계가 온통 검어져 모든 경계와 윤곽조차도 사라질 때, 세계에 근접할 수 있는 선명한 대립각들은 무의미해진다. "소실점이 없다"는 것은 경계와 각도로 접근할 수 없는 상태를 가리킨다. 시인은 이런 점에서 대문자 로고스Logos를 해체하며, 혼돈과 비결정의 검은 유령 혹은 검은 덩어리를 외로이 응시하는 자이다. 이 시집은 이항 대립의 구조물 사이에 존재하는 행간의 어둠에 관한 기록이다.

3.

그렇다면 가시적 대립각들 사이의 행간에서는 도대체 무슨 일이 벌어지고 있을까.

프린트스크린이나 페이지다운,
기능키를 눌러 컴퓨터 화면을 바꾸듯
자리들은 몸체를 바꾸지

이름은 그대로 두고
목걸이와 야자 이파리 셔츠는 그냥 걸치고
범고래문양 벨트를 맨 채

빙글빙글 의자를 돌리며 살을 바꾸지
옥수수 럼주를 마시며 뒷모습을 갈아 끼우고
흐느적흐느적 춤을 추면서 새 그림자를 재단하지
—「3-7. 자리들」부분

가시적 대립각들이 비가시적 혼란으로 대체되는 것은 사물들이 "이름은 그대로 두고" "몸체를 바꾸"기 때문이다. 동일한 이름을 가진 무수한 몸체라니. 언어학적으로 이야기하자면, 이는 하나의 기표가 무수한 기의를 갖는 사태와 유사하다. 기표와 기의 사이의 관계의 '자의성 arbitrariness'에 대한 이런 강조는, 안차애 시인이 (적어도 철학적으로는) 이미 구조주의를 넘어 포스트구조주의 혹은 해체주의로 넘어가 있음을 보여준다. 기표는 마치 새끼를 낳듯이 무수한 기의를 출산함으로써 의미의 안정성, 고정성을 상실한다. 물론 기표의 자의성을 최초로 언급한 논자는 구조주의의 원조 메이커인 소쉬르 F. de Saussure이지만, 기표와 기의 사이의 거리를 최대한 벌려놓음으로써 기표의 불안정성을 극대화한 논자들은 해체론적 포스트구조주의자들 혹은 철학적 포스트모더니스들이다. 안차애 시인은 이런 점에서 구조주의적 명료성을 넘어 포스트구조주의적 혹은 포스트모더니즘으로 넘어간 철학의 소유자이다.

잠시, 어깨를 돌리는 스트레칭 기계입니다. 무거운 책가방을 메던 공부기계거나 내내 당신의 겨드랑이를 파고들던 사랑기계였던 적도 있었지만 지금은 고슴도치의 털처럼 통각만 서있는 통증기계입니다.

…(중략)… 서류기계였던 손가락들과 키스기계였던 입술이 모래시계처럼 후루룩 흘러내려 모르는 기계를 완성합니다.

이제 태양의 고도가 높아져도 다른 기계들과 챙챙 부딪히는 아침버스는 타지 않습니다. 매일 자라는 이명을 아침의 세레나데라고 불러줍니다. 오랜 상처기계의 허세입니다. 낯익은 통증을 굴려 낯선 통증을 채우는, 건너편 기계의 표정을 예약합니다.
―「4-2. 통증기계」부분

(포스트모더니즘 철학자인) 들뢰즈G. Deleuze는 '기계' 개념을 끌어들여 무한 생성과 변화의 도정에 있는 모든 존재의 모습을 설명한다. 존재는 정해진 목적이 없이 다른 존재와의 '접속'을 통하여 끊임없는 '무엇-되기'의 도정에 있다. 손-기계는 타자의 몸을 만짐으로써 사랑-기계가 되고, 글을 씀으로써 작가-기계가 되며, 타자를 구타함으로써 무기-기계가 될 수 있다. 위 시의 주체는 행간의 다양한 상황과 접속하면서 스트레칭 기계→공부기계→사랑기계→통증기계→서류기계→키스기계→상처기계로 계속 생성된다. "다른 기계들과 챙챙 부딪히는" 것은 들뢰즈적 '접속'의 모습이며, 주체는 다른 기계들과의 접속을 통해서 계속해서 "모르는 기계"로 바뀌어 간다. 주체들의 이러한 유동성, 끊이지 않는 비결정성, 생성의 과정이야말로, 앞에서 언급한 비가시적 유령, 규정 불

가능한 행간, 검은 어둠의 내용물이 아니고 무엇인가.

안차애 시인은 명시성 너머의 비명시성, 가시성 너머의 비가시성, 결정성 너머의 비결정성의 세계를 계속 건드린다. 모리스 블랑쇼M. Blanchot에 따르면, 사유란 "어떤 결정된 것 앞에서도 멈추지 않는 것"이며 "현전하는 모든 사유에 대한 영속적인 중성화"이다. 안차애는 가시적 이항 대립의 선명성을 신뢰하지 않는다. 그녀는 대립각들의 빛나는 태양 뒤에 숨겨져 있는 혼란과 무한 생성의 어두움을 읽어낸다. 그녀의 시들은 대립각들의 사이와 행간에서 피어나는 꽃들이다.

오민석 평론집
이 황량한 날의 글쓰기
ⓒ 오민석, 2022

초판 1쇄 인쇄 2022년 11월 22일
초판 1쇄 발행 2022년 11월 28일

지은이 | 오민석
펴낸이 | 김석봉
디자인 | 헤이존
펴낸곳 | 문학의전당
등 록 | 제448_251002012000043호
주 소 | 충북 단양군 적성면 도곡파랑로 178
전 화 | 043_421_1977
이메일 | sbpoem@naver.com

ISBN 979_11_5896_572_3 03800

* 이 책의 판권은 지은이와 문학의전당에 있습니다.
* 양측의 서면 동의 없는 무단 전재 및 복제를 금합니다.
* 잘못 만들어진 책은 바꿔드립니다.